IOT 아두이노로 사물인터넷을 활용한 40개의 작품 만들기

만들면서 배우는

아두이노 IoT 사물인터넷과
40개의 작품들

만들면서 배우는

아두이노 IoT 사물인터넷과 40개의 작품들

초판 1쇄 발행 | 2022년 08월 20일

지은이 | 장문철
펴낸이 | 김병성
펴낸곳 | 앤써북

출판사 등록번호 | 제 382-2012-0007 호
주소 | 경기도 파주시 탄현면 방촌로 548
전화 | 070-8877-4177
FAX | 031-942-9852
도서문의 | 앤써북 http://answerbook.co.kr

ISBN | 979-11-979489-2-3 13000

[안내]
• 책에서 설명한 사례 그림 또는 캡처 화면 일부가 모자이크 처리되어 있는데, 이는 각 콘텐츠 개발사와 창작자의 권리를 보호하기 위해서입니다. 책을 보시는데 약간의 불편함이 있더라도 이점 양해바랍니다.
• 이 책은 다양한 전자 부품을 활용하여 예제를 실습할 수 있습니다. 단, 전자 부품을 잘못 사용할 경우 파손 외 2차적인 피해가 발생할 수 있으니, 실습 시 반드시 책에서 표시된 내용을 준수하여 사용해야 함을 고지합니다.

Preface

아두이노를 이용하여 사물인터넷을 활용한 다양한 작품을 만들어보면서 자연스럽게 사물인터넷과 프로그램 언어를 익힐 수 있도록 책을 구성하였습니다.

사물인터넷이란 문자 그대로 사물 + 인터넷으로 사물에 인터넷 기능을 심어 통신을 할 수 있도록 하는 장치입니다. 사물인터넷을 활용한 장치의 가격들이 점점 저렴해지면서 다양한 제품에 사물인터넷이 적용되고 있습니다. 얼마 전에는 만원에 구입한 온습도계에 사물인터넷 기능이 적용되어 있어 놀랐던 적이 있습니다. 불과 몇 년 전만해도 비용 때문에 적용할 수 없었던 기술들이 가격이 저렴해지면서 어디에든 적용되고 있다는 점에 놀랐습니다. 필자의 집에는 온습도계, 공기청정기, 선풍기, 스마트플러그의 기기가 사물인터넷이 적용되어 있습니다. 비교적 저렴한 가전기기들인데도 사물인터넷이 적용되고 있습니다.

이 책의 40개의 예제들을 크게 5개의 챕터로 구성되어 있습니다. 각각의 챕터의 구성은 다음과 같습니다.

1챕터에서는 아두이노의 기본기능을 익힐 수 있는 챕터로 구성하였습니다. 디지털 입출력, 아날로그 입출력, 시리얼통신 등의 작품을 만들어보면서 아두이노의 기능에 대해 자연스럽게 알 수 있도록 하였습니다.

2챕터에서는 인터넷에 접속하여 네트워크시간, 공공데이터, 주식시세, 메일 등의 사물인터넷을 활용한 다양한 기능들을 만들어볼 수 있도록 초점을 맞추었습니다.

3챕터에서는TCP, UDP, MQTT, 웹서버 등 표준 프로토콜을 사용한 통신을 활용하는 방법에 대해 알아봅니다.

4챕터에서는 IFTTT, BLYNK, Thingspeak, firebase 등 다양한 IOT 상용서비스를 활용하는 방법에 대해 알아봅니다.

5챕터에서는 ESP32–CAM을 사용하여 블루투스 통신을 사용하고 카메라를 이용한 CCTV, 사진전송 등을 통해 업그레이드된 사물인터넷 기능을 사용할 수 있도록 하였습니다.

이처럼 흥미롭고 다양한 주제들을 선정하여 마지막 챕터까지 다양한 작품들을 만들어보면서 지루하지 않게 진행 할 수 있도록 책을 구성하였습니다.

제가 집필한 40개의 작품들 시리즈는 [아두이노와 40개의 작품들], [라즈베리파이와 40개의 작품들], [파이썬과 40개의 작품들], [인공지능 엔트리와 40개의 작품들]을 이은 5번째 작품인 [아두이노 사물인터넷과 40개의 작품들]입니다.

[아두이노 사물인터넷과 40개의 작품들] 책은 아두이노라는 오프소스 툴을 이용하여 다양한 라이브러리를 사용하여 어렵지 않게 작품을 만들어 보면서 완성의 성취감을 느껴보고 실전적인 예제를 만들어보면서 자연스럽게 실력이 늘고 익숙해지도록 책의 챕터와 내용으로 구성하였습니다.

이 책을 보시는 독자님들도 작품을 완성시켜 성취감을 느껴보셨으면 합니다. 작품들을 하나하나씩 완성시켜 나가면서 조금한 성취감이 모이고 모여 어느새 고수의 반열에 올라설 수 있을 것 입니다.

장문철

Reader Support Center

독자 지원 센터

독자 지원 센터는 이 책을 보는데 필요한 책 소스 파일, 독자 문의 등 책을 보는데 필요한 사항을 지원합니다.

책 소스 및 프로젝트 파일

이 책과 관련된 실습 소스 및 프로젝트 파일은 앤써북 카페(answerbook.co.kr)의 [도서별 독자 지원 센터]–[아두이노 사물인터넷과 40개의 작품들] 게시판을 클릭합니다. "〈아두이노 사물인터넷과 40개의 작품들〉 책 소스입니다." 4555번 게시글을 클릭한 후 안내에 따라 다운로드 받으시면 됩니다.

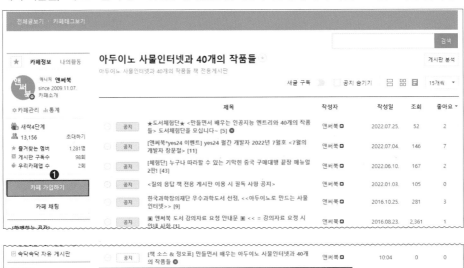

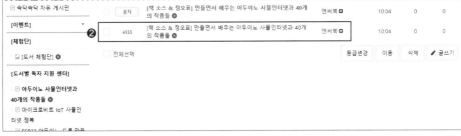

독자 문의

이 책과 관련된 실습 소스 및 프로젝트 파일은 앤써북 카페(answerbook.co.kr)의 [도서별 독자 지원 센터]–[도서별 독자 지원 센터]–[아두이노 사물인터넷과 40개의 작품들] 게시판을 클릭합니다. 우측 아래의 [글쓰기] 버튼을 클릭한 후 제목에 다음과 같이 "[문의] 페이지수, 질문 제목"을 입력하고 궁금한 사항은 아래에 작성 후 [등록] 버튼을 클릭하여 등록합니다. 등록된 질의글은 저자님께서 최대한 빠른 시간에 답변드릴 수 있도록 안내합니다.

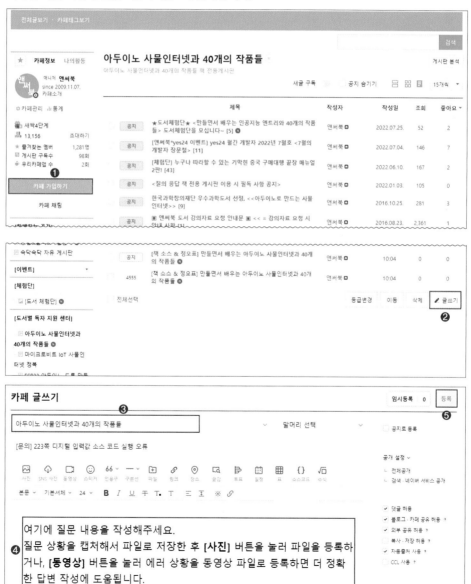

Hands-on supplies

이 책의 실습 준비물

아두이노 IoT 사물인터넷과 40개 작품들 키트 부품 살펴보기

❶ 아두이노 Wemous D1 R1 보드　　❷ MB-102 브레드보드　　❸ 5×LED 빨간색　　❹ 5×LED 노랑색　　❺ 5×LED 초록색

❻ 5×푸쉬버튼　　❼ 가변저항　　❽ 2×CDS 광센서　　❾ 능동부저　　❿ 10×저항 220옴

⓫ 10×10k옴 저항　　⓬ I2C LCD 모듈　　⓭ 초음파센서　　⓮ 토양수분센서 모듈　　⓯ 마그네틱도어센서 세트

⓰ H커넥터　　⓱ 빗물감지센서 모듈　　⓲ RGB LCD 모듈　　⓳ MPU6050 모듈　　⓴ 40×전선(M)-(M)(수-수)

㉑ 40×전선(M)-(F)(수-암)　　㉒ 네오픽셀 LED 모듈 8구　　㉓ 가스감지센서 모듈(MQ-2)　　㉔ DHT11온습도센서 모듈　　㉕ 팬모터

㉖ L9110모터 드라이버 모듈　　㉗ 2×SG90 서보모터　　㉘ 220uF 캐패시터　　㉙ 2×양면테이프　　㉚ ESP32 CAM 보드　　㉛ 확장보드

㉜ 카메라지지대 + 카메라지지대 하판　　㉝ 카메라 지지대용 볼트 (1ea)　　㉞ 마이크로SD 메모리 /리더기　　㉟ 마이크로 5핀 USA 케이블　　㊱ 초소형드라이버　　㊲ 케이스

번호	이름	수량	번호	이름	수량
❶	아두이노 Wemos D1 R1 보드	1개	⑳	수-수 점퍼케이블	1묶음
❷	브레드보드	1개	㉑	암/수 점퍼케이블	1묶음
❸	빨간색 LED	5개	㉒	네오픽셀 LED모듈 8구	1개
❹	노란색 LED	5개	㉓	가스감지센서모듈	1개
❺	녹색 LED	5개	㉔	DHT11 온습도센서모듈	1개
❻	버튼	5개	㉕	팬모터	1개
❼	가변저항	1개	㉖	L9110 모터드라이버	1개
❽	CDS조도센서	2개	㉗	SG90서보모터	2개
❾	부저(스티커)	1개	㉘	220uF 캐패시터	1개
❿	220옴 저항(빨빨검검갈)	10개	㉙	두꺼운양면테이프	2개
⓫	10k옴 저항(갈빨검검갈)	10개	㉚	ESP32 CAM 보드	1개
⓬	I2C LCD모듈	10개	㉛	ESP32 CAM 보드 확장보드	1개
⓭	초음파센서모듈 HC-SR04	1개	㉜	ESP32 CAM 지지대 + 하판	1개
⓮	토양수분센서모듈	1개	㉝	카메라지지대용 볼트	1개
⓯	마그네틱 도어센서 세트	1개	㉞	마이크로 SD 메모리 + 리더기	1개
⓰	H커넥터	1개	㉟	마이크로 5핀 USB케이블	1개
⓱	빗물감지센서모듈	1개	㊱	초소형드라이버	1
⓲	RGB LED모듈	1개	㊲	케이스	1
⓳	MPU6050 가속도자이로센서모듈	1개			

Contents

목차

Chapter 02

바로 써먹을 수 있는 사물인터넷 작품 만들기

Contents

목차

Chapter 03

표준통신 프로토콜
기타 기능 활용한 작품 만들기

Contents

목차

Contents

목차

Chapter
05

ESP32 CAM 활용한
사물인터넷 작품 만들기

Arduino IOT

CHAPTER

00

아두이노 사물인터넷 준비하기

아두이노를 활용한 다양한 사물인터넷 작품을 만들기 전에 아두이노 관련 기초 지식과 개발 환경 구축 및 기초 지식에 대해서 익혀봅니다.

01 _ 아두이노 사물인터넷 작품 기초 지식

아두이노(Arduino)란 센서로부터 입력을 받고 외부 장치를 제어하는 마이크로컨트롤러 (Microcontroller) 보드입니다.

아두이노는 이탈리아 이브레아 디자인 전문대학(Ivrea Interaction Design Institute)에서 전기, 전자 및 프로그래밍에 익숙하지 않은 학생에게 인터랙션 디자인 교육을 위해 만들어진 보드로 이탈리아어로 '절친한 친구'라는 뜻처럼 비전공자 또는 일반인들도 쉽게 사용할 수 있게 2005년에 마시모밴지(Masimo Banzi) 교수가 만들었습니다.

Arduino의 구성요소는 다음 그림과 같이 마이크로컨트롤러 보드, 아두이노 프로그래밍 언어, 소프트웨어 통합개발환경(IDE:Integrated Development Environment)이며 각각 또는 전체를 호칭합니다.

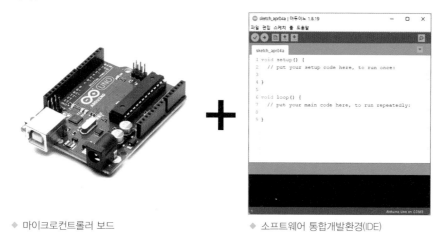

◆ 마이크로컨트롤러 보드   ◆ 소프트웨어 통합개발환경(IDE)

❶ 아두이노 우노 R3

아두이노 우노 보드입니다. 일반적으로 가장 많이 사용하는 보드로 사용하기 쉽고 다양한 제품들이 존재합니다.
우리가 만들 사물인터넷 작품을 만들기에는 기능이 부족하여 이 책에서는 다루지 않습니다. 사물인터넷을 사용하기 위해 추가적인 통신모듈 등이 필요하고 사물인터넷에 대한 안정성 및 예제가 많지 않습니다.

사물인터넷을 구현하기 위해서 ESP8266과 ESP32칩을 이용한 보드를 사용하고 아두이노 개발환경으로 사물인터넷을 구현하는 방법을 사용합니다.

❷ Wemos D1 R1

본 책에서 실습용으로 사용하는 보드입니다.

Wemos D1 R1 보드는 ESP8266 칩이 들어있는 개발 보드로 아두이노 우노와 동일한 크기와 핀 배열로 구성되어 있습니다. 아두이노 통합개발환경에서 사용하고 32bit 80Mhz의 빠른 속도와 WIFI 기능이 있습니다.

이처럼 많은 장점이 있어 아두이노에서 만든 표준제품은 아니어도 프로젝트로 많이 사용하고 있으며 지금은 거의 표준제품처럼 사용하고 있습니다.

아두이노 통합개발환경으로 프로그램이 가능하며 아두이노의 다양한 라이브러리와 손쉬운 통합개발환경으로 사물인터넷 장치를 쉽고 저렴하게 만들 수 있다는 장점이 있습니다.

단점으로는 아두이노 개발환경 설치 후 추가적인 애드온 장치를 설치하고, USB 드라이버도 따로 설치해야 합니다. 또한, 하드웨어 부트로더로 프로그램 업로드가 동작하여 특정 핀을 사용 시 업로드가 되지 않는 단점도 있습니다.

WIFI는 2.4GHz 대역만 접속 가능합니다. 5G 대역은 지원하지 않습니다.

이러한 단점에도 저렴한 가격과 WIFI 기능, 빠른 동작속도로 인해 많이 사용하고 있습니다.

이 책의 실습 작품을 만들 때도 위의 보드를 사용하여 진행합니다.

❸ NodeMcu

ESP8266 칩이 들어있는 다른 형태의 보드입니다. 보드의 이름은 NodeMcu로 기능은 Wemos D1 R1와 같으나 크기가 작아서 다양한 프로젝트를 구성할 때 많이 사용합니다.

❹ ESP32 D1 MINI

ESP32칩을 사용한 ESP32 D1 MINI 보드입니다. ESP8266의 업그레이드 된 버전으로 CPU코어가 듀얼코어로 늘어났고, 속도도 빨라졌고, 사용할 수 있는 입출력 핀도 늘어났고, 블루투스 기능도 추가되었습니다. 가격은 ESP8266에 비해 조금 비싸나 가지고 있는 기능에 비해서는 저렴하다고 볼 수 있습니다.

ESP32는 2021년 기준으로 상대적으로 최근에 나온 칩으로 ESP8266보다 덜 사용되고 있지만 블루투스 기능과 빨라진 속도, 입출력 핀이 늘어나 사용이 용이합니다.

NodeMcu계열의 ESP32도 있지만 생산 초기라 업로드 시에 자동 업로드가 되지 않는 문제가 발생하는 데 ESP32 D1 MINI 보드의 경우 자동 업로드되도록 업로드 문제를 해결한 보드입니다. 자동 업로드의 문제는 핀의 리셋 시 업로드 타이밍이 맞지 않아 발생하는 문제로 1uF의 캐패시터를 달아주면 해결할 수 있습니다.

2018년 이전에는 아두이노에서 개발환경을 지원하지 않아 사용하기 어려웠으나 2018년 말쯤 아두이노의 개발환경에 추가되어 아두이노 개발환경에서 쉽게 사용 가능합니다.

사물인터넷 장치를 개발하기 위해서는 ESP8266이나 ESP32 보드를 고르면 좋은 선택이 될 수 있는데, ESP8266, ESP32 둘 중에서 선택기준은 최저가로 개발하고자 한다면 ESP8266으로 선택하면 되고 핀의 입출력을 많이 사용하거나 블루투스 기능을 사용하려면 ESP32로 선택하면 됩니다.

❺ ESP32 CAM

이 책에서 실습용으로 사용하는 보드입니다.

ESP32 CAM으로 ESP32 + 카메라 입니다. ESP32의 빠른 속도로 인해 카메라의 구동이 가능합니다.

ESP32의 장점인 블루투스, WIFI에 카메라까지 합쳐져 많은 작품을 손쉽게 구현할 수 있습니다. SD카드 슬롯도 장착되어 있어 SD메모리를 사용할 수 있습니다. 다만 단점으로는 카메라를 사용하는 데 많은 포트를 사용하여 외부에 사용할 수 있는 핀이 적게 나와 있습니다. 그리고 일반적인 ESP32-CAM의 경우 업로드 시 외부의 회로를 구성하는 게 까다롭습니다.

하지만 우리가 사용하는 ESP32-CAM은 RESET 핀이 외부에 나온 커스텀된 버전으로 버튼을 누르지 않아도 업로드되는 모델입니다.

02 _ ESP8266을 위한 아두이노 개발환경 설치

아두이노를 프로그램하기 위해서 PC에 아두이노 IDE(통합개발환경)을 설치합니다.

아두이노 IDE(통합개발환경) 설치하기

1 구글 또는 네이버에서 "arduino"를 검색합니다. 검색 결과에서 다음을 클릭하여 www.arduino.cc 사이트에 접속합니다. 또는 아두이노 사이트에 직접 접속합니다.

• 아두이노 사이트 : www.arduino.cc

2 아두이노 사이트에 접속하였습니다. 프로그램을 다운로드 받고 설치하기 위해 [SOFTWARE] 탭 메뉴를 누릅니다.

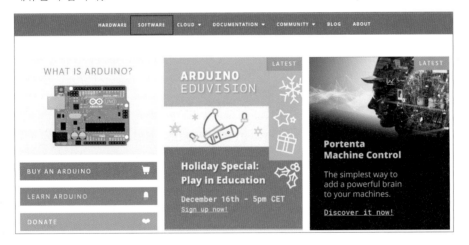

③ [Windows Win7 and newer]를 선택합니다. 맥, 리눅스를 사용 시 알맞은 버전을 클릭하여 설치합니다.

④ 아래 네모칸의 [JUST DOWNLOAD]를 클릭하여 프로그램을 다운로드 합니다. [CONTRIBUTE & DOWNLOAD]는 기부 후에 다운로드로 아두이노 사이트에 금액을 기부할 수도 있습니다. [CONTRIBUTE & DOWNLOAD]를 클릭하여 설치하지 않습니다.

5 [다운로드] 폴더에서 다운로드 받은 설치파일을 더블클릭하여 설치합니다.

6 [I Agree] 버튼을 눌러 설치를 진행합니다.

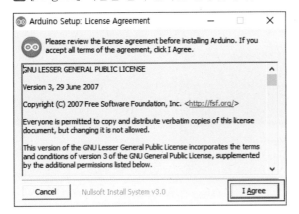

7 [Next>] 버튼을 눌러 진행합니다.

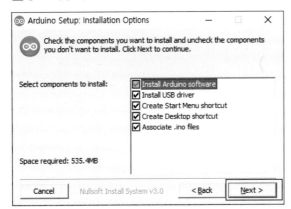

8 [Install] 버튼을 눌러 진행합니다.

9 설치 진행 중입니다.

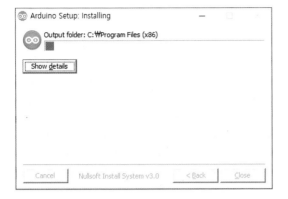

10 설치를 어느 정도 진행하면 팝업창이 나옵니다.

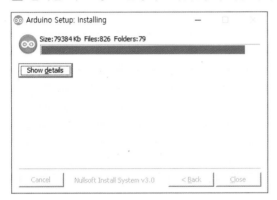

11 USB 드라이버를 설치하는 팝업으로 [설
치(I)] 버튼을 눌러 설치합니다. USB 포트 수
만큼 팝업창이 나타납니다. 모두 다 설치를
눌러 진행합니다.

12 완료 후 [Close] 버튼을 눌러 설치를 완료합니다.

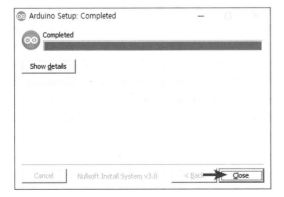

13 바탕화면에 아이콘이 생성되었습니다. 아이콘을 더블클릭하여 아두이노 IDE를 실행해 봅니다.

14 코딩을 할 수 있는 편집기 화면이 열립니다. 아두이노 프로그램은 여기에 작성하여 진행하도록 합니다.

아두이노 IDE의 구조

아두이노 IDE의 구조는 다음과 같습니다.

❶ [툴바]로 자주 사용하는 기능들을 모아두었습니다.
❷ [에디터 창]으로 프로그램을 여기에 작성합니다.
❸ [콘솔 창]으로 컴파일 에러 및 컴파일 결과가 여기에 나타납니다.
❹ [시리얼 모니터]로 아두이노와 PC간 서로 통신을 할 때 여기를 통해 데이터 및 명령어 등을 주고받을 수 있습니다.

보드 추가하기

추가적으로 ESP8266을 아두이노에서 사용하기 위해서 보드를 추가합니다.

1 구글에서 "arduino esp8266 github"를 검색한 후 아래의 페이지에 접속합니다.

2 Boards manager link의 음영처리된 부분을 복사합니다.

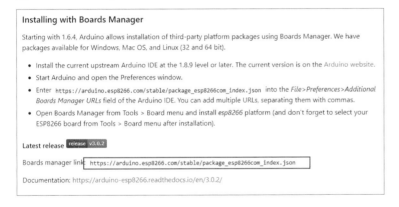

3 아두이노에서 [파일] -> [환경설정]을 클릭합니다.

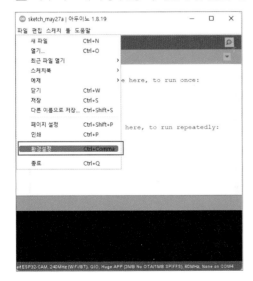

4️⃣ 추가적인 보드 매니저 URLs에 복사한 부분을 붙여넣은 다음 [확인] 버튼을 눌러 저장합니다.

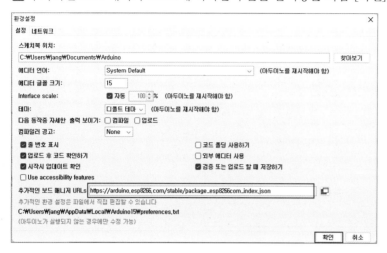

5️⃣ [툴] → [보드] → [보드 매니저] 메뉴를 클릭합니다.

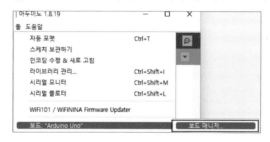

6️⃣ 보드 매니저 에서 "esp8266"을 검색 후 esp8266을 설치합니다. 보드의 버전도 계속 업데이트되고 있습니다. 설치 시점의 최신 버전을 설치합니다.

※ 다만 라이브러리 등이 동작하지 않는다면 3.0.2 버전을 설치합니다. 책에서는 esp8266의 3.0.2 버전을 사용합니다.

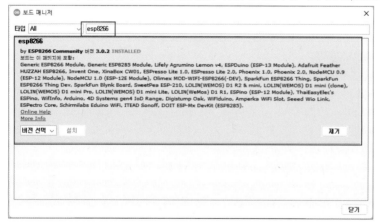

7 우리가 사용하는 Wemos D1 R1 보드를 선택합니다.

[툴] → [보드] → [ESP8266 Boards] → [LOLIN(WeMos) D1 R1] 메뉴를 선택합니다.

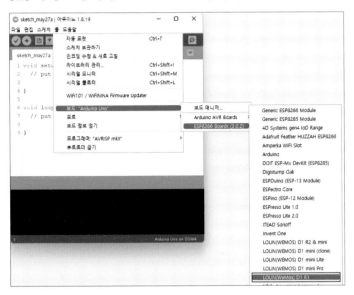

포트 설정하기

포트를 설정할 차례입니다.

Wemos D1 R1 보드에서 USB to Serial 칩으로 CH340을 사용하고 있습니다. CH340 드라이버를
추가로 설치합니다.

1 "ch341 download"를 검색합니다. ch340, ch341는 동일한 드라이버이며, ch341로 검색시 다운
로드 페이지를 찾기가 수월합니다.

2 아래의 중국어 사이트에 접속합니다. ch340 드라이버는 중국에서 제조한 칩으로 제조사 홈페이
지 입니다.

http://www.wch.cn › download › ch341ser_zip ▾
CH341SER.ZIP - 南京沁恒微电子股份有限公司
CH340/**CH341** USB转串口WINDOWS驱动程序，内含DLL动态库及非标准波特率的设置等使用说
明，支持32/64位Windows 11/10/8.1/8/7/VISTA/XP，SERVER ...

3 아래의 버튼을 눌러 드라이버를 다운로드 합니다.

4 다운로드 받은 파일의 압축을 푼 다음 SETUP 파일을 더블클릭하여 설치합니다.

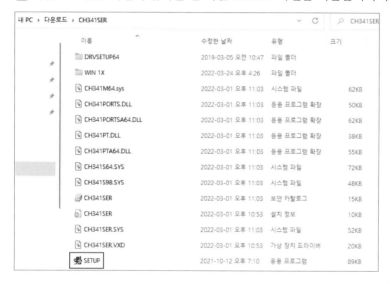

5 [INSTALL] 버튼을 눌러 CH340 드라이버를 설치합니다.

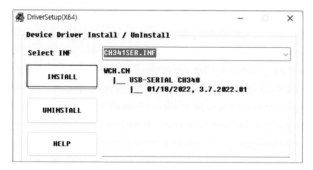

6 Wemos D1 R1 보드를 컴퓨터와 연결합니다.

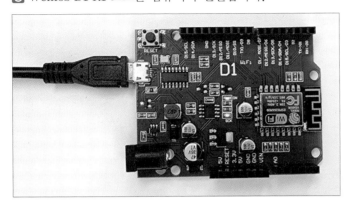

7 장치관리자를 검색 후 클릭하여 실행합니다.

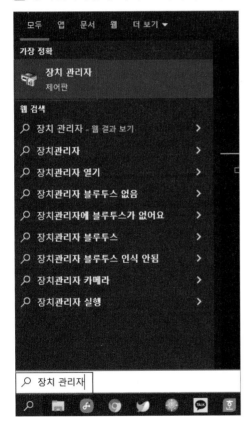

⑧ 연결된 포트를 확인합니다. 포트(COM & LPT) 부분을 클릭하면 연결된 포트들이 나옵니다.

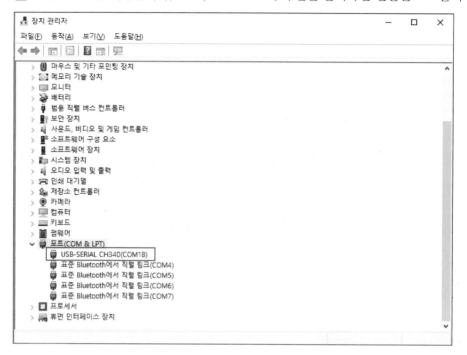

⑨ 아두이노에서 연결된 포트를 선택합니다.

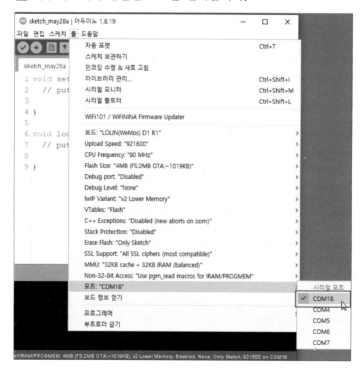

10 다음과 같이 보드와 포트를 설정하였습니다. 나머지 옵션은 수정하지 않고 사용합니다.

11 [업로드] 버튼을 눌러 정상적으로 업로드 완료가 되는지 확인합니다.

Arduino IOT

기본 기능 활용한
작품 만들기

디지털 출력, 디지털 입력, 시리얼통신, 아날로그 출력, 아날로그 입력 등 기본 기능을 사용해 보면서 아두이노에 대해 익숙해지고 ESP8266 보드의 사용방법을 익혀봅니다.

작품 01 _ LED 제어하기(디지털 출력)

학습 목표

디지털 출력 기능을 이용하여 전압의 출력을 제어하여 LED를 켜고 꺼봅니다.

【 준비물 】

다음의 부품을 준비합니다.

부품명	수량
아두이노 Wemos D1 R1 보드	1개
브레드보드	1개
빨간색 LED	1개
노란색 LED	1개
녹색 LED	1개
220옴 저항(빨빨검검갈)	3개
수/수 점퍼케이블	4개

【 회로 연결 】

브레드보드에 아래의 회로를 꾸며 연결합니다. 부품은 다음 표를 보고 Wemos 보드의 핀 번호에 맞게 연결합니다.

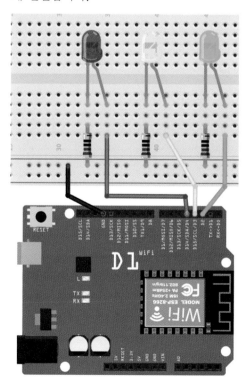

LED의 긴 다리는 +로 아두이노 Wemos D1 R1 보드의 핀에 연결합니다. 짧은 다리는 220옴 저항을 통해 GND와 연결합니다.

연결된 부품	핀 번호
빨간색 LED 긴 다리	D4
노란색 LED 긴 다리	D3
노란색 LED 긴 다리	D2

빨간색 LED 깜빡이는 코드 만들기

D4번 핀에 연결된 빨간색 LED를 깜빡이는 코드를 만들어봅니다. 다음의 코드를 작성합니다.

```
1-1.ino
01   void setup() {
02     pinMode(D4,OUTPUT);
03   }
04
05   void loop() {
06     digitalWrite(D4,HIGH);
07     delay(1000);
08     digitalWrite(D4,LOW);
09     delay(1000);
10   }
```

02   : D4번 핀을 출력으로 설정합니다. 그냥 4번으로만 표기할 경우 GPIO4번으로 초기화됩니다. GPIO4번과 D4번 핀
         은 다른 핀으로 D4를 입력합니다.

06~07 : D4번 핀에 3.3V 전압을 출력하고 1초 기다립니다. 3.3V의 전압이 출력되면 D4번 핀에 연결된 LED의 불이 켜집
         니다. 즉 빨간색 LED를 켜고 1초 기다립니다.

08~09 : D4번 핀에 0V의 전압을 출력하고 1초 기다립니다. 0V의 전압이 출력되면 D4번 핀에 연결된 LED의 불이 꺼집니
         다. 즉 빨간색 LED를 끄고 1초 기다립니다. (0V의 전압은 실제로 출력되지 않으나 표현의 편의를 위해 출력한다
         고 사용하였습니다.)

setup 함수의 코드를 한 번 실행 후 loop 함수의 코드를 반복하여 실행합니다. setup 함수에서 D4
번 핀을 출력으로 설정 후 loop 함수에서 D4번 핀을 1초 동안 켜고 끄는 동작을 하여 LED를 1초마
다 깜빡이도록 합니다.

[●업로드] 버튼을 클릭하여 프로그램을 업로드 합니다.

【 동작 결과 】

D4번 핀에 연결된 빨간색 LED가 1초마다 깜빡입니다. 즉, 1초 동안은 켜있고 1초 동안은 꺼지는 동
작을 반복합니다.

---

pinMode 함수 사용방법

pinMode는 사용할 핀의 용도를 결정하는 데 사용합니다. 아두이노는 핀을 입력, 또는 출력모드로 먼저 선언하고
사용할 수 있습니다.

pinMode(핀번호,입출력모드);
핀번호: 사용할 핀번호를 입력합니다.
입출력모드:
OUTPUT : 출력으로 사용합니다.
INPUT: 입력으로 사용합니다.
INPUT_PULLUP: 내부풀업 입력으로 사용합니다.
pinMode(D4,OUTPUT);으로 했을 경우 D4번 핀은 출력 핀으로 사용합니다.

출력 핀으로 사용하겠다고 선언만 한 것으로 D4번 핀의 상태는 아직 결정되지 않았습니다. 출력으로 설정한 후
digitalWrite 함수를 사용하여 핀의 상태를 출력할 수 있습니다.

---

digitaWrite 함수 사용방법

pinMode에서 출력핀으로 사용할 경우 digitalWrite를 사용하여 핀의 출력상태를 결정 할 수 있습니다

digitalWrite(핀번호,출력상태);
핀번호: 출력할 핀 번호를 입력합니다. pinMode에서 출력핀으로 설정되어 있어야 합니다.

출력상태
HIGH: 핀에서 3.3V의 상태가 됩니다. HIGH 대신 숫자 1을 넣어도 동일합니다.
LOW: 핀에서 0V의 상태가 됩니다. LOW 대신 숫자 0을 넣어도 동일합니다.
digitalWrite(D4,HIGH); 로 했을시 D4번 핀에는 3.3V의 출력이 됩니다. digitalWrite(D4,1);도 동일하게 D4번 핀에는 4.4V의 출력이 됩니다.
digitalWrite(D4,LOW); 로 했을시 D4번 핀에는 0V의 상태가 됩니다. digitalWrite(D4,0);도 10번 핀에는 0V의 상태가 됩니다.

#define문으로 핀 정의하기

#define 전처리 문을 이용하여 핀의 이름을 정의하여 사용합니다. 다음의 코드를 작성합니다.

1-2.ino

```
01  #define RED_LED D4
02
03  void setup() {
04    pinMode(RED_LED,OUTPUT);
05  }
06
07  void loop() {
08    digitalWrite(RED_LED,HIGH);
09    delay(1000);
10    digitalWrite(RED_LED,LOW);
11    delay(1000);
12  }
```

01: #define 전처리 문을 이용하여 D4를 RED_LED로 정의하였습니다. RED_LED로 코드에서 사용 시 D4를 입력한 것과 같습니다.

전처리문을 사용하여 코드의 가독성을 높였습니다. 우리가 만드는 프로젝트는 프로그램을 이용하여 하드웨어를 제어하는 작품들이 대다수입니다. 하드웨어에서 사용하는 핀들을 코드에서 알 수 있도록 표현하는 방법이 오류를 줄이는 데 중요한 역할을 합니다.

[⊕업로드] 버튼을 클릭하여 프로그램을 업로드 합니다.

【 동작 결과 】

D4번 핀에 연결된 빨간색 LED가 1초마다 깜빡입니다.

#define 전처리 문으로 D4의 이름을 RED_LED로 정의하여 사용하였습니다.

#define 이란?

아두이노 C언어 코드상에서 사용하는 매크로입니다. #define의 사전적 의미는 "정의하다."입니다. 전처리로 동작하여 C언어가 기계어로 바뀔 때 아두이노 프로그램이 알아서 정의된 값으로 바뀌어 동작합니다. #define LED1 D4라는 매크로를 만들었으면 LED1은 D4입니다. 포트 번호나 특정 숫자 등 바뀌지 않는 값을 #define으로 정의해 놓으면 코드가 해석하기 좋게 됩니다. #define으로 정의할 때는 암묵적으로 모두 대문자를 사용한다. #define led1 D4 으로 만들어도 되나 소문자로는 잘 사용하지 않습니다. 모두 대문자로 사용합니다. 그리고 여러 문장으로 만들어진 값이라면 "_"언더바를 사용하여 구분합니다.

#define LEDON 1
#define LEDOFF 0

LEDON과 LEDOFF를 한눈에 알아보기 힘듭니다. 그러므로 "_"언더바를 사용하여 아래와 같이 정의하면 보기가 편합니다.

#define LED_ON 1
#define LED_OFF 0

사용방법은

#define [이름] [값]

#define 후 스페이스나 탭을 이용하여 칸을 띄어주고 [이름] 스페이나 탭을 이용하여 칸을 띄어주고 [값]으로 합니다. 끝에는 ";" 세미콜론을 붙이지 않습니다. 띄어쓰기할 때는 여러 칸 띄어도 상관없습니다.

빨간색, 노란색, 녹색 LED 번갈아서 깜빡이기

빨간색, 노란색, 녹색의 여러 개의 LED를 제어하는 코드를 만들어봅니다. 다음의 코드를 작성합니다.

1-3.ino

```
01  #define RED_LED D4
02  #define YELLOW_LED D3
03  #define GREEN_LED D2
04
05  void setup() {
06    pinMode(RED_LED,OUTPUT);
07    pinMode(YELLOW_LED,OUTPUT);
08    pinMode(GREEN_LED,OUTPUT);
09  }
10
11  void loop() {
12    digitalWrite(RED_LED,HIGH);
13    digitalWrite(YELLOW_LED,LOW);
```

```
14    digitalWrite(GREEN_LED,LOW);
15    delay(1000);
16    digitalWrite(RED_LED,LOW);
17    digitalWrite(YELLOW_LED,HIGH);
18    digitalWrite(GREEN_LED,LOW);
19    delay(1000);
20    digitalWrite(RED_LED,LOW);
21    digitalWrite(YELLOW_LED,LOW);
22    digitalWrite(GREEN_LED,HIGH);
23    delay(1000);
24    }
```

01~03 : 빨간색, 노란색, 녹색 LED의 핀을 정의합니다.
06~08 : 빨간색, 노란색, 녹색 LED를 출력으로 설정합니다.
12~15 : 빨간색 LED만 켜고 1초 기다립니다.
16~19 : 노란색 LED만 켜고 1초 기다립니다.
20~23 : 녹색 LED만 켜고 1초 기다립니다.

[⬆업로드] 버튼을 클릭하여 프로그램을 업로드 합니다.

【 동작 결과 】

빨간색 −〉 노란색 −〉 녹색 LED가 1초마다 번갈아 가면서 깜빡입니다.

함수를 사용하여 코드 가독성 높이기

LED를 켜는 함수를 사용하여 코드의 가독성을 좋게 합니다.

다음의 코드를 작성합니다.

1-4.ino

```
01    #define RED_LED D4
02    #define YELLOW_LED D3
03    #define GREEN_LED D2
04
05    void setup() {
06      pinMode(RED_LED,OUTPUT);
07      pinMode(YELLOW_LED,OUTPUT);
08      pinMode(GREEN_LED,OUTPUT);
09    }
10
11    void loop() {
12      redLedOn();
13      delay(1000);
```

```
14    yellowLedOn();
15    delay(1000);
16    greenLedOn();
17    delay(1000);
18  }
19
20  void redLedOn()
21  {
22   digitalWrite(RED_LED,HIGH);
23   digitalWrite(YELLOW_LED,LOW);
24   digitalWrite(GREEN_LED,LOW);
25  }
26
27  void yellowLedOn()
28  {
29   digitalWrite(RED_LED,LOW);
30   digitalWrite(YELLOW_LED,HIGH);
31   digitalWrite(GREEN_LED,LOW);
32  }
33
34  void greenLedOn()
35  {
36   digitalWrite(RED_LED,LOW);
37   digitalWrite(YELLOW_LED,LOW);
38   digitalWrite(GREEN_LED,HIGH);
39  }
```

12   : redLedOn() 함수를 실행합니다. 함수의 코드는 빨간색 LED만 켭니다.
14   : yellowLedOn() 함수를 실행합니다. 함수의 코드는 노란색 LED만 켭니다.
16   : greenLedOn() 함수를 실행합니다. 함수의 코드는 녹색 LED만 켭니다.
20~24 : redLedOn() 함수를 정의합니다.
27~32 : yellowLedOn() 함수를 정의합니다.
34~39 : greenLedOn() 함수를 정의합니다.

loop에서 함수를 만나면 함수가 정의된 곳으로 이동하여 함수의 코드를 실행합니다.

[🔘업로드] 버튼을 클릭하여 프로그램을 업로드 합니다.

【 동작 결과 】

빨간색 −〉 노란색 −〉 녹색 LED가 1초마다 번갈아 가면서 깜빡입니다.

함수를 사용하여 프로그램의 가독성을 높였습니다.

작품 02 _ 시리얼통신으로 PC와 통신하기(시리얼통신)

학습 목표

시리얼통신을 이용하여 PC와 통신을 하고 아두이노의 LED를 제어해 봅니다.

【 준비물 】

다음의 부품을 준비합니다.

부품명	수량
아두이노 Wemos D1 R1 보드	1개
브레드보드	1개
빨간색 LED	1개
노란색 LED	1개
녹색 LED	1개
220옴 저항(빨빨검검갈)	3개
수/수 점퍼케이블	4개

【 회로 연결 】

브레드보드에 아래의 회로를 꾸며 연결합니다.

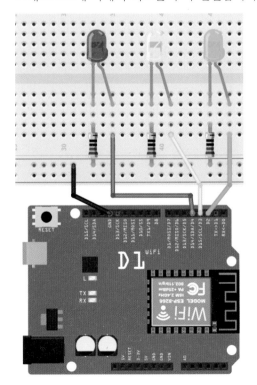

LED의 긴 다리는 +로 Wemos 보드의 핀에 연결합니다. 짧은 다리는 220옴 저항을 통해 GND와 연결합니다.

연결한 부품	핀 번호
빨간색 LED 긴 다리	D4
노란색 LED 긴 다리	D3
초록색 LED 긴 다리	D2

아두이노에서 PC로 hello 전송하기

시리얼 통신을 이용하여 아두이노에서 PC로 hello를 전송합니다.

다음의 코드를 작성합니다.

```
2-1.ino
01  void setup() {
02    Serial.begin(9600);
03  }
04
05  void loop() {
06    Serial.print("hello");
07    delay(1000);
08  }
```

02   : 시리얼통신을 통신속도 9600으로 시작합니다.
06~07 : 시리얼통신으로 hello를 전송하고 1초 기다립니다.

[⊕ 업로드] 버튼을 클릭하여 프로그램을 업로드 후 [🔍 시리얼 모니터]를 열어 값을 확인합니다.

【 동작 결과 】

시리얼 모니터에서 아두이노로부터 전송받은 값을 확인할 수 있습니다.

아두이노로부터 전송받은 hello를 출력하고 있습니다.

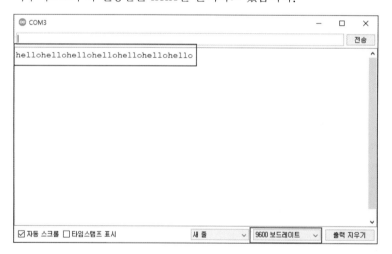

Serial 통신

시리얼 통신은 직렬 통신으로 가장 쉽고 간단한 통신방식입니다. Wemos D1 R1 보드는 시리얼 통신으로 프로그램을 Wemos D1 R1 보드에 업로드하고 PC와 통신을 합니다.

Wemos D1 R1 보드의 0번, 1번 핀이 물리적인 시리얼 통신 핀이므로 0번, 1번 핀을 회로로 연결할 경우 프로그램이 업로드되지 않을 수 있습니다. 0번, 1번 핀을 회로로 사용하려면 0번, 1번 핀에 연결된 회로를 해제하고 업로드 후 다시 회로를 연결하면 됩니다. 하지만 핀을 뺐다 다시 연결하는 번거로움이 있어 잘 사용하지 않습니다.

Wemos D1 R1 보드의 RX 핀은 데이터를 받는 핀입니다. 사람의 귀에 해당합니다.

Wemos D1 R1 보드의 TX 핀은 데이터를 보내는 핀입니다. 사람의 입에 해당합니다.

A와 B가 시리얼 통신을 하기 위해서는 A의 RX 핀은 B의 TX 핀과 연결하고 A의 TX 핀은 B의 RX 핀과 연결합니다. 두 사람이 전화 통신을 할 때 "귀"로 상대방의 말을 듣고 "입"으로 말을 하는 것과 같습니다.

시리얼 통신은 데이터를 보내는 곳과 받는 곳의 통신속도를 서로 맞춰서 통신합니다.

9600bps, 57600bps, 115200bps 등 비트의 개수로 속도를 맞춰 통신합니다.

bps는 bit per seconds의 약자로 1초당 보내는 비트의 개수를 의미합니다.

통신속도는 주로 9600bps를 사용합니다. 115200bps로 데이터를 보내면 초당 데이터를 더 많이 보낼 수 있지만 보낼 수 있는 거리가 짧아집니다. 즉, 데이터 개수를 적게 보내면 멀리 보낼 수 있고 데이터 개수를 많이 보내면 멀리 보낼 수 없습니다. 시리얼 통신은 통신속도에 따라 보낼 수 있는 거리에 대해 규격집에 나와 있습니다.

Wemos D1 R1 보드에는 시리얼 통신을 위한 CH340 시리얼 to USB 변환 칩이 있어 아두이노와 PC를 USB 케이블로 연결 시 통신이 가능합니다.

줄바꿈하여 PC로 데이터 전송하기

시리얼 모니터에 줄바꿈을 하여 hello를 전송하는 코드를 만들어봅니다. 다음의 코드를 작성합니다.

```
2-2.ino
01  void setup() {
02    Serial.begin(9600);
03  }
04
05  void loop() {
06    Serial.println("hello");
07    delay(1000);
08  }
```

06 : Serial.println으로 hello를 전송 후 줄바꿈을 합니다. ln은 line의 약자로 줄바꿈의 데이터를 같이 전송합니다.

[⬆ 업로드] 버튼을 클릭하여 프로그램을 업로드 후 [🔍 시리얼 모니터]를 열어 값을 확인합니다.

【 동작 결과 】

hello가 전송된 후 줄바꿈이 되었습니다.

아두이노의 통신속도 변경하기

통신속도를 변경하여 통신해 봅니다. 다음의 코드를 작성합니다.

```
2-3.ino
01   void setup() {
02     Serial.begin(115200);
03   }
04
05   void loop() {
06     Serial.println("hello");
07     delay(1000);
08   }
```

02 : 통신속도를 115200으로 시리얼통신을 시작합니다.

[⬆업로드] 버튼을 클릭하여 프로그램을 업로드 후 [🔍시리얼 모니터]를 열어 값을 확인합니다.

【 동작 결과 】

아두이노에서는 115200으로 데이터를 보내지만 받는 쪽은 9600으로 받기 때문에 정상적으로 데이터를 전송받지 못하여 보이지 않습니다.

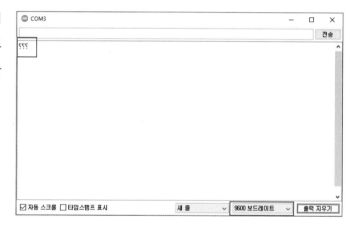

통신속도를 115200으로 변경 후 정상적으로 통신이 됩니다.
시리얼통신은 보내는 쪽의 통신속도와 받는 쪽의 통신속도를 맞추어 통신합니다.

PC에서 아두이노로 데이터 전송하고 응답받기

이번엔 PC에서 아두이노로 데이터를 전송하고 값을 응답합니다. 다음의 코드를 작성합니다.

```
2-4.ino
01  void setup() {
02    Serial.begin(9600);
03  }
04
05  void loop() {
06    if(Serial.available() >0 )
07    {
08        char sData =Serial.read();
09        if(sData =='a') Serial.println("a ok");
10        else if(sData =='b') Serial.println("b ok");
11        else if(sData =='c') Serial.println("c ok");
12    }
13  }
```

02 : 시리얼통신 통신속도를 9600으로 시작합니다.

06 : 아두이노에서 시리얼통신으로 수신받은 데이터가 있다면 조건이 참이 됩니다.

[⊙업로드] 버튼을 클릭하여 프로그램을 업로드 후 [⊙ 시리얼 모니터]를 열어 값을 확인합니다.

【 동작 결과 】

시리얼 모니터의 통신속도를 9600으로 변경합니다.

a를 입력 후 [전송] 버튼을 눌러 아두이노로 a를 전송합니다.

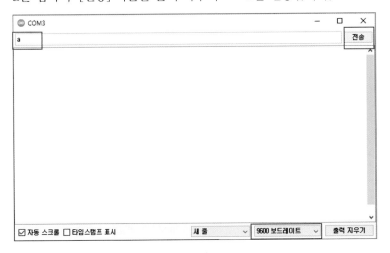

PC에서 아두이노로 a를 전송하여 아두이노는 a ok를 응답하였습니다.

b와 c도 전송하여 응답이 오는지 확인합니다. 소문자와 대문자는 다르므로 소문자를 입력합니다.

PC에서 아두이노로 명령어 전송하여 LED 제어하기

PC에서 아두이노로 명령을 전송하여 LED를 제어해 봅니다.

r,y,g의 명령어를 입력하여 빨간색, 노란색, 녹색의 LED를 켜고 o의 명령어를 입력하여 모든 LED를 끄는 코드를 만들어 봅니다. 다음의 코드를 작성합니다.

2-5.ino

```
01  #define RED_LED D4
02  #define YELLOW_LED D3
03  #define GREEN_LED D2
04
05  void setup() {
06    Serial.begin(9600);
07    pinMode(RED_LED,OUTPUT);
08    pinMode(YELLOW_LED,OUTPUT);
09    pinMode(GREEN_LED,OUTPUT);
10  }
11
12  void loop() {
13    if(Serial.available() >0 )
14    {
15      char sData =Serial.read();
16      if(sData =='r') digitalWrite(RED_LED,HIGH);
17      else if(sData =='y') digitalWrite(YELLOW_LED,HIGH);
18      else if(sData =='g') digitalWrite(GREEN_LED,HIGH);
19      else if(sData =='o')
20      {
21       digitalWrite(RED_LED,LOW);
22       digitalWrite(YELLOW_LED,LOW);
23       digitalWrite(GREEN_LED,LOW);
24      }
25    }
26  }
```

01~03 : LED에 사용하는 핀을 정의합니다.

07~09 : LED에 사용하는 핀을 출력으로 설정합니다.

16   : 시리얼통신으로 받은 값이 'r'일 때 빨간색 LED를 켭니다.

17   : 시리얼통신으로 받은 값이 'y'일 때 노란색 LED를 켭니다.

18   : 시리얼통신으로 받은 값이 'g'일 때 녹색 LED를 켭니다.

19~23 : 시리얼통신으로 받은 값이 'o'일 때 빨간색, 노란색, 녹색 LED를 끕니다.

[⊕ 업로드] 버튼을 클릭하여 프로그램을 업로드 후 [🔍 시리얼 모니터]를 열어 값을 확인합니다.

【 동작 결과 】

r을 전송합니다.

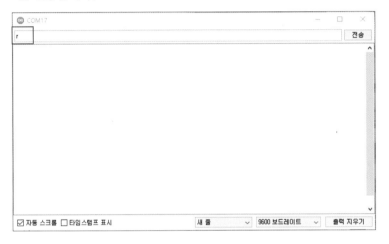

빨간색 LED가 명령을 받아 켜졌습니다.

r, y, g를 각각 입력하여 빨간색, 노란색, 녹색 LED를 켭니다. o를 입력하여 모든 LED를 끕니다.

PC에서 아두이노로 문자열 전송하여 LED 제어하기

하나의 문자를 이용하여 데이터를 전송할 경우 의도치 않게 오류가 발생할 수 있습니다. 아두이노나 임베디드 장치 등을 별도의 프로토콜이라고 하는 통신 규칙을 만들어 데이터를 주고받습니다. 하나의 문자가 아닌 문장을 만들어 LED를 제어해 보도록 합니다.

RED_ON, YELLOW_ON, GREEN_ON의 명령을 받으면 빨간색, 노란색, 녹색 LED를 켜지도록 합니다.

RED_OFF, YELLOW_OFF, GREEN_OFF의 명령을 받으면 빨간색, 노란색, 녹색 LED를 꺼지도록 합니다. 다음의 코드를 작성합니다.

2-6.ino

```
01  #define RED_LED D4
02  #define YELLOW_LED D3
03  #define GREEN_LED D2
04
05  void setup() {
06   Serial.begin(9600);
07   pinMode(RED_LED,OUTPUT);
08   pinMode(YELLOW_LED,OUTPUT);
09   pinMode(GREEN_LED,OUTPUT);
10  }
11
12  void loop() {
13   if(Serial.available() >0 )
14   {
15     String StrData =Serial.readStringUntil('\n');
16     if(StrData.indexOf("RED_ON") !=-1) digitalWrite(RED_LED,HIGH);
17     else if(StrData.indexOf("RED_OFF") !=-1) digitalWrite(RED_LED,LOW);
18     else if(StrData.indexOf("YELLOW_ON") !=-1) digitalWrite(YELLOW_LED,HIGH);
19     else if(StrData.indexOf("YELLOW_OFF") !=-1) digitalWrite(YELLOW_LED,LOW);
20     else if(StrData.indexOf("GREEN_ON") !=-1) digitalWrite(GREEN_LED,HIGH);
21     else if(StrData.indexOf("GREEN_OFF") !=-1) digitalWrite(GREEN_LED,LOW);
22   }
23  }
```

15 : 시리얼통신으로 ₩n (줄바꿈)이 입력될 때까지 문자열을 입력받아 StrData의 String(문자열) 타입의 변수에 저장합니다.

16 : 시리얼통신으로 받은 문자열이 저장된 StrData 변수에서 "RED_ON"을 찾았다면 조건이 참이 됩니다. indexOf는 찾은 문자열의 위치를 반환합니다. 문자열의 위치는 0번지부터 시작하므로 0 이상이면 참을 찾지 못하면 −1을 반환합니다. 즉 −1이 아니면 문자열을 찾아서 조건이 참이 됩니다.

16~21 : RED_ON, RED_OFF, YELLOW_ON, YELLOW_OFF, GREEN_ON, GREEN_OFF의 명령을 받아 각각의 LED를 켜거나 끕니다.

[⊕업로드] 버튼을 클릭하여 프로그램을 업로드 후 [◎시리얼 모니터]를 열어 값을 확인합니다.

【 동작 결과 】

RED_ON을 전송합니다. 시리얼 모니터에서 [새 줄]로 되어야 합니다. [새 줄]일 경우 RED_ON\n
을 전송합니다. 문자열의 끝에 \n(줄바꿈)을 붙여 전송합니다. 아두이노 코드에서 종료문자를 인식
하기 위함입니다.

빨간색 LED가 RED_ON 명령으로 켜졌습니다.

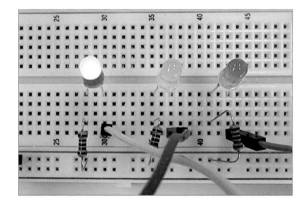

RED_OFF 명령을 전송하여 빨간색 LED를 끕니다.

빨간색 LED가 RED_OFF 명령으로 꺼졌습니다.

RED_ON, RED_OFF, YELLOW_ON, YELLOW_OFF, GREEN_ON, GREEN_OFF 명령을 아두이노로 전송하여 LED의 동작을 확인합니다.

하나의 문자가 아닌 문자열을 전송하여 LED를 제어해 보았습니다. 조금 더 고급스럽게 명령어를 이용하여 LED를 제어해 보았습니다.

작품 03 _ 버튼 입력받기(디지털 입력)

학습 목표

디지털 입력 기능을 이용하여 버튼 입력을 받아서 값을 출력해보고 LED를 제어해 봅니다.

【 준비물 】

다음의 부품을 준비합니다.

부품명	수량
아두이노 Wemos D1 R1 보드	1개
브레드보드	1개
빨간색 LED	1개
220옴 저항(빨빨검검갈)	1개
버튼	1개
수/수 점퍼케이블	4개

【 회로 연결 】

브레드보드에 아래의 회로를 꾸며 연결합니다.

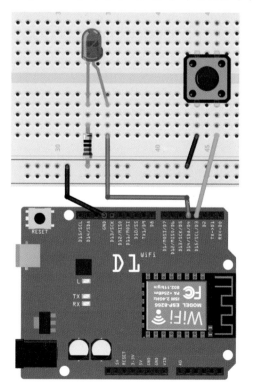

빨간색 LED의 긴 다리는 +로 D4번 핀에 연결합니다. 버튼의 왼쪽 핀은 GND, 오른쪽 핀은 D3번 핀에 연결합니다. 버튼은 극성이 없어 핀의 연결이 바뀌어도 됩니다.

버튼 값 확인하기

버튼의 값일 시리얼통신으로 전송하여 값을 확인해보도록 합니다. 다음의 코드를 작성합니다.

```
3-1.ino
01   #define BUTTON_PIN D3
02
03   void setup() {
04     Serial.begin(9600);
05     pinMode(BUTTON_PIN,INPUT_PULLUP);
06   }
07
08   void loop() {
09     int btnValue =digitalRead(BUTTON_PIN);
10     Serial.println(btnValue);
11     delay(10);
12   }
```

01 : 버튼핀을 정의합니다.
05 : 버튼핀을 풀업 입력으로 사용합니다. wemos 보드의 내부풀업 저항이 활성화 됩니다.
09 : 버튼핀에서 값을 읽어 btnValue 변수에 저장합니다.
10 : 버튼값을 시리얼통신으로 전송합니다.

[💿업로드] 버튼을 클릭하여 프로그램을 업로드 후 [🔍시리얼 모니터]를 열어 값을 확인합니다.
버튼을 누르지 않았을 때 1이 출력됩니다. 버튼핀의 내부풀업저항을 활성화시켜 내부 풀업저항을 통해 버튼핀에 3.3V의 전원이 공급되어 1의 값이 버튼핀에 입력되었습니다.

버튼을 눌렀을 때 0이 출력됩니다. 버튼을 누르면 버튼을 통해 GND(0V)의 값이 버튼핀에 입력되었습니다.

버튼 값 반전시키기

풀업저항을 사용하여 누르지 않을 때는 1(5V), 누를때는 0(0V)의 값이 핀에 입력되었습니다. 소프트웨어로 읽은 값을 반전시키고 그 값을 출력해 봅니다. 아두이노에서 사용하는 C언어의 경우 반전은 !(느낌표)를 사용합니다. 다음의 코드를 작성합니다.

```
3-2.ino

01  #define BUTTON_PIN D3
02
03  void setup() {
04   Serial.begin(9600);
05   pinMode(BUTTON_PIN,INPUT_PULLUP);
06  }
07
08  void loop() {
09   int btnValue =!digitalRead(BUTTON_PIN);
10   Serial.println(btnValue);
11   delay(10);
12  }
```

09 : !(느낌표)를 붙여 값을 읽어온 후 반전시킵니다. 0은 1로, 1은 0으로 반전시킵니다.

[⏵업로드] 버튼을 클릭하여 프로그램을 업로드 후 [🔍시리얼 모니터]를 열어 값을 확인합니다.
버튼을 누르지 않았을 때는 0의 값이 출력됩니다.

버튼을 누르면 1의 값이 출력됩니다.

하드웨어로 값의 상태를 변경하기 위해서는 회로를 변경해야하는 번거로움과 또는 비용이소요되지만 소프트웨어로 처리하여 손쉽게 값을 반전시켰습니다. 사람이 쉽게 이해하는 것은 누르면 1 누르지 않으면 0입니다.

버튼을 누르면 LED를 켜기

버튼을 누르면 LED를 켜보도록 합니다. 다음의 코드를 작성합니다.

```
3-3.ino
01   #define BUTTON_PIN D3
02   #define LED_PIN D4
03
04   void setup() {
05     Serial.begin(9600);
06     pinMode(BUTTON_PIN,INPUT_PULLUP);
07     pinMode(LED_PIN,OUTPUT);
08   }
09
10   void loop() {
11     int btnValue =!digitalRead(BUTTON_PIN);
12
13     if(btnValue ==1) digitalWrite(LED_PIN,HIGH);
14     else digitalWrite(LED_PIN,LOW);
15   }
```

02 : LED에 사용하는 핀을 정의합니다.
07 : LED에 사용하는 핀을 출력으로 설정합니다.
13 : 버튼이 눌렸으면 LED를 켭니다.
14 : 그렇지 않다면 LED를 끕니다. 즉 버튼을 누르지 않았다면 LED를 끕니다.

[⦿ 업로드] 버튼을 클릭하여 프로그램을 업로드 합니다.

【 동작 결과 】

버튼을 누르지 않았을 때는 LED가 꺼져있고, 버튼을 누르고 있으면 LED가 켜집니다. 즉, 버튼을
누르고 있을 때만 LED가 켜져 있습니다.

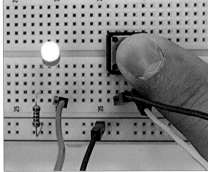

버튼을 한 번 누르면 LED켜기

버튼을 한 번 누르면 LED가 켜지고 또 한 번 누르면 LED가 꺼지는 코드를 만들어봅니다.
다음의 코드를 작성합니다.

```
3-4.ino
01  #define BUTTON_PIN D3
02  #define LED_PIN D4
03
04  int prevBtn =0;
05  int currBtn =0;
06  int ledState =0;
07
08  void setup() {
09   Serial.begin(9600);
10   pinMode(BUTTON_PIN,INPUT_PULLUP);
11   pinMode(LED_PIN,OUTPUT);
12  }
13
14  void loop() {
15   currBtn =!digitalRead(BUTTON_PIN);
16
17   if(currBtn != prevBtn)
18   {
19      prevBtn = currBtn;
20      if(currBtn ==1)
21      {
22       ledState =!ledState;
23       digitalWrite(LED_PIN,ledState);
24      }
25      delay(50);
26   }
27  }
```

04 : 이전에 버튼값을 저장하는 변수 입니다. prev는 previous의 약자로 이전의 라는 뜻입니다.

05 : 현재의 버튼값을 저장하는 변수 입니다. curr은 current로 흐르는 이라는 뜻으로 흐르는 물과 같이 흐르는 값(현재의 값)을 저장할 때 자주 사용합니다.

06 : LED의 출력상태를 저장하는 변수입니다.

15 : 버튼값을 읽어 currBtn 변수에 대입합니다.

17~26 : currBtn 현재의 버튼값과 prevBtn 이전의 버튼값이 틀리면 조건이 참이 됩니다. 즉 버튼을 누르거나 눌렀다 때는 2번의 시점에서 조건이 참이 됩니다.

19 : prevBtn 이전의 변수값에 currBtn 최신의 버튼값을 대입합니다.

20~24 : 버튼을 눌렀을 때만 조건이 참이 됩니다.

22 : ledState 변수를 반전시킵니다. 0이면 1로 1이면 0으로

23 : LED를 출력합니다.

25 : 버튼을 누르면 채터링이라고 하는 노이즈성 신호가 발생됩니다. 딜레이를 사용하여 노이즈성 신호가 발생되는 시간을 의도적으로 무시합니다.

이전의 버튼값을 저장하는 변수와 현재의 값과 계속 비교하여 값이 변경될 때만 동작하도록 하였습니다.

[⊙업로드] 버튼을 클릭하여 프로그램을 업로드 합니다.

【 동작 결과 】

버튼을 누르면 LED의 상태가 반전됩니다. LED는 반전된 상태를 계속 유지합니다.

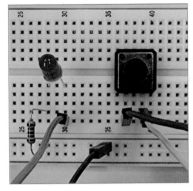 

디지털 입력 기능을 사용하여 버튼의 값을 입력받았습니다. 디지털 입력은 0V 또는 3.3V의 2가지 상태의 값만 입력받을 수 있습니다. 0V를 입력받았을 때는 디지털값 0으로 3.3V를 입력받았을 때는 디지털값 1로 코드에서 확인됩니다. 우리가 사용하는 ESP8266 칩은 동작전압이 3.3V로 아두이노 우노의 경우는 5V입니다. 동작전압이 다른 점에 유의하시길 바랍니다.

작품 04 _ LED의 밝기 제어하기(아날로그 출력)

학습 목표

아날로그 출력기능을 이용하여 LED의 밝기를 제어해 봅니다.

【 준비물 】

다음의 부품을 준비합니다.

부품명	수량
아두이노 Wemos D1 R1 보드	1개
브레드보드	1개
빨간색 LED	1개
220옴 저항(빨빨검검갈)	1개
버튼	1개
수/수 점퍼케이블	4개

【 회로 연결 】

브레드보드에 아래의 회로를 꾸며 연결합니다.

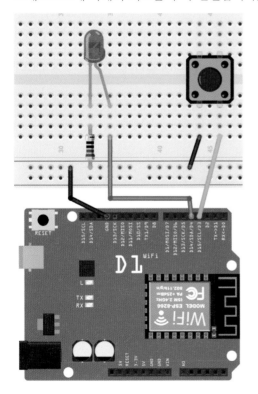

빨간색 LED의 긴 다리는 +로 D4번 핀에 연결합니다. 버튼의 왼쪽 핀은 GND, 오른쪽 핀은 D3번 핀에 연결합니다. 버튼은 극성이 없어 핀의 연결이 바뀌어도 됩니다.

LED의 밝기 조절하기

LED의 밝기를 변경하는 코드를 만들어봅니다. 다음의 코드를 작성합니다.

```
4-1.ino
01    #define LED_PIN D4
02
03    void setup() {
04      Serial.begin(9600);
05    }
06
07    void loop() {
08      analogWrite(LED_PIN,0);
09      delay(1000);
10      analogWrite(LED_PIN,50);
11      delay(1000);
12      analogWrite(LED_PIN,100);
13      delay(1000);
14      analogWrite(LED_PIN,150);
15      delay(1000);
16      analogWrite(LED_PIN,200);
17      delay(1000);
18      analogWrite(LED_PIN,255);
19      delay(1000);
20    }
```

08~19 : analogWrite를 이용하여 LED의 밝기를 1초마다 변경하여 출력합니다.

핀을 아날로그 출력으로 사용 시 pinMode로 출력으로 설정하지 않아도 됩니다. 아날로그 출력으로 사용하면 자동으로 출력핀으로 설정됩니다.

아날로그 출력(PWM) 사용방법

아날로그 출력은 실제 전압이 변하는 것이 아니라 PWM이라는 펄스의 폭을 조절하여 에너지의 총량을 조절합니다. 매우 빠르게 켜졌다 꺼졌다를 반복하면서 켜져있는 시간의 양을 조절하여 출력에너지를 조절합니다. 10%동안은 켜있고 90%동안 꺼져있다면 LED는 10%의 밝기로 켜져있습니다. 90%동안 켜있고 10%동안 꺼져있다면 LED는 90%의 밝기로 켜져있습니다. 실제로는 디지털 출력을 빠르게 켜고 끄며 동작합니다. 하지만 매우 빠르게 켜지고 꺼짐의 시간을 조절하여 아날로그 출력처럼 보이게 합니다. 아날로그 출력은 8bit 값으로 출력됩니다.

analogWrite(핀,값)
핀: ESP8266은 모든핀이 PWM으로 사용이가능합니다.
값: 0~255 사이의 값

0의 값을 주면 항상 꺼져있고, 255의 값을 주면 항상 켜져있습니다. 127의 값을 주면 약 50%동안은 켜있고 50%동안은 꺼져있습니다. 즉 50%의 아날로그 출력이 됩니다
아날로그 출력으로 사용 시 pinMode에서 출력 핀으로 설정하지 않아도 됩니다. analogWrite 함수를 사용하면 함수 내부에 pinMode에 출력으로 정해져 있습니다.

[⊕ 업로드] 버튼을 클릭하여 프로그램을 업로드 합니다.

【 동작 결과 】

LED의 밝기가 1초마다 점점 밝아집니다.

버튼을 눌러 LED의 밝기 조절하기

버튼을 누를 때마다 LED의 밝기를 조절하는 코드를 만들어봅니다. 다음의 코드를 작성합니다.

4-2.ino

```
01  #define BUTTON_PIN D3
02  #define LED_PIN D4
03
04  int prevBtn =0;
05  int currBtn =0;
06  int ledState =0;
07
08  void setup() {
09   Serial.begin(9600);
10   pinMode(BUTTON_PIN,INPUT_PULLUP);
11   pinMode(LED_PIN,OUTPUT);
12  }
13
14  void loop() {
15   currBtn =!digitalRead(BUTTON_PIN);
16
17   if(currBtn != prevBtn)
18   {
19      prevBtn = currBtn;
20      if(currBtn ==1)
21      {
22       ledState++;
23      }
24      delay(50);
25   }
26
27   if(ledState ==0) analogWrite(LED_PIN,0);
28   else if(ledState ==1) analogWrite(LED_PIN,85);
29   else if(ledState ==2) analogWrite(LED_PIN,170);
30   else if(ledState ==3) analogWrite(LED_PIN,255);
31   else ledState =0;
32  }
```

22 : 버튼을 눌렀을 때 ledState 값을 1씩 증가시킵니다.

27~31 : ledState 값에 따라 LED의 밝기를 조절합니다.

31 : ledState의 값이 3보다 크면 0으로 초기화합니다. ledState 변수는 0~3의 값으로만 변합니다.

[🔄업로드] 버튼을 클릭하여 프로그램을 업로드 합니다.

【 동작 결과 】

버튼을 누를 때마다 LED의 값이 변경됩니다.

아날로그 출력의 range 조절하기

ESP8266 칩을 사용한 Wemos D1 R1보드의 경우 아두이노 우노와 다르게 출력되는 범위를 조절할 수 있습니다. analogWrite(핀,0~255)의 값 중 0~255의 값을 조절할 수 있습니다. range를 조절하는 코드를 만들어봅니다. 조절하지 않을 경우 기본으로 0~255로 되어있습니다.

다음의 코드를 작성합니다.

4-3.ino
```
01  #define LED_PIN D4
02
03  void setup() {
04    Serial.begin(9600);
05    analogWriteRange(100);
06  }
07
08  void loop() {
09    analogWrite(LED_PIN,0);
10    delay(1000);
11    analogWrite(LED_PIN,20);
12    delay(1000);
13    analogWrite(LED_PIN,40);
14    delay(1000);
15    analogWrite(LED_PIN,60);
16    delay(1000);
17    analogWrite(LED_PIN,80);
18    delay(1000);
19    analogWrite(LED_PIN,100);
20    delay(1000);
21  }
```

05 : analogWriteRange(100); 를 사용하여 0~100까지의 범위로 조절하였습니다. 범위는 최소 15 최대 65535까지 조절 가능합니다.

[🔄업로드] 버튼을 클릭하여 프로그램을 업로드 합니다.

【 동작 결과 】

범위를 변경하였고 LED의 밝기를 조절하였습니다.

아날로그 출력의 주파수 조절하기

PWM으로 출력되는 주파수도 손쉽게 조절 가능합니다. 주파수를 조절하여 봅니다. 주파수를 조절하지 않을 경우 1kHz(1000Hz)로 설정되어 있습니다.

다음의 코드를 작성합니다.

```
4-4.ino
01   #define LED_PIN D4
02
03   void setup() {
04     Serial.begin(9600);
05     analogWriteFreq(100);
06   }
07
08   void loop() {
09     analogWrite(LED_PIN,0);
10     delay(1000);
11     analogWrite(LED_PIN,127);
12     delay(1000);
13     analogWrite(LED_PIN,255);
14     delay(1000);
15   }
```

05 : analogWriteFreq(100); 를 사용하여 PWM의 출력주파수를 100Hz로 조절하였습니다. 주파수는 100Hz~40,000Hz 까지 조절가능합니다.

[⊙ 업로드] 버튼을 클릭하여 프로그램을 업로드 합니다.

【 결과 】

주파수를 조절하고 LED의 밝기를 변경하였습니다. 100Hz도 사람이 보기에는 빠른 주파수라서 변화를 알 수는 없습니다. 주파수를 변경하는 경우는 모터의 속도를 조절할 때 20Hz~20,000Hz의 PWM 신호를 입력할 경우 모터에 따라서 가청주파수대역과 겹쳐 알 수 없는 노이즈성 소음이 발생할 수 있습니다. 이럴 때 가청주파수보다 주파수를 높여 소리를 없애는 경우 등에 사용합니다.

작품 05 _ 가변저항으로 LED의 밝기 조절하기(아날로그 입력)

학습 목표

아날로그 입력 기능을 사용하여 LED의 밝기를 조절해 봅니다.

【 준비물 】

다음의 부품을 준비합니다.

부품명	수량
아두이노 Wemos D1 R1 보드	1개
브레드보드	1개
빨간색 LED	1개
220옴 저항(빨빨검검갈)	1개
수/수 점퍼케이블	6개

【 회로 연결 】

브레드보드에 아래의 회로를 꾸며 연결합니다.

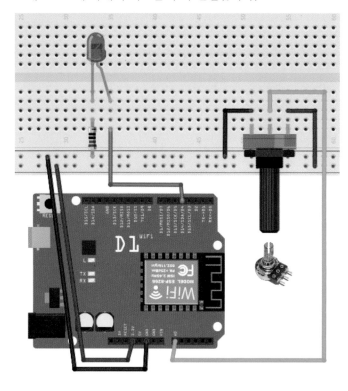

LED의 긴 다리는 D4번 핀에 연결하고 가변저항의 가운데 핀은 A0번 핀과 연결합니다. 가변저항은 금색으로 생겼고 손잡이가 있어 손잡이를 돌려 값을 조절할 수 있습니다.

가변저항 값 읽기

가변저항의 값을 읽어 시리얼통신으로 전송하여 값을 확인하는 코드를 만들어 봅니다.

다음의 코드를 작성합니다.

```
5-1.ino

01  #define VR_PIN A0
02
03  void setup() {
04    Serial.begin(9600);
05  }
06
07  void loop() {
08    int vrValue =analogRead(VR_PIN);
09    Serial.println(vrValue);
10    delay(10);
11  }
```

01 : 가변저항핀을 정의합니다.
08 : A0번 핀에서 값을 읽어 vrValue 에 대입합니다.
09 : 가변저항 값을 시리얼통신으로 출력합니다.

[🔼업로드] 버튼을 클릭하여 프로그램을 업로드 후 [🔎시리얼 모니터]를 열어 값을 확인합니다.

【 동작 결과 】

가장 왼쪽으로 돌렸을 때 13의 값이 출력됩니다.

※보드에 따라서 최소값이 다를 수 있습니다.

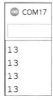

가장 오른쪽으로 돌렸을 때 1024의 값이 출력됩니다.

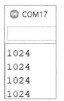

아두이노 우노의 경우 0~1023의 값이 출력됩니다. ESP8266의 경우 아날로그를 입력받을 수 있는 전압의 범위가 0~1V입니다. 하지만 우리는 외부에 0~3.3V까지의 전압을 입력하였습니다.

Wemos D1 R1 보드에서는 ESP8266 칩으로 들어가기 전에 아래와 같이 전압분배 회로를 구성하여 약 1/3로 전압의 값을 줄여 ESP8266의 A0번 핀에 공급됩니다.

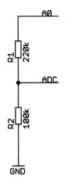

0~3.3V의 전압이 0~1V 사이의 전압으로 변경되어 ESP8266의 A0번 핀에 입력되어 값을 확인하였습니다.

가변저항 값으로 LED 제어하기

가변저항의 값에 따라서 LED의 밝기를 제어해 봅니다.

다음의 코드를 작성합니다.

```
5-2.ino
01  #define VR_PIN A0
02  #define LED_PIN D4
03
04  void setup() {
05    Serial.begin(9600);
06  }
07
08  void loop() {
09    int vrValue =analogRead(VR_PIN);
10    analogWrite(LED_PIN,vrValue/4);
11  }
```

09 : 가변저항의 값을 읽어 vrValue 변수에 대입합니다. 가변저항의 값은 0~1024까지 변합니다.

10 : LED 출력을 가변저항값에 나누기 4를 한 후 출력합니다. analogWrite의 경우 출력범위를 조절하지 않을 경우 0~255 이기 때문에 아날로그 입력인 0~1024 범위에서 나누기 4를 하였습니다.

[⊙업로드] 버튼을 클릭하여 프로그램을 업로드 합니다.

【 동작 결과 】

가변저항을 돌려서 LED의 밝기를 조절하였습니다.

map 함수 사용하여 LED 제어하기

map 함수를 사용하여 range를 맞추어 LED의 출력을 제어해 봅니다.

다음의 코드를 작성합니다.

```
5-3.ino
01  #define VR_PIN A0
02  #define LED_PIN D4
03
04  void setup() {
05    Serial.begin(9600);
06  }
07
08  void loop() {
09    int vrValue =analogRead(VR_PIN);
10    int ledValue =map(vrValue,0,1024,0,255);
11    analogWrite(LED_PIN,ledValue);
12  }
```

10 : map 함수를 사용하여 0~1024의 범위를 0~255의 범위로 조절하였습니다.

> ### map 함수 사용방법
>
> map(입력변수,입력시작값,입력끝값,출력시작값,출력끝값)
> 입력변수의 값은 입력시작값~입력끝값 사이의 값을 출력시작값~출력끝값 사이의 값으로 매핑하여 출력됩니다.
> map 함수에 입력되는 값은 정수형태만 가능합니다.
> map(100,0,200,0,100) 으로 하였다면 출력값이 50이 됩니다.
> 0~200사이의 입력변수 100의 값이 출력값인 0~100으로 매핑되기 때문에 50으로 출력됩니다.

[⊙업로드] 버튼을 클릭하여 프로그램을 업로드 합니다.

【 동작 결과 】

가변저항을 돌려서 LED의 밝기를 0~100%로 조절합니다.

Arduino IOT

바로 써먹을 수 있는
사물인터넷 작품 만들기

인터넷 시간, 공공데이터, 주식시세, 메신저 등 사물인터넷을 사용하는 다양한 작품을 만들어보면서 아두이노 Wemos D1 R1 보드로 인터넷에 접속하고 사물인터넷의 사용방법에 대해 알아봅니다.

작품 06 _ 인터넷 표준 시간 표시장치 만들기

학습 목표

인터넷에 접속하여 시간을 받아오고 한국 시간을 LCD에 표시하는 시간표시장치를 만들어봅니다.

【 준비물 】

다음의 부품을 준비합니다.

부품명	수량
아두이노 Wemos D1 R1 보드	1개
브레드보드	1개
I2C LCD모듈	1개
암/수 점퍼케이블	4개

【 회로 연결 】

브레드보드에 아래의 회로를 꾸며 연결합니다.

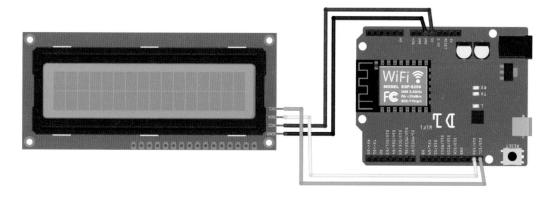

아래의 표를 참조하여 회로를 구성합니다.

모듈	모듈 핀	아두이노 핀
I2C LCD모듈	GND	GND
	VCC	5V
	SDA	SDA(D14)
	SCL	SCL(D15)

라이브러리 설치하기

작품에 필요한 라이브러리를 설치합니다.

[스케치] → [라이브러리 포함하기] → [라이브러리 관리..]를 클릭하여 [라이브러리 매니저] 창을 연후 라이브러리를 설치합니다.

LCD를 사용하기 위한 라이브러리를 설치합니다.

"i2c lcd"를 검색 후 LiquidCrystal I2C 라이브러리를 설치합니다.

※ 버전은 설치 시점의 최신 버전을 사용하는 것을 원칙으로 합니다. 단, 업데이트되어 동작하지 않는다면 1.1.2 버전을 설치합니다.

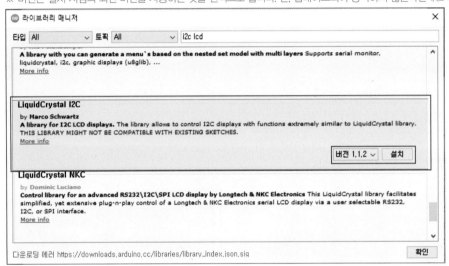

NTP 시간을 받아오는 라이브러리를 설치합니다. NTP는 Network Time Protocol의 약자로 네트워크에서 시간을 받아올 수 있습니다. NTP는 표준 프로토콜 입니다.

"ntp"를 검색 후 NTPClient를 설치합니다.

※ 버전은 설치 시점의 최신 버전을 사용하는 것을 원칙으로 합니다. 단, 업데이트되어 동작하지 않는다면 3.2.1 버전을 설치합니다.

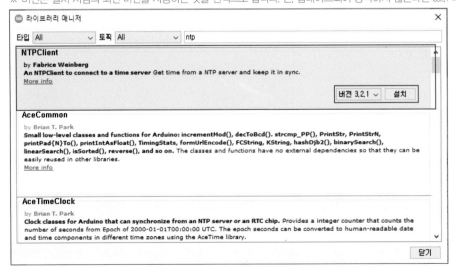

인터넷에 접속하여 시간을 받아 시리얼통신으로 출력하기

WIFI에 접속하여 NTP서버에 접속하여 시간을 받아 시리얼통신으로 출력하는 코드를 작성합니다.
다음의 코드를 작성합니다.

6-1.ino

```
01  #include <NTPClient.h>
02  #include <ESP8266WiFi.h>
03  #include <WiFiUdp.h>
04
05  const char *ssid ="jmc";
06  const char *password ="123456789";
07
08  WiFiUDP ntpUDP;
09  NTPClient timeClient(ntpUDP);
10
11  void setup() {
12    Serial.begin(9600);
13
14    WiFi.begin(ssid, password);
15
16    while ( WiFi.status() != WL_CONNECTED ) {
17        delay ( 500 );
18        Serial.print ( "." );
19    }
20
21    timeClient.begin();
22  }
23
24  void loop() {
25    timeClient.update();
26    Serial.println(timeClient.getFormattedTime());
27    delay(1000);
28  }
```

01 : 시간을 받기위해 NTP 라이브러리 헤더파일을 추가합니다.

02 : ESP8266 WIFI의 헤더파일 추가합니다.

03 : UDP통신을 사용하기 위한 헤더파일을 추가합니다. NTP서버는 UDP통신으로 값을 받아옵니다

05~06 : 공유기의 ID와 패스워드를 입력합니다. 쌍따옴표 안에 ID와 패스워드를 입력합니다. 그리고 주의할 점은 2.4G만 연결이 가능합니다.

08 : ntpUDP로 클래스를 생성합니다.

09 : timeClient로 클래스를 생성합니다.

12 : 시리얼 통신속도를 115200으로 설정합니다.

14 : WIFI를 시작한다. 05~06줄에서 입력한 ID와 패스워드로 시작합니다.

16~18 : WIFI에 접속될때까지 0.5초마다 .(쩜)을 시리얼통신으로 전송합니다. 접속되면 while문을 탈출합니다.

21   : NTP시간을 시작합니다.
25   : NTP 시간을 업데이트 합니다.
26   : NTP시간을 시리얼통신으로 전송합니다.
27   : 1초 기다립니다.

[⊕업로드] 버튼을 클릭하여 프로그램을 업로드 후 [🔍 시리얼 모니터]를 열어 값을 확인합니다.

【 동작 결과 】

지금 시간이 오전 8시32분인데 23시32분으로 되었습니다. 왜 이런 결과를 출력했냐면 NTP시간은
표준시간으로 출력이 됩니다. 우리나라는 표시시간보다 9시간 빠르기 때문에 9시간을 더해줘야 한
국 시간에 맞습니다.

한국 시간으로 출력하기

표준 시간에서 +9시간을 더해 한국 시간으로 표시되는 코드를 작성해 봅니다.

다음의 코드를 작성합니다.

```
6-2.ino
01  #include <NTPClient.h>
02  #include <ESP8266WiFi.h>
03  #include <WiFiUdp.h>
04
05  const char *ssid ="jmc";
06  const char *password ="123456789";
07
08  WiFiUDP ntpUDP;
09  NTPClient timeClient(ntpUDP,32400);
10
11  void setup() {
12    Serial.begin(9600);
13
14    WiFi.begin(ssid, password);
15
16    while ( WiFi.status() != WL_CONNECTED ) {
17        delay ( 500 );
18        Serial.print ( "." );
19    }
20
21    timeClient.begin();
22  }
23
```

```
24   void loop() {
25     timeClient.update();
26     Serial.println(timeClient.getFormattedTime());
27     delay(1000);
28   }
```

09: 32400을 추가하였습니다. 9시간을 초로 계산했을 때 1시간 3600초 * 9시간을 한 값입니다. NTP 라이브러리에서
   offset 값을 입력할 수 있습니다.

[ 업로드] 버튼을 클릭하여 프로그램을 업로드 후 [🔍 시리얼 모니터]를 열어 값을 확인합니다.

【 동작 결과 】

우리나라 시간으로 출력되었습니다.

LCD에 한국 시간 출력하기

이제 LCD를 추가하여 시간을 LCD에 표시하도록 합니다. 다음의 코드를 작성합니다.

6-3.ino

```
01   #include <NTPClient.h>
02   #include <ESP8266WiFi.h>
03   #include <WiFiUdp.h>
04   #include <Wire.h>
05   #include <LiquidCrystal_I2C.h>
06
07   LiquidCrystal_I2C lcd(0x27, 16, 2);
08
09   const char *ssid ="jmc";
10   const char *password ="123456789";
11
12   WiFiUDP ntpUDP;
13   NTPClient timeClient(ntpUDP, "kr.pool.ntp.org", 32400, 3600000);
14
15   void setup() {
16     Serial.begin(9600);
17
18     WiFi.begin(ssid, password);
19
20     while ( WiFi.status() != WL_CONNECTED ) {
21       delay ( 500 );
22       Serial.print ( "." );
```

```
23   }
24
25   timeClient.begin();
26
27   lcd.init();
28   lcd.backlight();
29   lcd.setCursor(0, 0);
30   lcd.print("NTP TIME");
31 }
32
33 void loop() {
34   timeClient.update();
35   Serial.println(timeClient.getFormattedTime());
36   lcd.setCursor(0, 1);
37   lcd.print(timeClient.getFormattedTime());
38   delay(1000);
39 }
```

04~07 : I2C LCD를 사용하기 위해서 초기화하였습니다.

13   : NTP 시간을 받아올 때 NTP 타임서버의 주소를 "kr.pool.ntp.org"로 하였습니다. 32400으로 표준시간에 9시간을 더했고 마지막 인자인 360000의 mS의 단위로 1시간마다 시간을 업데이트합니다.

27~30 : I2C LCD를 초기화하고 NTP TIME 글자를 출력합니다.

36~37 : I2C LCD에 NTP 시간을 출력합니다.

[🔘업로드] 버튼을 클릭하여 프로그램을 업로드 후 [🔍시리얼 모니터]를 열어 값을 확인합니다.

【 동작 결과 】

인터넷 시간을 받아 한국 시간으로 변환하여 LCD에 출력되었습니다.

TIP   LCD의 글자가 잘 보이게 하는 방법

글자 뒤에 뿌옇게 나오거나

글자가 흐릿하게 나온다면

LCD 뒷면에 가변저항을 드라이버로 돌려 글자가 잘 나오게 확인합니다.

작품 07 _ 기상청 날씨 표시장치 만들기

학습 목표

기상청에서 운영하는 사이트에 접속하여 자신의 지역의 날씨 정보를 LCD에 표시하는 작품을 만들어봅니다

【 준비물 】

다음의 부품을 준비합니다.

부품명	수량
아두이노 Wemos D1 R1 보드	1개
브레드보드	1개
I2C LCD모듈	1개
암/수 점퍼케이블	4개

【 회로 연결 】

브레드보드에 아래의 회로를 꾸며 연결합니다.

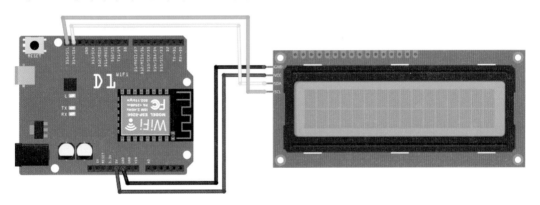

아래의 표를 참조하여 회로를 구성합니다.

모듈	모듈 핀	아두이노 핀
I2C LCD모듈	GND	GND
	VCC	5V
	SDA	SDA(D14)
	SCL	SCL(D15)

라이브러리 설치하기

작품에 필요한 라이브러리를 설치합니다.

[스케치] → [라이브러리 포함하기] → [라이브러리 관리..]를 클릭하여 [라이브러리 매니저] 창을 연 다음 라이브러리를 설치합니다.

LCD를 사용하기 위한 라이브러리를 설치합니다.

"i2c lcd"를 검색 후 LiquidCrystal I2C 라이브러리를 설치합니다.

※ 버전은 설치 시점의 최신 버전을 사용하는 것을 원칙으로 합니다. 단, 업데이트되어 동작하지 않는다면 1.1.2 버전을 설치합니다.

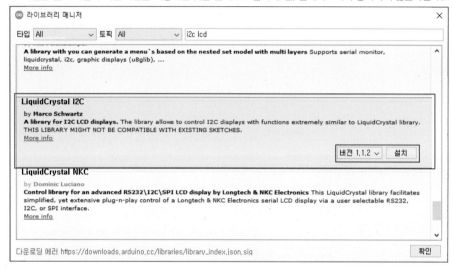

우리 동네 날씨 데이터 접속해서 확인하기

[구글]에서 "기상청 rss"를 검색 후 아래 사이트에 접속합니다.

또는 https://www.weather.go.kr/w/pop/rss-guide.do 주소를 입력하여 바로 접속할 수 있습니다.

기상청에서 제공하는 RSS 서비스를 이용할 수 있는 페이지에 접속하였습니다.

동네예보 〉 시간별예보에서 자신이 찾고 싶은 지역을 검색한 후 [RSS]를 클릭합니다.

시도를 입력 후 [선택] 버튼을 눌러줘야 하위의 지역이 나타납니다.

필자가 살고 있는 경기도 시흥시 은행동을 예로 들어 진행합니다.

[RSS]를 클릭하면 팝업 창이 생깁니다.

경기도 시흥시 은행동의 시간별 예보를 확인할 수 있는 주소를 [Ctrl] + [C]를 눌러 복사합니다.

[확인] 버튼을 누르면 새로운 창 또는 탭이 생성되면서 날씨 정보가 보이는 창이 생성됩니다.

다음과 같이 XML 형태의 날씨 예보 데이터를 확인할 수 있습니다.

2022년 05월 18일 (수)요일 08:00의 온도는 23도 습도는 40%로 확인이 됩니다. 예보데이터이다 보니 아래로 내리면 이후의 예측된 기상 데이터도 확인할 수 있습니다.

출력되는 형태를 XML 형태로 아두이노에서 웹페이지에 접속 후 내가 원하는 부분만 데이터를 파싱할 수 있습니다.

```
▼<rss version="2.0">
  ▼<channel>
    <title>기상청 동네예보 웹서비스 - 경기도 시흥시 은행동 도표예보</title>
    <link>http://www.kma.go.kr/weather/main.jsp</link>
    <description>동네예보 웹서비스</description>
    <language>ko</language>
    <generator>동네예보</generator>
    <pubDate>2022년 05월 18일 (수)요일 08:00</pubDate>
  ▼<item>
    <author>기상청</author>
    <category>경기도 시흥시 은행동</category>
    <title>동네예보(도표) : 경기도 시흥시 은행동 [X=57,Y=124]</title>
    <link>http://www.kma.go.kr/weather/forecast/timeseries.jsp?searchType=INTEREST&dongCode=4139054000</link>
    <guid>http://www.kma.go.kr/weather/forecast/timeseries.jsp?searchType=INTEREST&dongCode=4139054000</guid>
  ▼<description>
    ▼<header>
      <tm>202205180800</tm>
      <ts>2</ts>
      <x>57</x>
      <y>124</y>
    </header>
    ▼<body>
      ▼<data seq="0">
        <hour>12</hour>
        <day>0</day>
        <temp>23.0</temp>
        <tmx>25.0</tmx>
        <tmn>-999.0</tmn>
        <sky>4</sky>
        <pty>0</pty>
        <wfKor>흐림</wfKor>
        <wfEn>Cloudy</wfEn>
        <pop>30</pop>
        <r12>0.0</r12>
        <s12>0.0</s12>
        <ws>5.0</ws>
        <wd>5</wd>
        <wdKor>남서</wdKor>
        <wdEn>SW</wdEn>
        <reh>40</reh>
        <r06>0.0</r06>
        <s06>0.0</s06>
      </data>
```

아두이노로 접속하여 데이터 시리얼통신으로 출력하기

이제 웹페이지에 접속하여 데이터를 가져오고 가져온 데이터를 시리얼 통신으로 보여주는 프로그램
을 만들어봅니다. 아래의 프로그램을 작성합니다.

7-1.ino

```
01  #include <ESP8266WiFi.h>
02  #include <ESP8266HTTPClient.h>
03  #include <WiFiClient.h>
04
05  const char* ssid ="jmc";
06  const char* password ="123456789";
07
08  String url ="http://www.kma.go.kr/wid/queryDFSRSS.jsp?zone=4139054000";
09
10  void setup() {
11    Serial.begin(115200);
12    WiFi.begin(ssid, password);
13    while (WiFi.status() != WL_CONNECTED) {
14      delay(500);
15      Serial.print(".");
```

```
16      }
17      Serial.println("");
18      Serial.println("WiFi connected");
19      Serial.println("IP address: ");
20      Serial.println(WiFi.localIP());
21   }
22
23   void loop() {
24      if (WiFi.status() == WL_CONNECTED)
25      {
26         WiFiClient client;
27         HTTPClient http;
28         http.begin(client,url);
29         int httpCode = http.GET();
30         if (httpCode >0)
31         {
32          String payload = http.getString();
33          Serial.println(payload);
34         }
35         http.end();
36      }
37      delay(10000);
38   }
```

01~03 : WIFI 통신을 사용하기 위한 라이브러리를 추가합니다.

05~06 : 자신의 공유기의 ID와 패스워드를 입력한다. 2.4G만 접속 가능합니다.

08　　 : 위에서 복사한 동네의 시간별예보 웹 주소를 붙여넣습니다.

11　　 : 시리얼통신속도를 115200으로 시작합니다. 많은 데이터를 시리얼로 전송하기 위해 통신속도를 9600 → 115200
　　　　으로 변경하였습니다.

13~16 : WIFI에 접속합니다. 접속될때까지 0.5초 간격으로 시리얼통신으로 .(점)을 전송합니다.

17~20 : 접속정보를 시리얼통신으로 전송합니다.

24　　 : WIFI에 접속이 되었다면

28　　 : 07 줄의의 url 주소로 접속합니다.

29　　 : http의 접속 데이터의 수를 httpCode에 저장합니다. 접속되지 않는다면 httpCode의 값이 -1이 출력됩니다.

30　　 : http 데이터가 0 이상이면 즉 데이터가 있다면 참이 됩니다.

32　　 : http로 받은 문자열을 payload 변수에 대입합니다.

33　　 : payload 값을 시리얼 통신으로 전송합니다.

35　　 : http를 종료합니다.

37　　 : 10초간 기다립니다. 10초마다 http에 접속하여 날씨 예보를 받아오기 위함입니다.

10초마다 기상청 예보에 접속하여 접속된 데이터를 시리얼통신으로 전송하였습니다. 너무 자주 접속하면 서버측에서 공격으로 판단하여 IP를 막을 수 있어서 10초마다 한 번씩 데이터를 받아왔습니다. 공공의 서버를 접속할 때는 되도록 자주 접속하지 않고 필요할 때만 접속하여 데이터를 받아오도록 합니다.

[⊙업로드] 버튼을 클릭하여 프로그램을 업로드 후 [⊙시리얼 모니터]를 열어 값을 확인합니다. 시리얼 모니터의 통신속도를 115200으로 설정합니다.

【 동작 결과 】

아래와 같이 웹에서 접속한 데이터를 시리얼 모니터로 확인하였습니다.

온도 습도 데이터만 분리하여 시리얼통신으로 출력하기

이제 받아온 데이터에서 온도와 습도 데이터만 파싱해 봅니다. 파싱이란 자신이 원하는 부분만 데이터화 하는 과정입니다. 기상청에서 제공하는 데이터는 XML의 데이터 형태로 온도는 〈temp〉온도〈/temp〉 습도는 〈reh〉습도〈/reh〉로 시작과 종료의 문자가 구분되어 있어 아두이노에서 파싱하기 쉽습니다. 아래의 코드를 작성합니다.

7-2.ino
```
01  #include <ESP8266WiFi.h>
02  #include <ESP8266HTTPClient.h>
03  #include <WiFiClient.h>
04
05  const char* ssid ="jmc";
06  const char* password ="123456789";
07
08  String url ="http://www.kma.go.kr/wid/queryDFSRSS.jsp?zone=4139054000";
09
10  void setup() {
11   Serial.begin(115200);
12   WiFi.begin(ssid, password);
13   while (WiFi.status() != WL_CONNECTED) {
14      delay(500);
15      Serial.print(".");
16   }
17   Serial.println("");
18   Serial.println("WiFi connected");
19   Serial.println("IP address: ");
20   Serial.println(WiFi.localIP());
21  }
```

```
22
23   void loop() {
24    if (WiFi.status() == WL_CONNECTED)
25    {
26       WiFiClient client;
27       HTTPClient http;
28       http.begin(client,url);
29       int httpCode = http.GET();
30       if (httpCode >0)
31       {
32        String payload = http.getString();
33        //Serial.println(payload);
34        int temp = payload.indexOf("</temp>");
35        if (temp >0)
36        {
37           String tmp_str ="<temp>";
38           String wt_temp = payload.substring(payload.indexOf("<temp>") + tmp_str.length(), temp);
39           Serial.print("temp: ");
40           Serial.println(wt_temp);
41        }
42
43        int humi = payload.indexOf("</reh>");
44        if (humi >0)
45        {
46           String tmp_str ="<reh>";
47           String wt_humi = payload.substring(payload.indexOf("<reh>") + tmp_str.length(), humi);
48           Serial.print("humi: ");
49           Serial.println(wt_humi);
50        }
51       }
52       http.end();
53    }
54    delay(10000);
55   }
```

33 : http의 전체 데이터를 시리얼로 전송하는 부분은 //으로 주석처리 하였습니다.

34 : 온도값의 종료문자인 〈/temp〉를 찾아서 temp 변수에 대입하였습니다. 찾았다면 〈/temp〉문자의 시작위치를 반환합니다.

35 : temp의 위치가 0보다 크면 참입니다.

37 : tmp_str 변수에 〈temp〉 문자열을 넣어 초기화하였습니다.

38 : .substring(시작문자,종료문자)까지의 문자열을 자릅니다. payload.indexOf("〈temp〉") + tmp_str.length() 시작문자열을 찾습니다. 〈temp〉찾은 문자위치에서 "〈temp〉" 문자의 수만큼 더해 시작위치를 정했습니다. temp는 〈/temp〉의 종료 문자열의 첫 번째 위치입니다. 즉 〈temp〉−10〈/temp〉 −10을 찾아서 wt_temp 변수에 저장합니다.

39~40 : 파싱된 온도값을 시리얼통신으로 전송합니다.

43~50 : 〈reh〉습도〈/reh〉 습도값도 온도값과 같은 방식으로 파싱하여 시리얼통신으로 전송하였습니다.

내가 원하는 부분만을 파싱하여 데이터를 분리해 내는 방법을 알아보았습니다.

[🔼업로드] 버튼을 클릭하여 프로그램을 업로드 후 [🔍시리얼 모니터]를 열어 값을 확인합니다.

【 동작 결과 】

온도와 습도값만 파싱하여 시리얼통신으로 전송하였습니다.

```
COM17
..........
WiFi connected
IP address:
192.168.137.63
temp: 23.0
humi: 40
```

온도 습도 데이터 LCD에 출력하기

이제 파싱된 데이터를 LCD에 표시합니다. 다음의 코드를 작성합니다.

7-3.ino

```
01  #include <ESP8266WiFi.h>
02  #include <ESP8266HTTPClient.h>
03  #include <WiFiClient.h>
04  #include <Wire.h>
05  #include <LiquidCrystal_I2C.h>
06
07  LiquidCrystal_I2C lcd(0x27,16,2);
08
09  const char* ssid ="jmc";
10  const char* password ="123456789";
11
12  String url ="http://www.kma.go.kr/wid/queryDFSRSS.jsp?zone=4139054000";
13
14  void setup() {
15   Serial.begin(115200);
16   WiFi.begin(ssid, password);
17   while (WiFi.status() != WL_CONNECTED) {
18      delay(500);
19      Serial.print(".");
20   }
21   Serial.println("");
22   Serial.println("WiFi connected");
23   Serial.println("IP address: ");
24   Serial.println(WiFi.localIP());
25   lcd.init();
26   lcd.backlight();
27  }
28
29  void loop() {
30   if (WiFi.status() == WL_CONNECTED)
31   {
32      WiFiClient client;
33      HTTPClient http;
```

```
34       http.begin(client,url);
35       int httpCode = http.GET();
36       if (httpCode >0)
37       {
38        String payload = http.getString();
39        //Serial.println(payload);
40        int temp = payload.indexOf("</temp>");
41        if (temp >0)
42        {
43            String tmp_str ="<temp>";
44            String wt_temp = payload.substring(payload.indexOf("<temp>") + tmp_str.length(), temp);
45            Serial.print("temp: ");
46            Serial.println(wt_temp);
47            lcd.setCursor(0, 0);
48            lcd.print("temp: ");
49            lcd.print(wt_temp);
50        }
51
52        int humi = payload.indexOf("</reh>");
53        if (humi >0)
54        {
55            String tmp_str ="<reh>";
56            String wt_humi = payload.substring(payload.indexOf("<reh>") + tmp_str.length(), humi);
57            Serial.print("humi: ");
58            Serial.println(wt_humi);
59            lcd.setCursor(0, 1);
60            lcd.print("temp: ");
61            lcd.print(wt_humi);
63        }
64       http.end();
65   }
66   delay(10000);
67 }
```

47~49: 온도값을 LCD에 표시한다.
59~61: 습도값을 LCD에 표시한다.

[업로드] 버튼을 클릭하여 프로그램을 업로드 합니다.

【 동작 결과 】
LCD에 온도와 습도가 표시되었습니다.

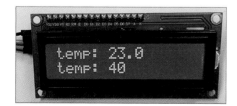

작품 08 _ 공공데이터 미세먼지 값 받아와 네오픽셀 LED에 표시하기

학습 목표

정부에서 운영하는 공공데이터포털에서 미세먼지 데이터를 받아와 미세먼지 상태에 따라서 RGB LED의 색상이
변하는 작품을 만들어봅니다.

【 준비물 】

다음의 부품을 준비합니다.

부품명	수량		부품명	수량
아두이노 Wemos D1 R1 보드	1개		I2C LCD모듈	1개
브레드보드	1개		암/수 점퍼케이블	4개
RGB LED모듈	1개		수/수 점퍼케이블	6개

【 회로 연결 】

브레드보드에 아래의 회로를 꾸며 연결합니다.

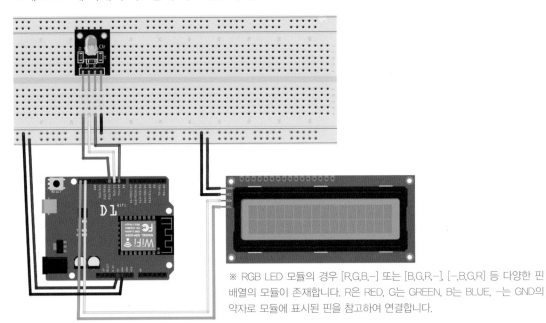

※ RGB LED 모듈의 경우 [R,G,B,−] 또는 [B,G,R,−], [−,B,G,R] 등 다양한 핀
배열의 모듈이 존재합니다. R은 RED, G는 GREEN, B는 BLUE, −는 GND의
약자로 모듈에 표시된 핀을 참고하여 연결합니다.

브레드보드에 아래의 회로를 꾸며 연결합니다.

모듈	모듈 핀	아두이노 핀		모듈	모듈 핀	아두이노 핀
I2C LCD모듈	GND	GND		RGB LED	B	D11
	VCC	5V			G	D10
	SDA	SDA(D14)			R	D9
	SCL	SCL(D15)			−	GND

라이브러리 설치하기

작품에 필요한 라이브러리를 설치합니다.

[스케치] –〉 [라이브러리 포함하기] –〉 [라이브러리 관리..]를 클릭하여 [라이브러리 매니저] 창을 연 다음 라이브러리를 설치합니다.

LCD를 사용하기 위한 라이브러리를 설치합니다.

"i2c lcd"를 검색 후 LiquidCrystal I2C 라이브러리를 설치합니다.

※버전은 설치 시점의 최신 버전을 사용하는 것을 원칙으로 합니다. 단, 업데이트되어 동작하지 않는다면 1.1.2 버전을 설치합니다.

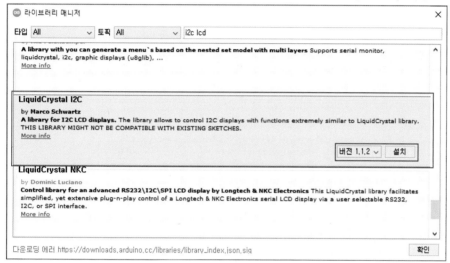

공공데이터 포탈에서 활용신청 및 데이터 확인하기

공공데이터 포탈 가입 및 활용신청을 해 봅니다.

1 [구글]에서 "공공데이터포털"을 검색하여 공공데이터포털 사이트에 접속합니다.
또는 공공데이터포털 사이트에 바로 접속합니다.

• https://www.data.go.kr/

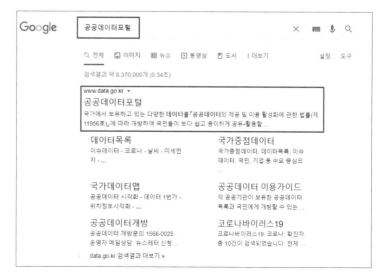

② 정부에서 운영하는 사이트로 여러 공공데이터를 제공합니다. 회원가입 후 진행합니다. "대기오염정보"로 검색합니다.

③ 스크롤을 아래로 내려 [한국환경공단_에어코리아_대기오염정보]에서 [활용신청] 버튼을 클릭합니다.

④ 활용목적을 입력합니다.

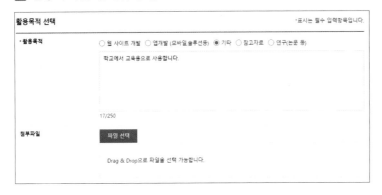

⑤ 일일 트래픽의 제한이 있어 너무 자주 읽으면 접속되지 않습니다.

✔	상세기능	설명	일일 트래픽
✔	측정소별 실시간 측정정보 조회	측정소명과 측정데이터 기간(일, 한달, 3개월)으로 해당 측정소의 일반항목 측정정보를 제공하는 측정소별 실시간 측정정보 조회	500
✔	통합대기환경지수 나쁨 이상 측정소 목록조회	통합대기환경지수가 나쁨 등급 이상인 측정소명과 주소 목록정보를 제공하는 통합대기환경지수 나쁨 이상 측정소 목록조회	500
✔	시도별 실시간 측정정보 조회	시도명을 검색조건으로 하여 시도별 측정소목록에 대한 일반항목과 CAI 최종 실시간 측정값과 지수 정보 조회 기능을 제공하는 시도별 실시간 측정정보 조회	500
✔	대기질 예보통보 조회	통보코드와 통보시간으로 예보정보와 발생 원인 정보를 조회하는 대기질(미세먼지/오존) 예보통보 조회	500
✔	시도별 실시간 평균정보 조회	시도별 측정소목록에 대한 일반 항목의 시간 및 일평균 자료 및 지역 평균 정보를 제공하는 시도별 실시간 평균정보 조회	500
✔	시군구별 실시간 평균정보 조회	시도의 각 시군구별 측정소목록의 일반 항목에 대한 시간대별 평균농도를 제공하는 시군구별 실시간 평균정보 조회	500

6 스크롤을 아래로 내려 동의에 체크한 후 [활용신청] 버튼을 클릭합니다.

7 신청이 완료되었다. 바로 호출되지 않고 1~2시간 후 호출이 가능하다고 출력됩니다. 1~2시간 기다렸다가 아래를 진행하도록 합니다.

8 [마이페이지]에서 [활용]을 클릭합니다.

9 내가 활용한 목록을 확인할 수 있습니다. [한국환경공단_에어코리아_대기오염정보]를 클릭합니다.

⑩ 필자가 살고있는 시흥시 은행동을 기준으로 미세먼지 데이터를 찾아보도록 합니다. 은행동은 측정소에 없어 바로 옆에 위치한 대야동을 기준으로 찾아봅니다. 스크롤을 아래로 내려 시도별 실시간 측정정보 조회 [확인]을 누르고 sidoName을 경기로 변경 후 [미리보기]를 클릭합니다.

⑪ 스크롤을 이동하여 자신이 찾고 동을 찾습니다. 필자가 찾고싶은 [대야동]의 2022년 5월 19일의 PM10 미세먼지 값은 44이고 PM20 초미세먼지 값은 21입니다.

⑫ 자신이 찾고자 동이 위에서부터 몇 번째 위치하는지 확인하고 한페이지 결과수를 줄이고 페이지를 통해서 찾습니다. 이유는 ESP8266은 한정된 메모리를 가지고 있습니다. 너무 많은 데이터를 받아들이면 메모리가 부족하여 에러가 발생합니다. 자신이 찾고자 지역을 줄여 값을 확인합니다. [대야동]은 경기도의 79번째에 위치하였습니다. 그래서 1개씩 보기로 하고 79페이지에 위치합니다. [한페이지 결과수]와 [페이지번호]를 수정한 후 [미리보기]를 클릭합니다.

| 5 | 시도별 실시간 측정정보 조회 | 시도명을 검색조건으로 하여 시도별 측정소목록에 대한 일반 항목과 CAI최종 실시간 측정값과 지수 정보 조회 기능을 제공하는 시도별 실시간 측정정보 조회 | 500 | 확인 |

요청변수(Request Parameter)   닫기

항목명	샘플데이터	설명
serviceKey	-	공공데이터포털에서 받은 인증키
returnType	xml	xml 또는 json
numOfRows	1	한 페이지 결과 수
pageNo	79	페이지번호
sidoName	경기	시도 이름(전국, 서울, 부산, 대구, 인천, 광주, 대전, 울산, 경기, 강원, 충북, 충남, 전북, 전남, 경북, 경남, 제주, 세종)
ver	1.0	버전별 상세 결과 참고

미리보기

⑬ 대야동의 미세먼지 데이터를 받았습니다. 주소에는 자신의 API 키도 포함되어있습니다.
대야동의 데이터만 출력되었습니다.

```
▼<response>
  ▼<header>
      <resultCode>00</resultCode>
      <resultMsg>NORMAL_CODE</resultMsg>
  </header>
  ▼<body>
    ▼<items>
      ▼<item>
          <so2Grade>1</so2Grade>
          <coFlag/>
          <khaiValue>69</khaiValue>
          <so2Value>0.003</so2Value>
          <coValue>0.3</coValue>
          <pm25Flag/>
          <pm10Flag/>
          <o3Grade>2</o3Grade>
          <pm10Value>44</pm10Value>
          <khaiGrade>2</khaiGrade>
          <pm25Value>21</pm25Value>
          <sidoName>경기</sidoName>
          <no2Flag/>
          <no2Grade>1</no2Grade>
          <o3Flag/>
          <pm25Grade>2</pm25Grade>
          <so2Flag/>
          <dataTime>2022-05-19 12:00</dataTime>
          <coGrade>1</coGrade>
          <no2Value>0.011</no2Value>
          <stationName>대야동</stationName>
          <pm10Grade>2</pm10Grade>
          <o3Value>0.053</o3Value>
      </item>
    </items>
    <numOfRows>1</numOfRows>
    <pageNo>79</pageNo>
    <totalCount>124</totalCount>
  </body>
</response>
```

14 크롬 등의 브라우저에서 접속된 주소를 복사하여 아두이노 코드에 사용합니다.

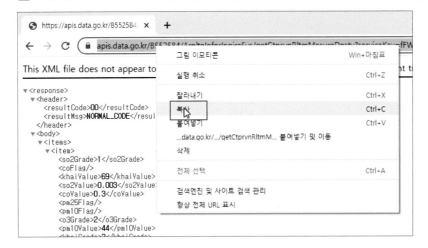

아두이노에서 미세먼지 값 읽어보기

아두이노에서 자신의 API 키가 포함된 주소로 접속하여 데이터를 읽어봅니다.

다음의 코드를 작성합니다.

8-1.ino

```
01  #include <ESP8266WiFi.h>
02  #include <ESP8266HTTPClient.h>
03
04  const char* ssid ="jmc";
05  const char* password ="123456789";
06
07  const String url ="https://apis.data.go.kr/B552584/ArpltnInforInqireSvc/getCtprvnRltmMe
    sureDnsty?serviceKey=fFWLxGIoKo8cQCIuS5Is1fVoiKXkdls%2FU5DSGRwzmbiwIBI0nlz5V6jllexlrGLKR9y8
    wV3E3i0SMPTLtAhyvw%3D%3D&returnType=xml&numOfRows=1&pageNo=79&sidoName=%EA%B2%BD%EA%B8%B0&v
    er=1.0";
08
09  void setup() {
10    Serial.begin(115200);
11    WiFi.begin(ssid, password);
12    while (WiFi.status() != WL_CONNECTED) {
13      delay(500);
14      Serial.print(".");
15    }
16    Serial.println("");
17    Serial.println("WiFi connected");
18    Serial.println("IP address: ");
19    Serial.println(WiFi.localIP());
20  }
21
```

```
22   void loop() {
23     if (WiFi.status() == WL_CONNECTED)
24     {
25         WiFiClientSecure client;
26         client.setInsecure();
27         client.connect(url, 443);
28         HTTPClient https;
29         https.begin(client, url);
30         int httpCode = https.GET();
31         if (httpCode >0)
32         {
33          String payload = https.getString();
34          Serial.println(payload);
35         }
36         https.end();
37     }
38     delay(60000);
39   }
```

07: 위에서 복사한 url 주소를 입력합니다. url 주소에는 자신의 API 키도 포함되어있습니다.33: 읽은 http 문자를 시리얼통신으로 전송합니다.

[업로드] 버튼을 클릭하여 프로그램을 업로드 후 [🔍 시리얼 모니터]를 열어 값을 확인합니다.

【 동작 결과 】

아두이노 프로그램을 업로드 후 시리얼 모니터를 열어 데이터를 확인합니다.

대야동의 미세먼지 데이터를 확인하였습니다.

PM10 미세먼지 데이터만 분리하고 LCD에 표시하기

pm10 데이터를 파싱하고 LCD에 pm10 데이터를 표시하여봅니다.

아래의 코드를 작성합니다.

```
8-2.ino
01   #include <ESP8266WiFi.h>
02   #include <ESP8266HTTPClient.h>
03   #include <Wire.h>
04   #include <LiquidCrystal_I2C.h>
05
06   LiquidCrystal_I2C lcd(0x27, 16, 2);
07
08   const char* ssid ="jmc";
09   const char* password ="123456789";
10
11   const String url ="https://apis.data.go.kr/B552584/ArpltnInforInqireSvc/getCtprvnRltmMe
     sureDnsty?serviceKey=fFWLxGIoKo8cQCIuS5Is1fVoiKXkdls%2FU5DSGRwzmbiwIBI0nlz5V6jllexlrGLKR9y8
     wV3E3i0SMPTLtAhyvw%3D%3D&returnType=xml&numOfRows=1&pageNo=79&sidoName=%EA%B2%BD%EA%B8%B0&v
     er=1.0";
12
13   void setup() {
14     Serial.begin(115200);
15     WiFi.begin(ssid, password);
16     while (WiFi.status() != WL_CONNECTED) {
17         delay(500);
18         Serial.print(".");
19     }
20     Serial.println("");
21     Serial.println("WiFi connected");
22     Serial.println("IP address: ");
23     Serial.println(WiFi.localIP());
24     lcd.init();
25     lcd.backlight();
26   }
27
28   void loop() {
29     if (WiFi.status() == WL_CONNECTED)
30     {
31         WiFiClientSecure client;
32         client.setInsecure();
33         client.connect(url, 443);
34         HTTPClient https;
35         https.begin(client, url);
36         int httpCode = https.GET();
37         if (httpCode >0)
38         {
```

```
39        String payload = https.getString();
40        //Serial.println(payload); //모든값 보여줌
41        int pm10Value = payload.indexOf("</pm10Value>");
42        if (pm10Value >=0)
43        {
44            String tmp_str ="<pm10Value>";
45            String dust_val = payload.substring(payload.indexOf("<pm10Value>") + tmp_str.
length(), pm10Value);
46            Serial.print("pm10 dust: ");
47            Serial.println(dust_val);
48            lcd.clear();
49            lcd.setCursor(0, 0);
50            lcd.print("PM10=");
51            lcd.print(dust_val);
52        }
53        }
54      https.end();
55  }
56  delay(60000);
57  }
```

40 : 모든값을 보여주는 부분은 // 주석처리 하였습니다.

41~51 : 〈pm10Value〉미세먼지값〈/pm10Value〉에서 미세먼지 값만 파싱하여 시리얼통신으로 전송하고 lcd에 표시하였습니다.

[⊕ 업로드] 버튼을 클릭하여 프로그램을 업로드 후 [🔎 시리얼 모니터]를 열어 값을 확인합니다.

【 동작 결과 】

아두이노 프로그램을 업로드 후 시리얼 모니터를 열어 값을 확인합니다.

PM10 미세먼지 값만 출력되었습니다.

미세먼지 값이 LCD에도 표시되었습니다.

미세먼지 상태에 따라서 LED 색상 표시하기

이제 미세먼지값에 따라서 RGB LED에 직관적으로 표시하여봅니다.

미세먼지의 기준은 아래의 표로 확인할 수 있습니다.

좋음(파랑색)	보통(초록색)	나쁨(노란색)	매우나쁨(빨간색)
0~30	31~80	81~150	151이상

미세먼지 값에 따라서 RGB LED의 색상을 표시해주는 코드를 만들고 작품을 완성하도록 합니다.
아래의 코드를 작성합니다.

```
8-3.ino
01  #include <ESP8266WiFi.h>
02  #include <ESP8266HTTPClient.h>
03  #include <Wire.h>
04  #include <LiquidCrystal_I2C.h>
05
06  LiquidCrystal_I2C lcd(0x27, 16, 2);
07
08  const char* ssid ="jmc";
09  const char* password ="123456789";
10
11  const String url ="https://apis.data.go.kr/B552584/ArpltnInforInqireSvc/getCtprvnRltmMe
    sureDnsty?serviceKey=fFWLxGIoKo8cQCIuS5Is1fVoiKXkdls%2FU5DSGRwzmbiwIBI0nlz5V6jllexlrGLKR9y8
    wV3E3i0SMPTLtAhyvw%3D%3D&returnType=xml&numOfRows=1&pageNo=79&sidoName=%EA%B2%BD%EA%B8%B0&v
    er=1.0";
12
13  #define RED_LED D9
14  #define GREEN_LED D10
15  #define BLUE_LED D11
16
17  void setup() {
18   Serial.begin(115200);
19   WiFi.begin(ssid, password);
20   while (WiFi.status() != WL_CONNECTED) {
21      delay(500);
22      Serial.print(".");
23   }
24   Serial.println("");
25   Serial.println("WiFi connected");
26   Serial.println("IP address: ");
27   Serial.println(WiFi.localIP());
28   lcd.init();
29   lcd.backlight();
30   pinMode(RED_LED,OUTPUT);
31   pinMode(GREEN_LED,OUTPUT);
```

```
32    pinMode(BLUE_LED,OUTPUT);
33  }
34
35  void loop() {
36    if (WiFi.status() == WL_CONNECTED)
37    {
38        WiFiClientSecure client;
39        client.setInsecure();
40        client.connect(url, 443);
41        HTTPClient https;
42        https.begin(client, url);
43        int httpCode = https.GET();
44        if (httpCode >0)
45        {
46          String payload = https.getString();
47          //Serial.println(payload); //모든값 보여줌
48          int pm10Value = payload.indexOf("</pm10Value>");
49          if (pm10Value >=0)
50          {
51              String tmp_str ="<pm10Value>";
52              String dust_val = payload.substring(payload.indexOf("<pm10Value>") + tmp_str.
length(), pm10Value);
53              //Serial.print("pm10 dust: ");
54              //Serial.println(dust_val);
55              lcd.clear();
56              lcd.setCursor(0, 0);
57              lcd.print("PM10=");
58              lcd.print(dust_val);
59              int numDustValue = dust_val.toInt();
60              if(numDustValue >=0 && numDustValue<=30)
61              {
62               digitalWrite(RED_LED,LOW);
63               digitalWrite(GREEN_LED,LOW);
64               digitalWrite(BLUE_LED,HIGH);
65              }
66              else if(numDustValue >=31 && numDustValue<=80)
67              {
68               digitalWrite(RED_LED,LOW);
69               digitalWrite(GREEN_LED,HIGH);
70               digitalWrite(BLUE_LED,LOW);
71              }
72              else if(numDustValue >=81 && numDustValue<=150)
73              {
74               digitalWrite(RED_LED,HIGH);
75               digitalWrite(GREEN_LED,HIGH);
76               digitalWrite(BLUE_LED,LOW);
```

```
77              }
78          else if(numDustValue >=151)
79          {
80            digitalWrite(RED_LED,HIGH);
81            digitalWrite(GREEN_LED,LOW);
82            digitalWrite(BLUE_LED,LOW);
83          }
84        }
85      }
86      https.end();
87   }
88   delay(60000);
89 }
```

13~15 : RGB LED가 연결된 핀을 정의합니다. 아두이노 우노와 다르게 D9,D10,D11로 사용하고자 하는 핀번호 앞에 D를
붙여줍니다.

30~32 : RGB LED에 사용하는 핀을 출력으로 설정합니다.

59　　 : dust_val 문자열 타입을 dust_val.toInt()를 사용하여 숫자형으로 바꾸고 numDustValue변수에 대입합니다. 문자형
은 조건문에서 사용하기 힘들기 때문에 숫자형으로 변경하였습니다.

60~83 : 0~30은 파란색, 31~80은 초록색, 81~150은 노란색, 151이상은 빨간색으로 표시합니다.

[⊙ 업로드] 버튼을 클릭하여 프로그램을 업로드 후 [◉ 시리얼 모니터]를 열어 값을 확인합니다.

【 동작 결과 】

LCD에 미세먼지 농도를 확인하고 RGB LED에 표시되는 색상을 확인합니다.

작품 09 _ 초음파센서를 이용하여 택배가 감지되면 구글 메일 보내기

학습 목표

초음파센서를 이용하여 물체를 감지하여 물체가 감지되었다면 구글 이메일을 통해 메일을 전송하는 작품을 만들어 봅니다.

【 준비물 】

다음의 부품을 준비합니다.

부품명	수량
아두이노 Wemos D1 R1 보드	1개
브레드보드	1개
초음파센서 모듈 HC–SR04	1개
수/수 점퍼케이블	6개

【 회로 연결 】

브레드보드에 아래의 회로를 꾸며 연결합니다.

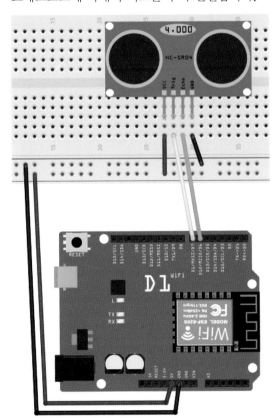

모듈	모듈 핀	아두이노 핀
초음파센서 모듈 HC–SR04	VCC	5V
	Trig	D7
	Echo	D6
	GND	GND

라이브러리 설치하기

작품에 필요한 라이브러리를 설치합니다.

[스케치] -> [라이브러리 포함하기] -> [라이브러리 관리..]를 클릭하여 [라이브러리 매니저] 창을 연후 라이브러리를 설치합니다.

email을 사용하기 위한 라이브러리를 설치합니다.

"esp mail client" 검색 후 ESP Mail Client 라이브러리를 설치합니다.

※ 버전은 설치 시점의 최신 버전을 사용하는 것을 원칙으로 합니다. 단, 업데이트되어 동작하지 않는다면 2.2.2 버전을 설치합니다.

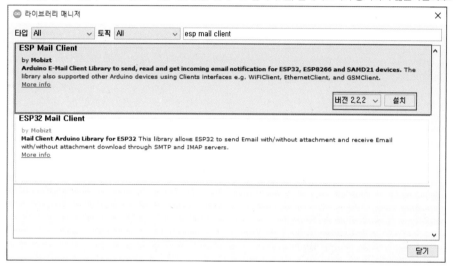

구글 이메일 설정하기

나의 구글 이메일 계정을 이용하여 메일을 보내기 위해서는 구글 이메일 계정의 설정이 필요로 합니다.

1 구글 사이트에 접속한 다음 더보기에 [Gmail]을 클릭하여 메일 페이지로 접속합니다.

2 메일 페이지에서 오른쪽 위에 톱니바퀴 아이콘(설정)을 클릭한 후 [모든 설정 보기]를 클릭합니다.

3 [전달 및 POP/IMAP] 탭에서 IAMP사용을 체크한 후 [변경사항 저장] 버튼을 눌러 사용합니다.

4 구글의 이메일을 아두이노에서 사용하기 위해서는 비밀번호를 그대로 사용하지 못하고 구글 계정에서 앱 비밀번호를 생성해서 사용해야 합니다.

앱 비밀번호를 생성하기 위해 자신의 계정에서 [Google 계정 관리]를 클릭합니다.

5 [보안] 탭에서 Google에 로그인의 [앱 비밀번호]를 클릭합니다.

6 비밀번호를 입력하여 다음 단계로 진행합니다.

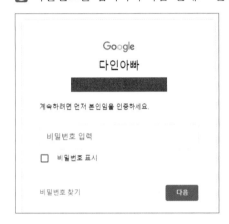

7 [메일] 선택 후 기타(맞춤 이름)을 클릭합니다.

⑧ 이름을 [아두이노]로 입력합니다. 또는 자신이 기억하기 쉬운 이름으로 입력하여도 무방합니다.

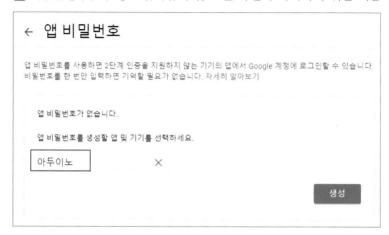

⑨ 16자리의 비밀번호가 생성되었습니다. 아두이노를 통해 메일을 보낼 때 사용될 비밀번호입니다. 비밀번호는 다시 확인할 수 없으므로 복사하여 잘 보관합니다. 어딘가에 저장하지 않고 [확인]을 눌렀다면 위의 과정을 통해 다시 생성합니다.

구글 이메일 보내기

구글 이메일에서 설정된 내용으로 아두이노를 통해 이메일을 전송해보도록 합니다.
다음의 코드를 작성합니다.

```
001  #include <Arduino.h>
002  #include <ESP8266WiFi.h>
003  #include <ESP_Mail_Client.h>
004
005  #define WIFI_SSID "jmc"
006  #define WIFI_PASSWORD "123456789"
007
008  #define SMTP_HOST "smtp.gmail.com"
009
010  #define SMTP_PORT esp_mail_smtp_port_587
011
012  #define AUTHOR_EMAIL "구글메일@gmail.com"//구글 이메일 주소
013  #define AUTHOR_PASSWORD "앱비밀번호"//구글 앱 비밀번호 16자리
014
015  SMTPSession smtp;
016
017  String strSender ="jang"; //보내는사람 (영어만)
018  String strRecipientName ="someone"; //받는사람 (영어만)
019  String strRecipientMail ="munjjac@hanmail.net"; //받는사람 이메일
020  String strSubject ="Arduino Test mail"; //메일제목 (영어만)
021  String strMsg ="메일 내용 입니다."; //메일내용
022
023  void setup()
024  {
025    Serial.begin(115200);
026
027    Serial.print("Connecting to AP");
028    WiFi.begin(WIFI_SSID, WIFI_PASSWORD);
029    while (WiFi.status() != WL_CONNECTED)
030    {
031      Serial.print(".");
032      delay(200);
033    }
034
035    Serial.println("");
036    Serial.println("WiFi connected.");
037    Serial.println("IP address: ");
038    Serial.println(WiFi.localIP());
039    Serial.println();
040
041    sendEmail();
042  }
043
044  void loop()
045  {
046  }
047
048  void sendEmail()
049  {
```

```
050   smtp.debug(1);
051   smtp.callback(smtpCallback);
052   ESP_Mail_Session session;
053
054   session.server.host_name = SMTP_HOST;
055   session.server.port = SMTP_PORT;
056   session.login.email = AUTHOR_EMAIL;
057   session.login.password = AUTHOR_PASSWORD;
058   session.login.user_domain = F("mydomain.net");
059
060   session.time.ntp_server = F("pool.ntp.org,time.nist.gov");
061   session.time.gmt_offset =3;
062   session.time.day_light_offset =0;
063
064   SMTP_Message message;
065
066   message.sender.name = strSender;
067   message.sender.email = AUTHOR_EMAIL;
068   message.subject = strSubject;
069   message.addRecipient(strRecipientName, strRecipientMail);
070
071   String textMsg = strMsg;
072   message.text.content = textMsg;
073
074   message.text.charSet = F("utf-8");
075   message.text.transfer_encoding = Content_Transfer_Encoding::enc_7bit;
076   message.priority = esp_mail_smtp_priority::esp_mail_smtp_priority_low;
077   message.addHeader(F("Message-ID: <abcde.fghij@gmail.com>"));
078
079   if (!smtp.connect(&session))
080       return;
081
082   if (!MailClient.sendMail(&smtp, &message))
083       Serial.println("Error sending Email, "+ smtp.errorReason());
084
085   ESP_MAIL_PRINTF("Free Heap: %d\n", MailClient.getFreeHeap());
086 }
087
088 void smtpCallback(SMTP_Status status)
089 {
090   Serial.println(status.info());
091
092   if (status.success())
093   {
094       Serial.println("----------------");
095     , ESP_MAIL_PRINTF("Message sent success: %d\n", status.completedCount());
096       ESP_MAIL_PRINTF("Message sent failled: %d\n", status.failedCount());
097       Serial.println("----------------\n");
098       struct tm dt;
099
```

```
100     for (size_t i =0; i < smtp.sendingResult.size(); i++)
101     {
102      SMTP_Result result = smtp.sendingResult.getItem(i);
103      time_t ts = (time_t)result.timestamp;
104      localtime_r(&ts, &dt);
105
106      ESP_MAIL_PRINTF("Message No: %d\n", i +1);
107      ESP_MAIL_PRINTF("Status: %s\n", result.completed ? "success" : "failed");
108      ESP_MAIL_PRINTF("Date/Time: %d/%d/%d %d:%d:%d\n", dt.tm_year +1900, dt.tm_mon +1,
dt.tm_mday, dt.tm_hour, dt.tm_min, dt.tm_sec);
109      ESP_MAIL_PRINTF("Recipient: %s\n", result.recipients.c_str());
110      ESP_MAIL_PRINTF("Subject: %s\n", result.subject.c_str());
111     }
112     Serial.println("-----------------\n");
113
114     smtp.sendingResult.clear();
115   }
116 }
```

05~06 : WIFI 접속정보를 입력합니다.
08   : 구글메일의 smtp 주소입니다.
10   : 구글메일의 smtp 포트입니다.
12   : 구글메일 주소를 입력합니다.
13   : 구글의 앱 비밀번호를 입력합니다.
17   : 보내는사람의 이름을 입력합니다. 영어만 가능합니다.
18   : 받는사람의 이름을 입력합니다. 영어만 가능합니다.
19   : 받는사람의 메일 주소를 입력합니다.
20   : 메일 제목을 입력합니다. 영어만 가능합니다.
21   : 메일 내용을 입력합니다. 영어 한글 모두 가능합니다.
41   : 메일을 보냅니다.
48~86 : 메일을 보내는 함수입니다.
66~72 : 보내는사람, 받는사람, 받는사람 메일 주소, 메일제목, 메일내용을 입력합니다.
74   : 메일 내용은 utf-8 형식으로 엔코딩하여 한글을 지원되도록 합니다.

라이브러리를 설치하면 대부분의 라이브러리는 예제파일을 제공해줍니다. 라면을 사면 봉지뒤에 라면 끓이는 법이 안내된 것처럼 라이브러리도 설명서 처럼 예제를 제공해줍니다. 메일을 보내는 코드는 [파일] –> [예제] –> [ESP Mail Client] –> [SMTP] –> [Send Text]를 참고하여 만들었습니다. Send Text에서 사용하기 쉽도록 메일 보내는 부분을 함수화하여 수정하였습니다. 라이브러리를 이용할 때 코드를 100% 이해하지 않아도 동작하는 부분을 떼어내서 사용할 수 있다면 됩니다. 본 예제도 코드의 100%의 이해보다는 사용에 초점을 맞추어 만들었습니다.

아래의 예제를 참고하여 메일 보내는 예제를 만들었습니다.

[●업로드] 버튼을 클릭하여 프로그램을 업로드 후 [◉시리얼 모니터]를 열어 값을 확인합니다.

【 동작 결과 】

이메일을 정상적으로 전송하였다면 아래와 같이 출력됩니다.

받는 메일 주소를 확인하였습니다. 아두이노를 통해 메일이 정상적으로 보내졌습니다.

☆ **Arduino Test mail** ⧉

— 보낸사람 jang <munjjac@gmail.com> 22.05.18 10:57 주소추가 수신차단
    받는사람 someone <munjjac@hanmail.net> 주소추가

메일 내용 입니다.

초음파센서로 거리 측정하기

초음파센서를 이용하여 거리를 측정하고 측정된 거리값을 시리얼통신으로 전송하는 코드를 만들어 봅니다.

다음의 코드를 작성합니다.

9-2.ino

```
01  #define TRIG_PIN D7
02  #define ECHO_PIN D6
03
04  void setup() {
05    Serial.begin(115200);
06    pinMode(TRIG_PIN, OUTPUT);
07    pinMode(ECHO_PIN, INPUT);
08  }
09
10  void loop() {
11    digitalWrite(TRIG_PIN, HIGH);
12    delayMicroseconds(10);
13    digitalWrite(TRIG_PIN, LOW);
14
15    unsigned long duration = pulseIn(ECHO_PIN, HIGH);
16
17    float distanceCM = ((34000.0*(float)duration)/1000000.0)/2.0;
18    Serial.println(distanceCM);
19    delay(100);
20  }
```

01~02 : 초음파센서의 TRIG 핀과 ECHO 핀을 정의합니다.

06 : TRIG 핀은 출력으로 설정합니다. 초음파를 보내는 핀입니다.

07 : ECHO 핀은 입력으로 설정합니다. 초음파를 받는 핀 입니다.

11~13 : 10uS의 짧은 TRIG 신호를 발생시킵니다. 10uS는 0.00001초 입니다.

15: pulseIn 함수에서 초음파의 ECHO 핀이 HIGH가 되는 시간을 uS의 시간으로 반환합니다.

17 : 되돌아온 시간을 cm 단위로 환산하기 위해 34000cm * 되돌아온 시간 / uS단위 / 2 로 계산합니다. 소수점형으로 계산하기 위해 모든 숫자는 .0을 붙여 소수점형임을 표시하고 duration 변수도 (float)을 붙여 소수점형으로 형 변환 후 계산하였습니다.

18 : 거리를 출력합니다.

```
pulseIn(pin, value)
pulseIn(pin, value, timeout)
```

pin: 펄스를 읽을 핀 번호 입니다.

value: 읽을 펄스의 유형으로 HIGH 또는 LOW 입니다.

timeout (옵션): 펄스 시작을 기다릴 시간 (마이크로초 단위). 기본값은 1초 (unsigned long) timeout값은 옵션으로 uS단위의 시간을 입력할 수 있습니다. 입력하지 않으면 기본 1초로 설정됩니다.

반환되는 값은 마이크로초 단위 시간 또는 timeout이 초과되면 0을 반환합니다.

[● 업로드] 버튼을 클릭하여 프로그램을 업로드 후 [◉ 시리얼 모니터]를 열어 값을 확인합니다.

【 동작 결과 】

```
COM17

11.27
11.12
11.02
11.37
```

초음파센서로 거리값에 따라 조건 추가하기

초음파센서의 거리가 2~20cm 사이면 조건을 추가합니다.

다음의 코드를 작성합니다.

9-3.ino

```
01   #define TRIG_PIN D7
02   #define ECHO_PIN D6
03
04   void setup() {
05     Serial.begin(115200);
06     pinMode(TRIG_PIN, OUTPUT);
07     pinMode(ECHO_PIN, INPUT);
08   }
09
10   void loop() {
11     digitalWrite(TRIG_PIN, HIGH);
12     delayMicroseconds(10);
13     digitalWrite(TRIG_PIN, LOW);
14
15     unsigned long duration = pulseIn(ECHO_PIN, HIGH);
```

```
16
17    float distanceCM = ((34000.0*(float)duration)/1000000.0)/2.0;
18    Serial.println(distanceCM);
19
20    if(distanceCM>2 && distanceCM <20)
21    {
22        Serial.println("택배 검출");
23        for(int i=0; i<360; i++)
24        {
25         delay(60000);
26        }
27    }
28    delay(100);
29 }
```

20   : 초음파센서의 거리가 2cm보다 크거나 20cm 보다 작으면 조건에 만족합니다.
23~26 : 60초 * 360번 동안 기다립니다. 6시간동안 기다립니다.

[📤업로드] 버튼을 클릭하여 프로그램을 업로드 후 [🔍시리얼 모니터]를 열어 값을 확인합니다.

【 동작 결과 】

초음파센서의 거리가 2~20cm일 때 택배를 검출한 후 6시간 동안 기다립니다.

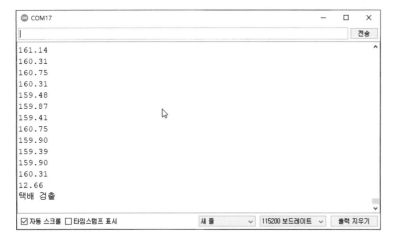

초음파센서로 택배 검출하여 이메일 보내기

초음파센서로 택배를 검출하였을 때 2~20cm일 때 메일을 보내도록 합니다.

다음의 코드를 작성합니다.

```
001 #include <Arduino.h>
002 #include <ESP8266WiFi.h>
003 #include <ESP_Mail_Client.h>
004
005 #define WIFI_SSID "jmc"
006 #define WIFI_PASSWORD "123456789"
007
008 #define SMTP_HOST "smtp.gmail.com"
009
010 #define SMTP_PORT esp_mail_smtp_port_587
011
012 #define AUTHOR_EMAIL "munjjac@gmail.com"//구글 이메일 주소
013 #define AUTHOR_PASSWORD "pqsmirotrkacqjyo"//구글 앱 비밀번호 16자리
014
015 SMTPSession smtp;
016
017 String strSender ="jang"; //보내는사람 (영어만)
018 String strRecipientName ="someone"; //받는사람 (영어만)
019 String strRecipientMail ="munjjac@hanmail.net"; //받는사람 이메일
020 String strSubject ="The package is here"; //메일제목 (영어만)
021 String strMsg ="택배가 도착하였습니다."; //메일내용
022
023 #define TRIG_PIN D7
024 #define ECHO_PIN D6
025
026 void setup() {
027   Serial.begin(115200);
028
029   Serial.print("Connecting to AP");
030   WiFi.begin(WIFI_SSID, WIFI_PASSWORD);
031   while (WiFi.status() != WL_CONNECTED)
032   {
033       Serial.print(".");
034       delay(200);
035   }
036
037   Serial.println("");
038   Serial.println("WiFi connected.");
039   Serial.println("IP address: ");
040   Serial.println(WiFi.localIP());
041   Serial.println();
042
043   pinMode(TRIG_PIN, OUTPUT);
044   pinMode(ECHO_PIN, INPUT);
045 }
```

```
046
047 void loop() {
048  digitalWrite(TRIG_PIN, HIGH);
049  delayMicroseconds(10);
050  digitalWrite(TRIG_PIN, LOW);
051
052  unsigned long duration = pulseIn(ECHO_PIN, HIGH);
053
054  float distanceCM = ((34000.0*(float)duration)/1000000.0)/2.0;
055  Serial.println(distanceCM);
056
057  if(distanceCM>2 && distanceCM <20)
058  {
059      Serial.println("택배 검출");
060      sendEmail(); //메일을 발송합니다.
061      for(int i=0; i<360; i++)
062      {
063       delay(60000);
064      }
065  }
066  delay(100);
067 }
068
069 void sendEmail()
070 {
071  smtp.debug(1);
072  smtp.callback(smtpCallback);
073  ESP_Mail_Session session;
074
075  session.server.host_name = SMTP_HOST;
076  session.server.port = SMTP_PORT;
077  session.login.email = AUTHOR_EMAIL;
078  session.login.password = AUTHOR_PASSWORD;
079  session.login.user_domain = F("mydomain.net");
080
081  session.time.ntp_server = F("pool.ntp.org,time.nist.gov");
082  session.time.gmt_offset =3;
083  session.time.day_light_offset =0;
084
085  SMTP_Message message;
086
087  message.sender.name = strSender;
088  message.sender.email = AUTHOR_EMAIL;
089  message.subject = strSubject;
090  message.addRecipient(strRecipientName, strRecipientMail);
091
092  String textMsg = strMsg;
093  message.text.content = textMsg;
094
095  message.text.charSet = F("utf-8");
```

```
096    message.text.transfer_encoding = Content_Transfer_Encoding::enc_7bit;
097    message.priority = esp_mail_smtp_priority::esp_mail_smtp_priority_low;
098    message.addHeader(F("Message-ID: <abcde.fghij@gmail.com>"));
099
100    if (!smtp.connect(&session))
101        return;
102
103    if (!MailClient.sendMail(&smtp, &message))
104        Serial.println("Error sending Email, "+ smtp.errorReason());
105
106    ESP_MAIL_PRINTF("Free Heap: %d\n", MailClient.getFreeHeap());
107    }
108
109    void smtpCallback(SMTP_Status status)
110    {
111    Serial.println(status.info());
112
113    if (status.success())
114    {
115        Serial.println("----------------");
116        ESP_MAIL_PRINTF("Message sent success: %d\n", status.completedCount());
117        ESP_MAIL_PRINTF("Message sent failled: %d\n", status.failedCount());
118        Serial.println("----------------\n");
119        struct tm dt;
120
121        for (size_t i =0; i < smtp.sendingResult.size(); i++)
122        {
123         SMTP_Result result = smtp.sendingResult.getItem(i);
124         time_t ts = (time_t)result.timestamp;
125         localtime_r(&ts, &dt);
126
127         ESP_MAIL_PRINTF("Message No: %d\n", i +1);
128         ESP_MAIL_PRINTF("Status: %s\n", result.completed ? "success" : "failed");
129         ESP_MAIL_PRINTF("Date/Time: %d/%d/%d %d:%d:%d\n", dt.tm_year +1900, dt.tm_mon +1,
dt.tm_mday, dt.tm_hour, dt.tm_min, dt.tm_sec);
130         ESP_MAIL_PRINTF("Recipient: %s\n", result.recipients.c_str());
131         ESP_MAIL_PRINTF("Subject: %s\n", result.subject.c_str());
132        }
133        Serial.println("----------------\n");
134
135        smtp.sendingResult.clear();
136    }
137    }
```

60 : 초음파센서로 2~20cm 이내의 물건을 감지하면 이메일을 전송합니다.

[🔼 업로드] 버튼을 클릭하여 프로그램을 업로드 후 [🔍 시리얼 모니터]를 열어 값을 확인합니다.

【 동작 결과 】

초음파센서가 2~20cm의 거리를 감지하면 이메일을 보냅니다.

메일함을 열어 확인하였습니다. 메일이 잘 전송되었음을 확인할 수 있습니다.

작품 10 _ 매일 토양 수분값을 측정하여 네이버 메일 보내기

학습 목표

토양의 수분을 측정하여 매일 설정한 시간에 네이버 메일을 통해 메일을 발송하는 작품들 만들어 봅니다.

【 준비물 】

다음의 부품을 준비합니다.

부품명	수량
아두이노 Wemos D1 R1 보드	1개
토양수분센서 모듈	1개
암/수 점퍼케이블	4개
수/수 점퍼케이블	2개

【 회로 연결 】

브레드보드에 아래의 회로를 꾸며 연결합니다.

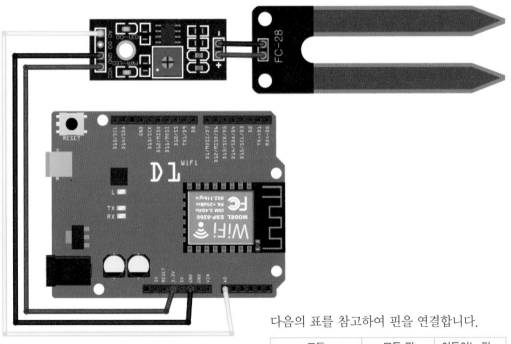

다음의 표를 참고하여 핀을 연결합니다.

모듈	모듈 핀	아두이노 핀
토양수분센서모듈	VCC	3.3V
	AO	AO
	GND	GND

라이브러리 설치하기

작품에 필요한 라이브러리를 설치합니다.

[스케치] -> [라이브러리 포함하기] -> [라이브러리 관리..]를 클릭하여 [라이브러리 매니저] 창을 연후 라이브러리를 설치합니다.

NTP 시간을 받아오는 라이브러리를 설치합니다. NTP는 Network Time Protocol의 약자로 네트워크에서 시간을 받아올 수 있습니다. NTP는 표준 프로토콜입니다.

"ntp"를 검색 후 NTPClient를 설치합니다.

※ 버전은 설치 시점의 최신 버전을 사용하는 것을 원칙으로 합니다. 단, 업데이트되어 동작하지 않는다면 3.2.1 버전을 설치합니다.

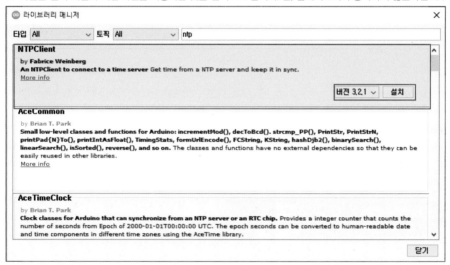

네이버 이메일 설정하기

1 네이버 이메일 설정 방법입니다. 네이버 사이트에 접속 후 [메일] 부분을 클릭하여 메일 페이지에 접속합니다.

2 [내 메일함]의 톱니바퀴(설정) 부분을 클릭합니다.

3 [POP3/IAMP 설정]에서 [IMAP/SMTP 설정] 탭으로 이동 후 IMAP/SMTP 사용에서 사용함을
체크한 후 [확인] 버튼을 눌러 사용함으로 설정합니다.

아이디는 개인정보 보호를 위해 가렸습니다.

네이버는 다음과 같은 설정으로 이메일의 사용이 가능합니다. 이메일을 보낼 때 네이버의 아이디와
비밀번호가 필요합니다.

매 1분마다 동작하는 코드 만들기

NTP 인터넷 시간을 이용하여 매 1분에 한 번씩 동작하는 코드를 만들어봅니다. 동작은 시리얼통신으로 데이터를 전송합니다.

```
10-1.ino
01  #include <NTPClient.h>
02  #include <ESP8266WiFi.h>
03  #include <WiFiUdp.h>
04
05  const char *ssid ="jmc";
06  const char *password ="123456789";
07
08  WiFiUDP ntpUDP;
09  NTPClient timeClient(ntpUDP,32400);
10
11  void setup() {
12   Serial.begin(115200);
13
14   WiFi.begin(ssid, password);
15
16   while ( WiFi.status() != WL_CONNECTED ) {
17      delay ( 500 );
18      Serial.print ( "." );
19   }
20
21   timeClient.begin();
22  }
23
24  void loop() {
25   timeClient.update();
26
27   if(timeClient.isTimeSet())
28   {
29      if (timeClient.getSeconds() ==10)
30      {
31       Serial.println(timeClient.getFormattedTime());
32      }
33   }
34   delay(1000);
35  }
```

27   : 시간이 잘 읽어올 경우 참이 됩니다.
29~32 : 초를 읽어 10초가 되면 조건이 참이 되어 시간을 시리얼통신으로 전송합니다.

[⊕업로드] 버튼을 클릭하여 프로그램을 업로드 후 [🔍시리얼 모니터]를 열어 값을 확인합니다.

【 동작 결과 】

매번 10초가 되는 시점에 한 번씩만 동작하였습니다.

토양수분센서 값 읽기

토양수분센서의 값을 읽어 시리얼통신으로 전송하는 코드를 만들어봅니다.

다음의 코드를 작성합니다.

```
10-2.ino
01  #define SOIL_SENSOR A0
02
03  void setup() {
04   Serial.begin(115200);
05  }
06
07  void loop() {
08   int soilValue =analogRead(SOIL_SENSOR);
09   Serial.println(soilValue);
10   delay(10);
11  }
```

01   : 토양수분센서에 사용하는 핀을 정의합니다.
08~09 : 토양수분센서의 값을 읽어 시리얼통신으로 전송합니다.

[⊕업로드] 버튼을 클릭하여 프로그램을 업로드 후 [🔍시리얼 모니터]를 열어 값을 확인합니다.

【 동작 결과 】

토양수분센서의 값이 아무것도 측정하지 않았을 때 최대 값이 출력됩니다.

COM17

1024
1024
1024
1024

토양수분센서를 흙에 심거나 물을 이용하여 측정합니다.

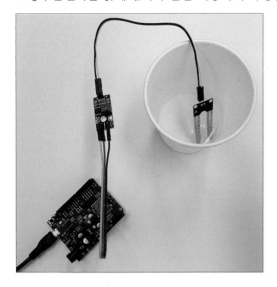

수분이 측정되면 값이 내려갑니다.

```
COM17

618
618
618
618
```

매일 설정한 시간에 토양수분을 측정하여 메일을 보내는 작품 만들기

매일 설정한 시간에 토양수분을 측정하여 네이버 메일을 통해 메일을 보내는 코드를 만들어 작품을
완성하도록 합니다.

다음의 코드를 작성합니다.

10-3.ino

```
001 #include <Arduino.h>
002 #include <ESP8266WiFi.h>
003 #include <ESP_Mail_Client.h>
004 #include <NTPClient.h>
005 #include <WiFiUdp.h>
006
007 #define WIFI_SSID "jmc"
008 #define WIFI_PASSWORD "123456789"
009
010 #define SMTP_HOST "smtp.naver.com"
011
012 #define SMTP_PORT esp_mail_smtp_port_587
```

```
013
014  #define AUTHOR_EMAIL "네이버아이디@naver.com"//네이버 메일 주소
015  #define AUTHOR_PASSWORD "네이버비밀번호"//네이버 비밀번호
016
017  SMTPSession smtp;
018
019  String strSender ="jang"; //보내는사람 (영어만)
020  String strRecipientName ="someone"; //받는사람 (영어만)
021  String strRecipientMail ="munjjac@hanmail.net"; //받는사람 이메일
022  String strSubject ="Todat soil moisture value"; //메일제목 (영어만)
023  String strMsg =""; //메일내용
024
025  #define SOIL_SENSOR A0
026
027  WiFiUDP ntpUDP;
028  NTPClient timeClient(ntpUDP,32400);
029
030  void setup() {
031    Serial.begin(115200);
032
033    Serial.print("Connecting to AP");
034    WiFi.begin(WIFI_SSID, WIFI_PASSWORD);
035    while (WiFi.status() != WL_CONNECTED)
036    {
037      Serial.print(".");
038      delay(200);
039    }
040
041    Serial.println("");
042    Serial.println("WiFi connected.");
043    Serial.println("IP address: ");
044    Serial.println(WiFi.localIP());
045    Serial.println();
046
047    timeClient.begin();
048  }
049
050  void loop() {
051    timeClient.update();
052
053    if(timeClient.isTimeSet())
054    {
055      if (timeClient.getHours()==14 && timeClient.getMinutes()==23 && timeClient.getSeconds() ==0) {
056        int soilValue =analogRead(SOIL_SENSOR);
057        strMsg ="오늘의 토양수분값은: "+String(soilValue) +" 입니다.";
058        sendEmail();
059      }
060    }
061    delay(1000);
062  }
```

```
063
064
065  void sendEmail()
066  {
067   smtp.debug(1);
068   smtp.callback(smtpCallback);
069   ESP_Mail_Session session;
070
071   session.server.host_name = SMTP_HOST;
072   session.server.port = SMTP_PORT;
073   session.login.email = AUTHOR_EMAIL;
074   session.login.password = AUTHOR_PASSWORD;
075   session.login.user_domain = F("mydomain.net");
076
077   session.time.ntp_server = F("pool.ntp.org,time.nist.gov");
078   session.time.gmt_offset =3;
079   session.time.day_light_offset =0;
080
081   SMTP_Message message;
082
083   message.sender.name = strSender;
084   message.sender.email = AUTHOR_EMAIL;
085   message.subject = strSubject;
086   message.addRecipient(strRecipientName, strRecipientMail);
087
088   String textMsg = strMsg;
089   message.text.content = textMsg;
090
091   message.text.charSet = F("utf-8");
092   message.text.transfer_encoding = Content_Transfer_Encoding::enc_7bit;
093   message.priority = esp_mail_smtp_priority::esp_mail_smtp_priority_low;
094   message.addHeader(F("Message-ID: <abcde.fghij@gmail.com>"));
095
096   if (!smtp.connect(&session))
097       return;
098
099   if (!MailClient.sendMail(&smtp, &message))
100       Serial.println("Error sending Email, "+ smtp.errorReason());
101
102   ESP_MAIL_PRINTF("Free Heap: %d\n", MailClient.getFreeHeap());
103  }
104
105  void smtpCallback(SMTP_Status status)
106  {
107   Serial.println(status.info());
108
109   if (status.success())
110   {
111       Serial.println("----------------");
```

```
112    ESP_MAIL_PRINTF("Message sent success: %d\n", status.completedCount());
113    ESP_MAIL_PRINTF("Message sent failed: %d\n", status.failedCount());
114    Serial.println("----------------\n");
115    struct tm dt;
116
117    for (size_t i =0; i < smtp.sendingResult.size(); i++)
118    {
119     SMTP_Result result = smtp.sendingResult.getItem(i);
120     time_t ts = (time_t)result.timestamp;
121     localtime_r(&ts, &dt);
122
123     ESP_MAIL_PRINTF("Message No: %d\n", i +1);
124     ESP_MAIL_PRINTF("Status: %s\n", result.completed ? "success" : "failed");
125     ESP_MAIL_PRINTF("Date/Time: %d/%d/%d %d:%d:%d\n", dt.tm_year +1900, dt.tm_mon +1,
dt.tm_mday, dt.tm_hour, dt.tm_min, dt.tm_sec);
126     ESP_MAIL_PRINTF("Recipient: %s\n", result.recipients.c_str());
127     ESP_MAIL_PRINTF("Subject: %s\n", result.subject.c_str());
128    }
129    Serial.println("----------------\n");
130
131    smtp.sendingResult.clear();
132  }
133 }
```

010   : 네이버 smtp의 주소 입니다.

014~015 : 네이버 이메일 주소와 네이버 비밀번호를 입력합니다.

055~059 : 14시 26분 00초 에 토양수분값을 측정하여 네이버 메일을 통해 메일을 발송합니다. 테스트를 위해 근처시간으로 설정하였습니다.

[🔼 업로드] 버튼을 클릭하여 프로그램을 업로드 후 [🔎 시리얼 모니터]를 열어 값을 확인합니다.

【 동작 결과 】

네이버 메일을 통해 설정한 시간에 토양수분의 값을 측정하여 메일을 발송하였습니다.

작품 11 _ 비트코인의 실시간 가격 표시장치 만들기

학습 목표

업비트 API에 접속하여 비트코인의 시세를 가져오고 현재 거래되는 금액(시세)를 LCD에 출력하는 작품을 만들어
봅니다

【 준비물 】

다음의 부품을 준비합니다.

부품명	수량
아두이노 Wemos D1 R1 보드	1개
브레드보드	1개
I2C LCD 모듈	1개
암/수 점퍼케이블	4개

【 회로 연결 】

브레드보드에 아래의 회로를 꾸며 연결합니다.

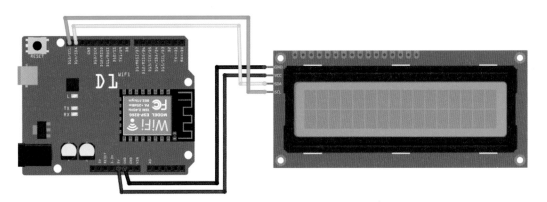

아래의 표를 참조하여 회로를 구성합니다.

모듈	모듈 핀	아두이노 핀
I2C LCD모듈	GND	GND
	VCC	5V
	SDA	SDA(D14)
	SCL	SCL(D15)

라이브러리 설치하기

작품에 필요한 라이브러리를 설치합니다.

[스케치] –> [라이브러리 포함하기] –> [라이브러리 관리..]를 클릭하여 [라이브러리 매니저] 창을 연후 라이브러리를 설치합니다. LCD를 사용하기 위한 라이브러리를 설치합니다.

"i2c lcd"를 검색 후 LiquidCrystal I2C 라이브러리를 설치합니다.

※ 버전은 설치 시점의 최신 버전을 사용하는 것을 원칙으로 합니다. 단, 업데이트되어 동작하지 않는다면 1.1.2 버전을 설치합니다.

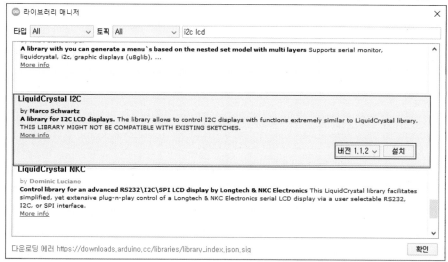

json 라이브러리를 설치합니다. 업비트 api에서 json 형태로 데이터를 출력합니다. json 타입의 자료형을 분리하기 위해서 사용합니다. "json"를 검색 후 ArduinoJson 라이브러리를 설치합니다.

버전은 설치 시점의 최신 버전을 사용하는 것을 원칙으로 합니다. 단, 업데이트되어 동작하지 않는다면 6.19.4 버전을 설치합니다. ArduinoJson 라이브러리는 비슷한 이름이 많이 있으니 Benoit Blanchon 이 제작한 라이브러리를 사용합니다.

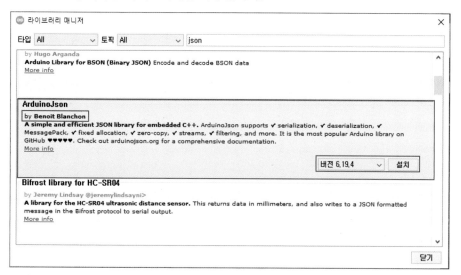

업비트 API 활용하여 비트코인 데이터 확인하기

웹 브라우저를 이용하여 아래의 주소에 접속합니다. 업비트에서 제공하는 API입니다.

https://api.upbit.com/v1/ticker?markets=KRW-BTC

KRW-BTC는 원화로 비트코인의 시세를 보여달라는 뜻입니다.

다음과 같이 비트코인의 현재 거래량 금액 등이 출력되었습니다.

trade_price를 찾으면 됩니다. 2022.05.19일 오후 1시 12분 기준 약 3700만 원에 거래되고 있습니다.

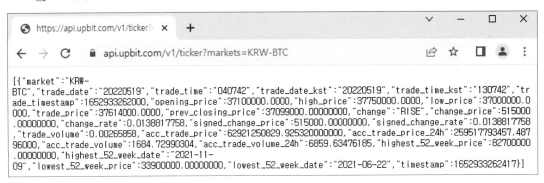

아두이노로 접속하여 데이터를 받아보는 코드를 만들어봅니다. 다음의 코드를 작성합니다.

11-1.ino

```
01  #include <ESP8266WiFi.h>
02  #include <ESP8266HTTPClient.h>
03  #include <ArduinoJson.h>
04
05  const char* ssid ="jmc";
06  const char* password ="123456789";
07
08  String url ="https://api.upbit.com/v1/ticker?markets=KRW-BTC";
09
10  void setup() {
11    Serial.begin(115200);
12    WiFi.begin(ssid, password);
13    while (WiFi.status() != WL_CONNECTED) {
14      delay(500);
15      Serial.print(".");
16    }
17    Serial.println("");
18    Serial.println("WiFi connected");
19    Serial.println("IP address: ");
20    Serial.println(WiFi.localIP());
21  }
22
23  void loop() {
24    if (WiFi.status() == WL_CONNECTED)
25    {
```

```
26      WiFiClientSecure client;
27      client.setInsecure();
28      client.connect(url, 443);
29      HTTPClient https;
30      https.begin(client, url);
31      int httpCode = https.GET();
32      if (httpCode >0)
33      {
34       String payload = https.getString();
35       Serial.println(payload);
36      }
37      https.end();
38    }
39   delay(60000);
40   }
```

05~06 : 접속하는 WIFI의 SSID와 비밀번호를 입력합니다.

08   : 업비트 API주소 입니다.

24   : WIFI가 연결되었다면 참이되어 조건에 만족합니다.

26~27 : https의 보안 연결로 클라이언트를 생성하고 연결합니다.

28~30 : https의 보안연결포트는 443번으로 주소에 접속합니다.

31   : url에 접속합니다.

32   : 접속하여 받은 데이터가 있다면 참이 됩니다.

34   : 받은 문자열을 payload 문자열 변수에 대입합니다.

35   : 받은 물자열을 출력합니다.

37   : https의 연결을 종료합니다.

39   : 60초 동안 기다립니다.

[🔵업로드] 버튼을 클릭하여 프로그램을 업로드 후 [🔎 시리얼 모니터]를 열어 값을 확인합니다.

【 동작 결과 】

업비트에서 받은 데이터를 시리얼통신으로 출력하였습니다.

값을 모두 받아 출력하였습니다. 우리가 필요로하는 현재 시세를 분리하여 사용해보도록 합니다.

JSON값 분리하여 비트코인의 현재 가격만 출력하기

json 라이브러리를 이용하여 거래금액인 trade_price를 분리하여 현재 가격을 출력하도록 합니다.

다음의 코드를 작성합니다.

```
11-2.ino

01  #include <ESP8266WiFi.h>
02  #include <ESP8266HTTPClient.h>
03  #include <ArduinoJson.h>
04
05  const char* ssid ="jmc";
06  const char* password ="123456789";
07
08  String url ="https://api.upbit.com/v1/ticker?markets=KRW-BTC";
09
10  void setup() {
11   Serial.begin(115200);
12   WiFi.begin(ssid, password);
13   while (WiFi.status() != WL_CONNECTED) {
14      delay(500);
15      Serial.print(".");
16   }
17   Serial.println("");
18   Serial.println("WiFi connected");
19   Serial.println("IP address: ");
20   Serial.println(WiFi.localIP());
21  }
22
23  void loop() {
24   if (WiFi.status() == WL_CONNECTED)
25   {
26      WiFiClientSecure client;
27      client.setInsecure();
28      client.connect(url, 443);
29      HTTPClient https;
30      https.begin(client, url);
31      int httpCode = https.GET();
32      if (httpCode >0)
33      {
34      //String payload = https.getString();
35      //Serial.println(payload);
36      DynamicJsonDocument doc(1024);
37      String payload = https.getString();
38      payload = payload.substring(1,payload.length()-1); // [ ] 지움
39      deserializeJson(doc, payload);
40      JsonObject obj = doc.as<JsonObject>();
41      long price = obj[String("trade_price")];
42
43      Serial.println(price);
44      }
```

```
45      https.end();
46    }
47    delay(60000);
48  }
```

03　　　: ArduinoJson 라이브러리를 사용합니다.

36~43 : Json 형태의 데이터에서 trade_price를 찾아 값만 불리하였고 시리얼통신으로 값을 전송합니다.

38　　　: Json 형태로 데이터를 만들기 위해서 [] 중괄호를 지웠습니다. 아두이노의 라이브러리에서 json데이터타입을 분
　　　　리하기위해 {} 대괄호만 남기고 앞뒤로 있는 []중괄호를 삭제하였습니다.

[⊕업로드] 버튼을 클릭하여 프로그램을 업로드 후 [⊚시리얼 모니터]를 열어 값을 확인합니다.

【 동작 결과 】

비트코인의 현재 거래금액을 출력하였습니다. 2022.05.19일 오후1시경 약 3760만 원에 업비트에서
거래되고 있습니다.

```
◉ COM17

|
.....
WiFi connected
IP address:
192.168.137.170
37640000
```

비트코인의 현재 시세 LCD에 출력하기

비트코인의 현재 시세를 LCD에 출력하여 완성하도록 합니다. 다음의 코드를 작성합니다.

11-3.ino

```
01  #include <ESP8266WiFi.h>
02  #include <ESP8266HTTPClient.h>
03  #include <ArduinoJson.h>
04  #include <LiquidCrystal_I2C.h>
05
06  LiquidCrystal_I2C lcd(0x27, 16, 2);
07
08  const char* ssid ="jmc";
09  const char* password ="123456789";
10
11  String url ="https://api.upbit.com/v1/ticker?markets=KRW-BTC";
13  void setup() {
14   Serial.begin(115200);
15   WiFi.begin(ssid, password);
16   while (WiFi.status() != WL_CONNECTED) {
17      delay(500);
18      Serial.print(".");
19   }
20   Serial.println("");
```

```
21    Serial.println("WiFi connected");
22    Serial.println("IP address: ");
23    Serial.println(WiFi.localIP());
24    lcd.init();
25    lcd.backlight();
26  }
27
28  void loop() {
29    if (WiFi.status() == WL_CONNECTED)
30    {
31      WiFiClientSecure client;
32      client.setInsecure();
33      client.connect(url, 443);
34      HTTPClient https;
35      https.begin(client, url);
36      int httpCode = https.GET();
37      if (httpCode >0)
38      {
39        //String payload = https.getString();
40        //Serial.println(payload);
41        DynamicJsonDocument doc(1024);
42        String payload = https.getString();
43        payload = payload.substring(1,payload.length()-1); // [ ] 지움
44        deserializeJson(doc, payload);
45        JsonObject obj = doc.as<JsonObject>();
46        long price = obj[String("trade_price")];
47
48        Serial.println(price);
49        lcd.clear();
50        lcd.setCursor(0, 0);
51        lcd.print("BTC PRICE");
52        lcd.setCursor(0, 1);
53        lcd.print(price);
54      }
55      https.end();
56    }
57    delay(60000);
58  }
```

49~53: 비트코인의 금액을 LCD에 출력합니다.

[⚫업로드] 버튼을 클릭하여 프로그램을 업로드합니다.

【 동작 결과 】

비트코인의 실시간 거래금액이 LCD에 표시되었습니다.

작품 12 _ 삼성전자의 실시간 주식시세 표시장치 만들기

학습 목표

삼성전자의 실시간 주식시세를 확인하여 LCD에 표시하는 장치를 만들어봅니다.

【 준비물 】

다음의 부품을 준비합니다.

부품명	수량
아두이노 Wemos D1 R1 보드	1개
브레드보드	1개
I2C LCD 모듈	1개
암/수 점퍼케이블	4개

【 회로 연결 】

브레드보드에 아래의 회로를 꾸며 연결합니다.

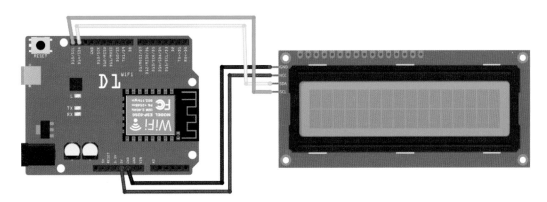

아래의 표를 참조하여 회로를 구성합니다.

모듈	모듈 핀	아두이노 핀
I2C LCD모듈	GND	GND
	VCC	5V
	SDA	SDA(D14)
	SCL	SCL(D15)

라이브러리 설치하기

작품에 필요한 라이브러리를 설치합니다.

[스케치] -> [라이브러리 포함하기] -> [라이브러리 관리..]를 클릭하여 [라이브러리 매니저] 창을 연후 라이브러리를 설치합니다.

LCD를 사용하기 위한 라이브러리를 설치합니다.

"i2c lcd"를 검색 후 LiquidCrystal I2C 라이브러리를 설치합니다.

※ 버전은 설치 시점의 최신 버전을 사용하는 것을 원칙으로 합니다. 단, 업데이트되어 동작하지 않는다면 1.1.2 버전을 설치합니다.

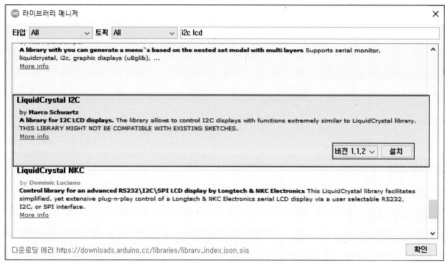

네이버 주식데이터 접속하여 값 확인하기

네이버의 주식데이터 접속하여 값을 확인하여 봅니다.

다음의 주소로 접속합니다. 005930은 삼성전자의 주식번호입니다.

https://m.stock.naver.com/api/json/search/searchListJson.nhn?keyword=005930

다음과 같이 네이버에서 제공하는 주식시세로 값을 보여줍니다. json 타입으로 값을 보여줍니다. 여러 단계로 나누어져 있는 json 타입으로 이 작품에서는 json 라이브러리를 사용하지 않고 문자열을 찾아 분리를 해보도록 합니다.

아두이노에서 접속하여 값을 확인해 봅니다. 다음의 코드를 작성합니다.

12-1.ino

```
01  #include <ESP8266WiFi.h>
02  #include <ESP8266HTTPClient.h>
03
04  const char* ssid ="jmc";
05  const char* password ="123456789";
06
07  String url ="https://m.stock.naver.com/api/json/search/searchListJson.nhn?keyword=005930";
08
09  void setup() {
10   Serial.begin(115200);
11   WiFi.begin(ssid, password);
12   while (WiFi.status() != WL_CONNECTED) {
13      delay(500);
14      Serial.print(".");
15   }
16   Serial.println("");
17   Serial.println("WiFi connected");
18   Serial.println("IP address: ");
19   Serial.println(WiFi.localIP());
20  }
21
22  void loop() {
23   if (WiFi.status() == WL_CONNECTED)
24   {
25      WiFiClientSecure client;
26      client.setInsecure();
27      client.connect(url, 443);
28      HTTPClient https;
29      https.begin(client, url);
30      int httpCode = https.GET();
31      if (httpCode >0)
32      {
33       String payload = https.getString();
34       Serial.println(payload);
35      }
36      https.end();
37   }
38   delay(60000);
39  }
```

07   : 삼성전자의 주식가격을 확인하는 주소 입니다.

25~30 : https 를 통해 삼성전자의 주식가격을 확인하는 웹에 접속하고 문자를 가져 옵니다.

31~35 : 데이터가 있다면 시리얼통신으로 출력합니다.

38   : 60초 동안 기다립니다.

[⬆업로드] 버튼을 클릭하여 프로그램을 업로드 후 [🔍 시리얼 모니터]를 열어 값을 확인합니다.

【 동작 결과 】

웹페이지에서 접속했던 내용을 아두이노에서 읽어왔습니다.

현재 주식가격만 데이터 분리하기

읽어온 데이터에서 현재 가격만 불리하여 출력해 봅니다. "nv":"68200"으로 "nv"가 현재 가격으로 "nv"를 찾아서 현재 가격을 분리합니다. 다음의 코드를 작성합니다.

```
12-2.ino

01  #include <ESP8266WiFi.h>
02  #include <ESP8266HTTPClient.h>
03
04  const char* ssid ="jmc";
05  const char* password ="123456789";
06
07  String url ="https://m.stock.naver.com/api/json/search/searchListJson.nhn?keyword=005930";
08
09  void setup() {
10    Serial.begin(115200);
11    WiFi.begin(ssid, password);
12    while (WiFi.status() != WL_CONNECTED) {
13        delay(500);
14        Serial.print(".");
15    }
16    Serial.println("");
17    Serial.println("WiFi connected");
18    Serial.println("IP address: ");
19    Serial.println(WiFi.localIP());
20  }
21
22  void loop() {
23    if (WiFi.status() == WL_CONNECTED)
24    {
25        WiFiClientSecure client;
```

```
26      client.setInsecure();
27      client.connect(url, 443);
28      HTTPClient https;
29      https.begin(client, url);
30      int httpCode = https.GET();
31      if (httpCode >0)
32      {
33        String payload = https.getString();
34        //Serial.println(payload);
35
36        int index1 = payload.indexOf("\"nv\":");
37        int index2 = payload.indexOf(",",index1);
38
39        long samsungPrice = payload.substring(index1+6,index2-1).toInt();
40        Serial.println(samsungPrice);
41      }
42      https.end();
43  }
44  delay(60000);
45 }
```

36 : "nv:" 문자열을 찾습니다. "(쌍따옴표)를 표시하기 위해 ₩(역슬래쉬)를 쌍따옴표 앞에 붙였습니다. ₩'와 같이 표시하면 순수한 "(쌍따옴표)로 인식합니다.

37 : "nv": 부터 ,(콤마)를 찾습니다.

39 : "nv": 부터 ,(콤마)까지 문자열을 분리 후 .toInt()를 이용하여 숫자형으로 형변환 합니다.

40 : 실시간 가격을 시리얼통신으로 출력합니다.
    "nv": 부터 ,(콤마) 까지 데이터를 찾습니다.

{"result":{"d":[{"cd":"005930","nm":"삼성전자","nv":"68100","cv":"500","cr":"0.74","rf":"2","mks":4065422,"aa":1029755,"nation":"KOR","etf":false}],"totCnt":1,"t":"search"},"resultCode":"success"}

[⬆업로드] 버튼을 클릭하여 프로그램을 업로드 후 [🔍시리얼 모니터]를 열어 값을 확인합니다.

【 동작 결과 】

2022.05.18일 오후 3시 14분 삼성전자의 가격입니다. 68,100원을 출력합니다.

네이버 주식시세로 확인하였을 때도 동일한 가격입니다.

LCD에 삼성전자의 실시간 가격 표시하기

이제 실시간 가격을 LCD에 출력해보도록 합니다. 다음의 코드를 작성합니다.

12-3.ino

```
01  #include <ESP8266WiFi.h>
02  #include <ESP8266HTTPClient.h>
03  #include <LiquidCrystal_I2C.h>
04
05  LiquidCrystal_I2C lcd(0x27, 16, 2);
06
07  const char* ssid ="jmc";
08  const char* password ="123456789";
09
10  String url ="https://m.stock.naver.com/api/json/search/searchListJson.nhn?keyword=005930";
11
12  void setup() {
13    Serial.begin(115200);
14    WiFi.begin(ssid, password);
15    while (WiFi.status() != WL_CONNECTED) {
16      delay(500);
17      Serial.print(".");
18    }
19    Serial.println("");
20    Serial.println("WiFi connected");
21    Serial.println("IP address: ");
22    Serial.println(WiFi.localIP());
23
24    lcd.init();
25    lcd.backlight();
26    lcd.setCursor(0, 0);
```

```
27    lcd.print("SAMSUNG STOCK");
28  }
29
30  void loop() {
31    if (WiFi.status() == WL_CONNECTED)
32    {
33      WiFiClientSecure client;
34      client.setInsecure();
35      client.connect(url, 443);
36      HTTPClient https;
37      https.begin(client, url);
38      int httpCode = https.GET();
39      if (httpCode >0)
40      {
41        String payload = https.getString();
42        //Serial.println(payload);
43
44        int index1 = payload.indexOf("\"nv\":");
45        int index2 = payload.indexOf(",",index1);
46
47        long samsungPrice = payload.substring(index1+6,index2-1).toInt();
48        Serial.println(samsungPrice);
49        lcd.setCursor(0, 1);
50        lcd.print(samsungPrice);
51      }
52      https.end();
53    }
54    delay(60000);
55  }
```

49~50 : 삼성전자의 주식가격을 LCD에 출력합니다.

[●업로드] 버튼을 클릭하여 프로그램을 업로드합니다.

【 동작 결과 】

삼성전자의 실시간 가격을 LCD에 표시되었습니다.

작품 13 _ 초인종(버튼)을 누르면 SLACK 알람 보내기

학습 목표

slack이란 업무 협업, 메시지 툴로 카카오톡 그룹방과 비슷하다고 보면 됩니다. 스마트폰이나 PC 또는 웹상에서 메시지를 작성하고 보낼 수 있습니다. 그룹방에서 동작하는 봇(로봇)을 만들고 아두이노와 연동시켜 메시지를 보내 스마트폰으로 메시지 및 알람을 보내보도록 합니다.

【 준비물 】

다음의 부품을 준비합니다.

부품명	수량
아두이노 Wemos D1 R1 보드	1개
브레드보드	1개
버튼	1개
암/수 점퍼케이블	2개

【 회로 연결 】

브레드보드에 아래의 회로를 꾸며 연결합니다.

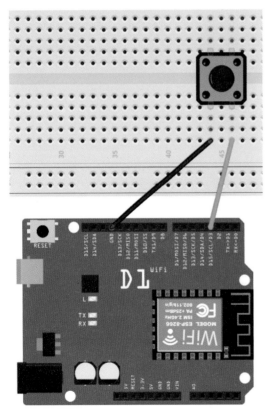

버튼의 왼쪽 핀은 GND, 오른쪽 핀은 D3번 핀에 연결합니다. 버튼은 극성이 없어 핀의 연결이 바뀌어도 됩니다.

SLACK 채널생성 및 봇 추가하기

1 slack 사이트에 접속합니다.

- https://slack.com

2 [새 워크스페이스 개설]을 클릭하여 새로운 워크스페이스를 생성합니다. (단, slack 홈페이지의 구성은 시기에 따라 화면 구성과 명칭이 달라질 수도 있습니다.)

3 사용하는 이메일을 입력 후 [계속] 버튼을 눌러 진행합니다.

4 이메일로 발송되는 보안코드를 입력하여 로그인합니다.

5 [워크스페이스 생성] 버튼을 클릭합니다.

6 워크스페이스의 이름을 입력 후 [다음] 버튼을 클릭합니다.

7 프로젝트 이름을 입력 후 [다음] 버튼을 클릭합니다.

8 [이 단계 건너뛰기]를 클릭합니다.

9 [아두이노 사물인터넷]의 워크스페이스에 [사물인터넷] 채널이 생성되었습니다.

10 내 워크스페이스에서 동작하는 봇(로봇)을 만들기 위해 다음의 사이트에 접속합니다.

11 https://api.slack.com 사이트에 접속합니다. [Create an app]을 클릭합니다.

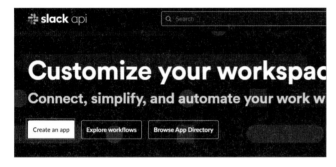

12 [From scratch]를 클릭합니다.

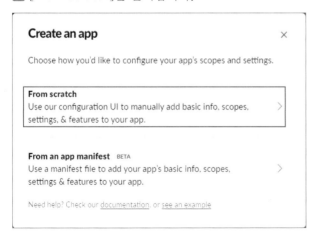

13 봇의 이름과 사용될 워크스페이스를 정한 다음 [Creat App] 버튼을 클릭하여 봇을 생성합니다.

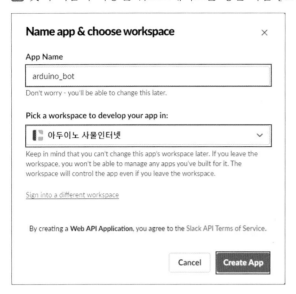

14 Incoming Webhooks 탭에서 버튼을 눌러 [On]으로 설정합니다.

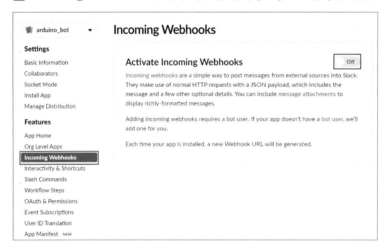

15 [On]으로 설정 후 [Add New Webhooks to Workspace]를 클릭합니다.

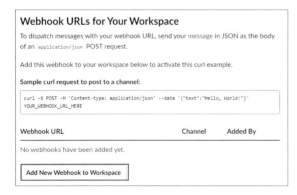

16 채널을 선택 후 [허용] 버튼을 클릭합니다.

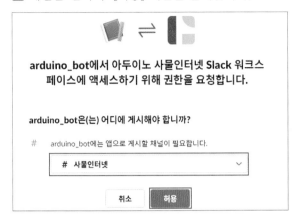

17 Webhook URL 주소가 생겼습니다. Copy를 눌러 복사해둡니다. 아두이노 코드에서 사용되는 주소입니다.

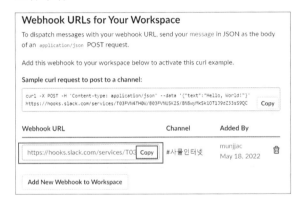

18 다시 slack의 아두이노 사물인터넷 워크스페이스로 돌아오면 arduino_bot이 생성되었음을 확인할 수 있습니다. 아두이노에서 웹후크를 통해 접속하면 arduino_bot을 통해 메시지를 보낼 수 있습니다. Webhook는 웹에 고리를 걸다는 뜻입니다. 웹페이지에 접속하면 고리를 걸어 신호를 보낼 수 있습니다.

[아두이노에서 웹후크 주소로 접속] -> [arduino_bot이 신호를 받아 게시물작성] 순으로 동작됩니다.

아두이노로 SLACK에 메시지 보내기

아두이노에서 webhook 주소에 접속하여 SLACK으로 메시지를 보내도록 합니다.

다음의 코드를 작성합니다.

```
13-1.ino
01  #include <ESP8266WiFi.h>
02  #include <ESP8266HTTPClient.h>
03
04  const char* ssid ="jmc";
05  const char* password ="123456789";
06
07  const char* url ="https://hooks.slack.com/services/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";
08
09  void setup() {
10    Serial.begin(115200);
11
12    WiFi.begin(ssid, password);
13    Serial.println("Connecting");
14    while (WiFi.status() != WL_CONNECTED) {
15        delay(500);
16        Serial.print(".");
17    }
18    Serial.println("");
19    Serial.print("Connected to WiFi network with IP Address: ");
20    Serial.println(WiFi.localIP());
21  }
22
23  void loop() {
24    int httpResponseCode = sendSlack("아두이노로 보내는 테스트 메시지 입니다.");
25    Serial.println(httpResponseCode);
26    delay(60000);
27  }
28
29  int sendSlack(String strMsg)
30  {
31    if (WiFi.status() == WL_CONNECTED)
32    {
33        WiFiClientSecure client;
34        client.setInsecure();
35        client.connect(url, 443);
36        HTTPClient https;
37        https.begin(client, url);
38        https.addHeader("Content-Type", "application/json");
39        int httpResponseCode = https.POST("{\"text\":\""+ strMsg +"\" }");
40        https.end();
41
42        return httpResponseCode;
43    }
44  }
```

07   : SLACK에서 생성된 자신의 Webhook URL 주소를 입력합니다.
24   : SLACK으로 메시지를 전송합니다.
29~44 : SLACK으로 메시지를 보내는 함수입니다. 나의 API 키가 포함된 웹후크 주소로 접속합니다.

메시지를 보내는 함수는 웹에 POST 방식으로 접속하여 아래와 같은 형식의 데이터를 보내는 코드입니다. "Hello, World!"의 데이터만 내가 보내는 데이터로 변경 가능 하도록 하였습니다.

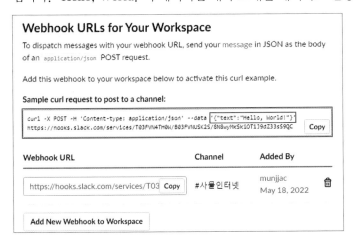

[● 업로드] 버튼을 클릭하여 프로그램을 업로드 후 [○ 시리얼 모니터]를 열어 값을 확인합니다.

【 동작 결과 】

200의 응답이 오면 정상적으로 메시지가 전송된 것입니다.

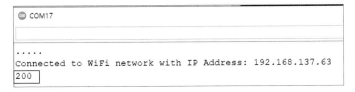

slack의 [#사물인터넷] 채널에 아두이노로 보낸 메시지가 게시되었습니다.

버튼 눌림 확인하기

버튼을 눌러 값을 확인하는 코드를 만들어봅니다. 다음의 코드를 작성합니다.

```
13-2.ino

01   #define BUTTON_PIN D3
02
03   int prevBtn =0;
04   int currBtn =0;
```

```
05
06   void setup() {
07     Serial.begin(115200);
08     pinMode(BUTTON_PIN,INPUT_PULLUP);
09   }
10
11   void loop() {
12     currBtn =!digitalRead(BUTTON_PIN);
13
14     if(currBtn != prevBtn)
15     {
16         prevBtn = currBtn;
17         if(currBtn ==1)
18         {
19           Serial.println("button click");
20         }
21         delay(50);
22     }
23   }
```

19 : 버튼이 한 번 눌리면 button click을 시리얼통신으로 전송합니다.

[◉업로드] 버튼을 클릭하여 프로그램을 업로드 후 [◉시리얼 모니터]를 열어 값을 확인합니다.

【 동작 결과 】

버튼을 누르면 button click이 전송됩니다.

버튼 눌림을 함수로 만들어 사용하기

버튼은 자주 사용하는 기능으로 버튼이 눌리는 부분을 함수로 만들어 조금 더 가독성이 좋은 코드로
만들어 봅니다. 다음의 코드를 작성합니다.

13-3.ino

```
01   #define BUTTON_PIN D3
02
03   void setup() {
04     Serial.begin(115200);
05     pinMode(BUTTON_PIN,INPUT_PULLUP);
06   }
```

```
07
08  void loop() {
09    int btnValue = btn_click();
10    if(btnValue ==1)
11    {
12        Serial.println("button click");
13    }
14  }
15
16  int btn_click()
17  {
18    static int prevBtn =0;
19    static int currBtn =0;
20
21    currBtn =!digitalRead(BUTTON_PIN);
22
23    if(currBtn != prevBtn)
24    {
25        prevBtn = currBtn;
26        if(currBtn ==1)
27        {
28         return 1;
29        }
30        delay(50);
31    }
32
33    return 0;
34  }
35
```

09 : 버튼이 눌렸는지 확인하여 btnValue에 값을 대입합니다.

10~13 : 버튼이 눌리면 button click을 시리얼통신으로 전송합니다.

16~35 : 버튼이 눌렸는지 확인하는 함수입니다. 버튼이 눌릴 때 1을 반환하고 평소에는 0을 반환합니다.

18~19 : 함수 내에 static으로 변수를 선언하면 함수 내에 있지만 전역변수의 성질인 한 번만 초기화 됩니다. 그리고 지역 변수처럼 함수 내에서만 사용할 수 있습니다.

[⊙업로드] 버튼을 클릭하여 프로그램을 업로드 후 [⊙시리얼 모니터]를 열어 값을 확인합니다.

【 동작 결과 】

버튼을 누르면 button click이 전송됩니다. 함수로 만들어서 가독성이 좋아졌고 코드를 재사용하기 수월해졌습니다.

버튼이 눌리면 SLACK으로 메시지 전송하기

버튼이 눌리면 SLACK으로 메시지를 전송하는 코드를 만들어 완성하도록 합니다.

다음의 코드를 작성합니다.

```
13-4.ino

01   #include <ESP8266WiFi.h>
02   #include <ESP8266HTTPClient.h>
03
04   const char* ssid ="jmc";
05   const char* password ="123456789";
06
07   const char* url ="https://hooks.slack.com/services/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";
08
09   #define BUTTON_PIN D3
10
11   void setup() {
12     Serial.begin(115200);
13     pinMode(BUTTON_PIN,INPUT_PULLUP);
14
15     WiFi.begin(ssid, password);
16     Serial.println("Connecting");
17     while (WiFi.status() != WL_CONNECTED) {
18         delay(500);
19         Serial.print(".");
20     }
21     Serial.println("");
22     Serial.print("Connected to WiFi network with IP Address: ");
23     Serial.println(WiFi.localIP());
24   }
25
26   void loop() {
27     int btnValue = btn_click();
28     if(btnValue ==1)
29     {
30         int httpResponseCode = sendSlack("초인종(버튼)이 눌렸습니다.");
31         Serial.println(httpResponseCode);
32     }
33   }
34
35   int btn_click()
36   {
37     static int prevBtn =0;
38     static int currBtn =0;
39
40     currBtn =!digitalRead(BUTTON_PIN);
41
42     if(currBtn != prevBtn)
43     {
44         prevBtn = currBtn;
```

```
45        if(currBtn ==1)
46        {
47         return 1;
48        }
49       delay(50);
50     }
51
52    return 0;
53  }
54
55  int sendSlack(String strMsg)
56  {
57    if (WiFi.status() == WL_CONNECTED)
58    {
59      WiFiClientSecure client;
60      client.setInsecure();
61      client.connect(url, 443);
62      HTTPClient https;
63      https.begin(client, url);
64      https.addHeader("Content-Type", "application/json");
65      int httpResponseCode = https.POST("{\"text\":\""+ strMsg +"\" }");
66      https.end();
67
68      return httpResponseCode;
69    }
70  }
```

30 : 버튼을 누르면 SLACK으로 "초인종(버튼)이 눌렸습니다." 메시지를 전송합니다.

[ⓤ업로드] 버튼을 클릭하여 프로그램을 업로드 후 [⊚시리얼 모니터]를 열어 값을 확인합니다.

【 동작 결과 】

버튼을 누르면 SLACK으로 메시지를 전송하고 잘 전송되었다는 200 응답이 왔습니다.

SLACK의 #사물인터넷 채널에서도 메시지를 잘 받았습니다.

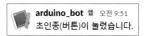

스마트폰에서 SLACK 설치 후 확인

1 스마트폰에서 slack을 검색 후 어플을 설치합니다.

2 로그인한 다음 #사물인터넷 채널로 접속합니다.

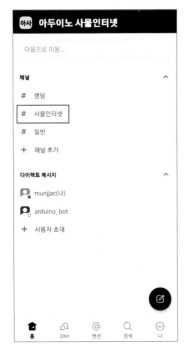

③ 스마트폰에서도 python_bot이 보낸 메시지를 확인할 수 있습니다.
메시지를 보내면 알람도 옵니다.

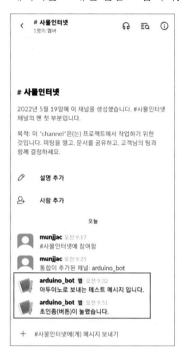

작품 14 _ 문 열림을 감지하여 SLACK 알람 보내기

학습 목표

SLACK으로 문 열림을 감지하여 문이 열리면 메시지를 보내 알람이 울리도록 합니다.

【 준비물 】

다음의 부품을 준비합니다.

부품명	수량
아두이노 ESP8266 WEMOS D1 R1	1개
마그네틱 도어센서	1개
H커넥터	1개
수/수 점퍼케이블	2개

【 회로 연결 】

브레드보드에 아래의 회로를 꾸며 연결합니다.

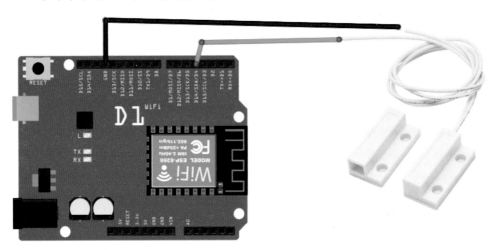

마그네틱 도어센서의 한쪽 핀은 D4번 핀에 나머지 한쪽은 GND에 연결합니다. 극성이 없으므로 반대로 연결해도 됩니다.

마그네틱 도어 센서의 경우 선이 나와 있는 부분은 철판 두 개로 이루어져 있고 나머지 부분은 자석으로 이루어져 있습니다. 자석이 가까이 가면 철판 두 개가 붙어 스위치가 연결되고 자석이 멀리 떨어지면 철판이 떨어져 스위치가 떨어집니다. 일반적인 스위치이지만 자석에 반응하는 스위치입니다. 보안이 되어있는 문에 설치되어있는 경우를 자주 볼 수 있습니다.

도어센서와 H커넥터를 연결합니다. 도어센서에서 브레드보드나 아두이노 보드에 직접 연결하기 힘들기 때문에 수수커넥터와 연결합니다. 도어센서와 H커넥터, 수수 점퍼케이블을 준비합니다.

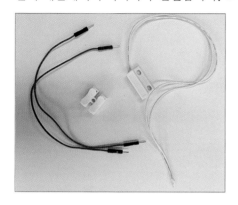

H커넥터의 윗부분을 눌러 선을 넣습니다. 피복이 벗겨진 부분이 커넥터의 쇠부분에 닿게 연결합니다.

 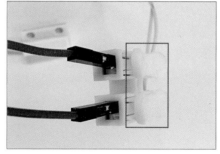

도어센서의 끝부분이 수수 점퍼케이블에 연결되었습니다.

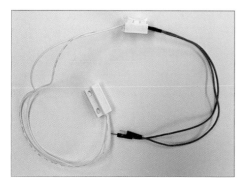

도어센서 값 확인하기

마그네틱 도어센서의 값을 확인하는 코드를 만들어봅니다. 다음의 코드를 작성합니다.

```
14-1.ino
01    #define MAGSW_PIN D3
02
03    void setup() {
04      Serial.begin(115200);
05      pinMode(MAGSW_PIN,INPUT_PULLUP);
06    }
07
08    void loop() {
09      int magSwValue =!digitalRead(MAGSW_PIN);
10      Serial.println(magSwValue);
11      delay(200);
12    }
```

05 : 마그네틱 도어센서는 일반적인 스위치이므로 내부 풀업저항으로 핀을 설정합니다.
09 : 도어센서의 값을 !(느낌표)를 이용하여 반전시켜 값을 읽습니다.

[업로드] 버튼을 클릭하여 프로그램을 업로드 후 [시리얼 모니터]를 열어 값을 확인합니다.

【 동작 결과 】

도어센서가 붙어있을 경우입니다.

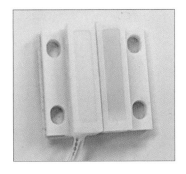

값이 1이 출력됩니다.

도어센서가 떨어져 있을 경우입니다.

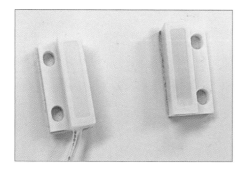

0 값이 출력됩니다.

```
⊙ COM17

0
0
0
0
```

도어센서로 문이 열릴 때만 값 출력하기

문이 열릴 때 즉 1->0으로 되는 시점에만 문 열림을 출력하는 코드를 만들어 봅니다.

다음의 코드를 작성합니다.

14-2.ino

```
01  #define MAGSW_PIN D3
02
03  void setup() {
04    Serial.begin(115200);
05    pinMode(MAGSW_PIN,INPUT_PULLUP);
06  }
07
08  void loop() {
09    int magSwValue = mag_switch_off_check();
10    if(magSwValue ==1)
11    {
12        Serial.println("door open!!!");
13    }
14  }
15
16  int mag_switch_off_check()
17  {
18    static int prevBtn =0;
19    static int currBtn =0;
```

```
20
21     currBtn =!digitalRead(MAGSW_PIN);
22
23     if(currBtn != prevBtn)
24     {
25         prevBtn = currBtn;
26         if(currBtn ==0)
27         {
28          return 1;
29         }
30         delay(50);
31     }
32
33     return 0;
34  }
```

09~13 : 마그네틱 도어센서의 함수에서 값을 읽어 문이 열릴 때 door open을 시리얼통신으로 전송합니다.
16~34 : 마그네틱 도어센서의 문 열림을 감지하는 함수입니다.
23~31 : 마그네틱 도어센서의 값이 변경되고 변경된 값이 0이면 즉 1->0으로 변경되는 시점에만 1의 값을 반환합니다.

[●업로드] 버튼을 클릭하여 프로그램을 업로드 후 [🔎시리얼 모니터]를 열어 값을 확인합니다.

【 동작 결과 】
마그네틱 도어센서가 떨어질 때 즉 문이 열릴 때 "door open!!!"을 출력하였습니다.

도어센서로 문이 열릴 때만 SLACK으로 메시지 전송하기

문이 열릴 때 SLACK으로 메시지를 전송하도록 합니다. SLACK의 설정방법 및 기본 사용방법은 [작품 13 초인종(버튼)을 누르면 SLACK 알람 보내기]을 참고합니다.

다음의 코드를 작성합니다.

14-3.ino
```
01   #include <ESP8266WiFi.h>
02   #include <ESP8266HTTPClient.h>
03
04   const char* ssid ="jmc";
05   const char* password ="123456789";
06
07   const char* url ="https://hooks.slack.com/services/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";
```

```
08
09   #define MAGSW_PIN D3
10
11   void setup() {
12     Serial.begin(115200);
13     pinMode(MAGSW_PIN,INPUT_PULLUP);
14
15     WiFi.begin(ssid, password);
16     Serial.println("Connecting");
17     while (WiFi.status() != WL_CONNECTED) {
18         delay(500);
19         Serial.print(".");
20     }
21     Serial.println("");
22     Serial.print("Connected to WiFi network with IP Address: ");
23     Serial.println(WiFi.localIP());
24   }
25
26   void loop() {
27     int magSwValue = mag_switch_off_check();
28     if(magSwValue ==1)
29     {
30         int httpResponseCode = sendSlack("문이 열렸습니다.");
31         Serial.println(httpResponseCode);
32     }
33   }
34
35   int mag_switch_off_check()
36   {
37     static int prevBtn =0;
38     static int currBtn =0;
39
40     currBtn =!digitalRead(MAGSW_PIN);
41
42     if(currBtn != prevBtn)
43     {
44         prevBtn = currBtn;
45         if(currBtn ==0)
46         {
47          return 1;
48         }
49         delay(50);
50     }
51
52     return 0;
53   }
```

```
54
55   int sendSlack(String strMsg)
56   {
57     if (WiFi.status() == WL_CONNECTED)
58     {
59        WiFiClientSecure client;
60        client.setInsecure();
61        client.connect(url, 443);
62        HTTPClient https;
63        https.begin(client, url);
64        https.addHeader("Content-Type", "application/json");
65        int httpResponseCode = https.POST("{\"text\":\""+ strMsg +"\" }");
66        https.end();
67
68        return httpResponseCode;
69     }
70   }
```

04~05 : 자신의 WIFI SSID와 비밀번호를 입력합니다.

07 　　 : SLACK에서 설정한 webhook 주소를 입력합니다.

27~32 : 마그네틱 스위치가 떨어지면 즉 문이 열리면 SLACK으로 "문이 열렸습니다." 메시지를 전송합니다.

[업로드] 버튼을 클릭하여 프로그램을 업로드 후 [시리얼 모니터]를 열어 값을 확인합니다.

【 동작 결과 】

마그네틱 스위치를 떨어뜨리면 즉, 문이 열리면 SLACK으로 메시지를 전송하고 잘 전송되었다는 200 응답이 왔습니다.

SLACK의 #사물인터넷 채널에서도 "문이 열렸습니다." 메시지를 잘 받았습니다.

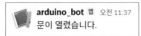

작품 15 _ 빗물 감지하여 텔레그램으로 메시지 전송하기

학습 목표

빗물 감지센서를 이용하여 빗물이 감지되면 텔레그램으로 메시지를 전송하는 작품을 만들어봅니다.

텔레그램 사용이유

개인 서버 없이 무료로 사용할 수 있는 유일한 메신저입니다. SLACK의 경우 아두이노에서 -> SLACK으로 메시지를 보내는 것은 가능하지만 SLACK -> 아두이노로 제어 메시지를 보내는 것은 불가능합니다. 카카오톡의 경우 제공되는 라이브러리가 없으며 사업자가 아닌 개인이 쓰기에는 불편합니다. 텔레그램의 경우 아두이노 -> 텔레그램, 텔레그램 -> 아두이노로 메시지를 보내기가 수월하고 개인이 서버를 갖추지 않아도 간편하게 쓸 수 있습니다.

【 준비물 】

다음의 부품을 준비합니다.

부품명	수량
아두이노 WEMOS D1 R1 보드	1개
빗물 감지센서모듈	1개
암/수 점퍼케이블	3개
암/암 점퍼케이블	2개

【 회로 연결 】

브레드보드에 아래의 회로를 꾸며봅니다.

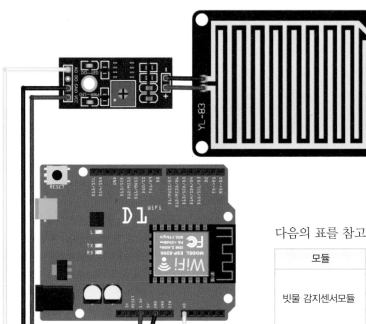

다음의 표를 참고하여 핀을 연결합니다.

모듈	모듈 핀	아두이노 핀
빗물 감지센서모듈	VCC	5V
	AO	AO
	GND	GND

라이브러리 설치하기

작품에 필요한 라이브러리를 설치합니다.

[스케치] -> [라이브러리 포함하기] -> [라이브러리 관리..]를 클릭하여 [라이브러리 매니저] 창을 연후 라이브러리를 설치합니다. 텔레그램을 사용하기 위한 라이브러리를 설치합니다.

"telegram" 검색 후 UniversalTelegramBot 라이브러리를 설치합니다.

※ 버전은 설치 시점의 최신 버전을 사용하는 것을 원칙으로 합니다. 단, 업데이트되어 동작하지 않는다면 1.3.0 버전을 설치합니다.

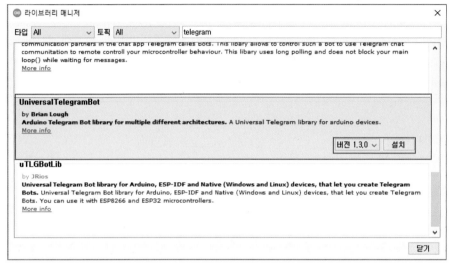

텔레그램 설정하기

1 텔레그램을 사용하기 위해 스마트폰에 텔레그램을 설치 후 가입과 로그인을 합니다.

돋보기 모양을 클릭합니다.

2 botfather을 검색 후 BotFather 봇을 클릭합니다.

3 [시작] 또는 [다시 시작]을 클릭합니다.

4 새로운 봇을 생성하기 위하여 /newbot을 클릭합니다. 또는 채팅창에 /newbot을 직접 입력하고
전송하여도 됩니다.

5 이름을 입력 후 메시지를 전송합니다. 이름의 끝은 _bot으로
끝나야 합니다. 이름은 고유해야 합니다. 동일한 이름이 있다면
생성되지 않습니다.

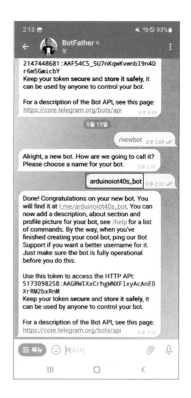

⑥ API 부분이 자신의 API 키 부분입니다. 복사하여 파이썬 코드에서 사용하므로 PC로 복사하여둡니다. t.me로 시작하는 URL을 클릭하여 봇을 시작합니다.

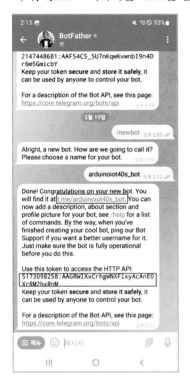

⑦ [시작]을 눌러 봇을 시작합니다.

봇이 시작되었습니다. 이제 파이썬에서 메시지를 보내 이 채팅방으로 메시지를 전송할 수 있습니다. 또한, 메시지의 자동응답이 가능합니다.

8 텔레그램 bot을 이용하기 위해서는 API 키와 ID가 필요합니다. API 키는 bot을 생성할 때 텔레그램에서 출력해주었습니다.

API 키를 이용하여 채팅방 ID를 확인해보도록 합니다.

9 웹브라우저를 이용하여 다음의 사이트에 접속합니다. 발급 받은 API 부분을 자신의 API로 변경합니다.

- https://api.telegram.org/bot발급받은API/getUpdates

10 처음 접속하면 아무런 데이터가 응답이 오지 않습니다. 텔레그램으로 돌아가서 아무런 메시지를 전송합니다.

11 웹브라우저에서 [F5]를 눌러 새로고침을 하면 ID를 확인할 수 있습니다.

다음에서 id 부분을 확인하면 됩니다.

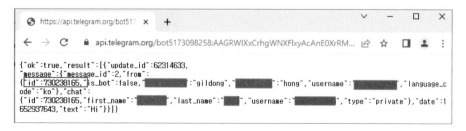

아두이노를 이용하여 텔레그램으로 메시지 전송하기

텔래그램으로 봇을 만들고 API 키와 ID를 이용하여 아두이노로 메시지를 전송하여봅니다.

다음의 코드를 작성합니다.

```
15-1.ino

01   #include <ESP8266WiFi.h>
02   #include <WiFiClientSecure.h>
03   #include <UniversalTelegramBot.h>
04   #include <ArduinoJson.h>
05
06   const char* ssid ="jmc";
07   const char* password ="123456789";
08
09   #define BOTtoken "5173098258:AAGRWIXxCrhgWNXFlxyAcAnE0XrRM2bxRnM"
10   #define CHAT_ID "730238165"
11
12   X509List cert(TELEGRAM_CERTIFICATE_ROOT);
13
14   WiFiClientSecure client;
15   UniversalTelegramBot bot(BOTtoken, client);
16
17   void setup() {
18     Serial.begin(115200);
19
20     configTime(0, 0, "pool.ntp.org");
21     client.setTrustAnchors(&cert);
22
23     WiFi.mode(WIFI_STA);
24     WiFi.begin(ssid, password);
25
26     while (WiFi.status() != WL_CONNECTED) {
27       delay(1000);
28       Serial.println("Connecting to WiFi..");
29     }
30
31     Serial.println(WiFi.localIP());
32   }
33
34   void loop() {
35     bot.sendMessage(CHAT_ID, "hello arduino", "");
36     delay(60000);
37   }
```

09 : 자신의 텔레그램 API 키를 입력합니다.

10 : 자신의 봇 채팅방 ID를 입력합니다.

35 : 텔레그램으로 hello arduino를 전송합니다.

36 : 60초 동안 기다립니다.

[🔘업로드] 버튼을 클릭하여 프로그램을 업로드합니다.

【 동작 결과 】

스마트폰의 텔레그램에서 확인합니다. 아두이노를 이용하여 텔레그램으로 메시지를 보냈습니다.

빗물 감지센서 값 확인하기

빗물 감지센서의 값을 확인해보도록 합니다. 다음의 코드를 작성합니다.

15-2.ino

```
01  #define RAIN_SENSOR A0
02
03  void setup() {
04    Serial.begin(115200);
05  }
06
07  void loop() {
08    int rainValue =analogRead(RAIN_SENSOR);
09    Serial.println(rainValue);
10    delay(10);
11  }
```

01 : 빗물 감지센서 핀을 정의합니다.
08 : 빗물 감지센서 핀(A0)에서 값을 읽어 rainValue 변수에 대입합니다.
09 : 빗물 감지센서 값을 시리얼통신으로 전송합니다.

[📤업로드] 버튼을 클릭하여 프로그램을 업로드 후 [🔍 시리얼 모니터]를 열어 값을 확인합니다.

【 동작 결과 】

빗물 감지센서에서 빗물을 감지하지 못하였을 때는 1024의 최대값이 출력되었습니다.

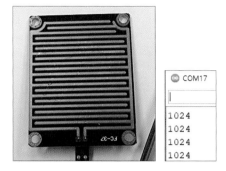

물티슈, 젖은 휴지 등을 이용하여 센서에 물이 닿게 하였습니다. 물을 감지하였을 때는 값이 작아집니다. 큰 값의 변화는 아니지만 대략 960 이하로 떨어집니다.

빗물이 감지되면 텔레그램으로 메시지 전송하기

이제 빗물을 감지하면 위험을 비가온다는 메시지를 텔레그램을 통해 전송해보겠습니다.

다음의 코드를 작성합니다.

15-3.ino

```
01   #include <ESP8266WiFi.h>
02   #include <WiFiClientSecure.h>
03   #include <UniversalTelegramBot.h>
04   #include <ArduinoJson.h>
05
06   const char* ssid ="jmc";
07   const char* password ="123456789";
08
09   #define BOTtoken "5173098258:AAGRWIXxCrhgWNXFlxyAcAnE0XrRM2bxRnM"
10   #define CHAT_ID "730238165"
11
12   X509List cert(TELEGRAM_CERTIFICATE_ROOT);
13
14   WiFiClientSecure client;
15   UniversalTelegramBot bot(BOTtoken, client);
16
```

```
17   #define RAIN_SENSOR A0
18
19   void setup() {
20     Serial.begin(115200);
21
22     configTime(0, 0, "pool.ntp.org");
23     client.setTrustAnchors(&cert);
24
25     WiFi.mode(WIFI_STA);
26     WiFi.begin(ssid, password);
27
28     while (WiFi.status() != WL_CONNECTED) {
29         delay(1000);
30         Serial.println("Connecting to WiFi..");
31     }
32
33     Serial.println(WiFi.localIP());
34   }
35
36   void loop() {
37     int rainValue =analogRead(RAIN_SENSOR);
38     Serial.println(rainValue);
39     if(rainValue <960)
40     {
41         Serial.println("Rain!!!");
42         bot.sendMessage(CHAT_ID, "Rain!!!", "");
43         for(int i =0; i <60; i++) delay(60000);
44     }
45   }
```

37~44 : 빗물 감지센서에서 빗물을 감지하여 값이 960 미만으로 떨어지면 텔레그램으로 Rain!!!을 전송합니다.
43   : 60초 * 60회 = 1시간 동안 기다립니다.

[⊕ 업로드] 버튼을 클릭하여 프로그램을 업로드 후 [🔎 시리얼 모니터]를 열어 값을 확인합니다.

【 동작 결과 】

센서에 물기를 닿게 합니다.

값이 960보다 작으면 즉 물기를 감지하였습니다.

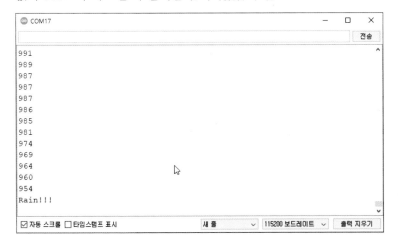

텔레그램으로도 "Rain!!!" 메시지가 잘 전송되었습니다.

작품 16 _ 가속도 자이로센서로 움직임을 감지하면 텔레그램으로 메시지 전송하기

학습 목표

가속도 자이로센서를 이용하여 움직임을 감지하고 움직이면 텔레그램으로 메시지를 전송하는 작품을 만들어봅니다.

【 준비물 】

다음의 부품을 준비합니다.

부품명	수량
아두이노 WEMOS D1 R1 보드	1개
브레드보드	1개
MPU6050 가속도 자이로센서모듈	3개
수/수 점퍼케이블	6개

【 회로 연결 】

브레드보드에 아래의 회로를 꾸며봅니다.

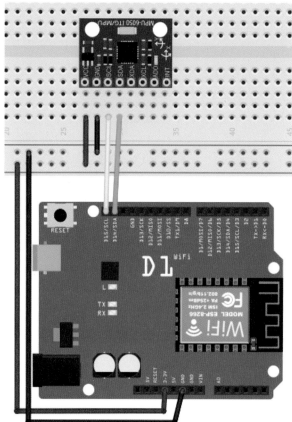

아래의 표를 참조하여 회로를 구성합니다.

모듈	모듈 핀	아두이노 핀
MPU6050 가속도 자이로 센서모듈	VCC	5V
	GND	GND
	SCL	SCL(D15)
	SDA	SDA(D14)

라이브러리 설치하기

작품에 필요한 라이브러리를 설치합니다.

[스케치] → [라이브러리 포함하기] → [라이브러리 관리..]를 클릭하여 [라이브러리 매니저] 창을 연후 라이브러리를 설치합니다.

MPU6050 가속도 자이로센서 사용하기 위한 라이브러리를 설치합니다.

"mpu6050"를 검색 후 MPU6050_light 라이브러리를 설치합니다.

※ 버전은 설치 시점의 최신 버전을 사용하는 것을 원칙으로 합니다. 단, 업데이트되어 동작하지 않는다면 1.2.1 버전을 설치합니다.

텔레그램을 사용하기 위한 라이브러리를 설치합니다.

"telegram" 검색 후 UniversalTelegramBot 라이브러리를 설치합니다.

※ 버전은 설치 시점의 최신 버전을 사용하는 것을 원칙으로 합니다. 단, 업데이트되어 동작하지 않는다면 1.3.0 버전을 설치합니다.

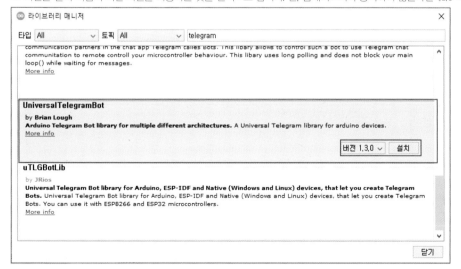

MPU6050 가속도 자이로센서의 가속도 값 확인

MPU6050센서의 가속도 값을 확인하는 코드를 만들어봅니다.

다음의 코드를 작성합니다.

```
16-1.ino
01  #include "Wire.h"
02  #include <MPU6050_light.h>
03
04  MPU6050 mpu(Wire);
05
06  void setup() {
07   Serial.begin(115200);
08   Wire.begin();
09   mpu.begin();
10   mpu.calcOffsets(true, true);
11  }
12
13  void loop() {
14   mpu.update();
15   float ax = mpu.getAccX();
16   Serial.println(ax);
17   delay(10);
18  }
```

01   : I2C 통신을 사용하기 위한 라이브러리를 불러옵니다.
02   : MPU6050 가속도 자이로센서를 사용하기 위한 라이브러리를 불러옵니다.
08~12 : MPU6050센서를 초기화하고 시작합니다.
14   : 센서의 값을 업데이트 합니다.
15   : x축의 값을 읽어 ax 변수에 대입니다.
16   : x 축의 값을 출력합니다.

[💠업로드] 버튼을 클릭하여 프로그램을 업로드 후 [🔍 시리얼 모니터]를 열어 값을 확인합니다.

【 동작 결과 】

센서를 흔들어 값이 변하는 것을 확인합니다.

```
😊 COM17
|
0.54
0.65
0.31
0.10
0.02
```

시리얼 모니터창을 닫고 [툴] → [시리얼플로터]를 열어 값을 확인합니다.

그래프로 출력되기 때문에 센서의 값의 변화를 보기 편합니다. 센서를 흔들어 값을 확인합니다.

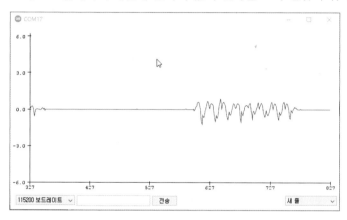

가속도 값의 변화를 확인하는 코드 만들기

가속도센서의 변화를 확인하여 움직임을 알아내는 코드를 만들어봅니다. 다음의 코드를 작성합니다.

16-2.ino

```
01  #include "Wire.h"
02  #include <MPU6050_light.h>
03
04  MPU6050 mpu(Wire);
05
06  float AccBuf[2];
07  int bufCnt =0;
08
09  void setup() {
10   Serial.begin(115200);
11   Wire.begin();
12   mpu.begin();
13   mpu.calcOffsets(true, true);
14  }
15
16  void loop() {
17   mpu.update();
18   AccBuf[bufCnt++] = mpu.getAccX();
19   if (bufCnt ==2) bufCnt =0;
```

```
20
21    if(abs(AccBuf[0] - AccBuf[1]) >=0.1 )
22    {
23       Serial.println("센서 움직임!!!");
24       mpu.update();
25       AccBuf[0] = mpu.getAccX();
26       AccBuf[1] = mpu.getAccX();
27       bufCnt =0;
28    }
29 }
```

18 : x축의 값을읽어 AccBuf 변수에 대입합니다. AccBuf변수는 배열로 0,1번지 2개의 값을 가지고 있습니다.

21 : AccBuf[0] − AccBuf[1]을 뺀값이 즉 변화값이 abd()로 절대값 0.1보다 크다면 참이 됩니다. 변화값이 0.1보다크면 충격이 가해졌다고 판단합니다.

23 : 센서 움직임을 출력합니다.

24~27 : AccBuf에 다시 초기값을 채워 넣습니다.

[🔼업로드] 버튼을 클릭하여 프로그램을 업로드 후 [🔍시리얼 모니터]를 열어 값을 확인합니다.

【 동작 결과 】

센서를 흔들면 "센서 움직임!!!"이 출력됩니다.

```
◉ COM17
|
센서  움직임!!!
센서  움직임!!!
센서  움직임!!!
센서  움직임!!!
센서  움직임!!!
```

센서의 움직임이 검출되면 텔레그램으로 메시지 전송하기

텔레그램의 사용방법과 API 키와 ID는 [작품 15.빗물 감지하여 텔레그램으로 메시지 전송하기] 장의 [텔레그램 설정하기] 부분을 참고하여 진행합니다.

센서의 움직임을 검출하면 텔레그램으로 메시지를 전송하도록 합니다. 다음의 코드를 작성합니다.

16-3.ino

```
01   #include <ESP8266WiFi.h>
02   #include <WiFiClientSecure.h>
03   #include <UniversalTelegramBot.h>
04   #include <ArduinoJson.h>
05   #include "Wire.h"
06   #include <MPU6050_light.h>\
07
08   MPU6050 mpu(Wire);
09
10   float AccBuf[2];
```

```
11   int bufCnt =0;
12
13   const char* ssid ="jmc";
14   const char* password ="123456789";
15
16   #define BOTtoken "5173098258:AAGRWIXxCrhgWNXFlxyAcAnE0XrRM2bxRnM"
17   #define CHAT_ID "730238165"
18
19   X509List cert(TELEGRAM_CERTIFICATE_ROOT);
20
21   WiFiClientSecure client;
22   UniversalTelegramBot bot(BOTtoken, client);
23
24   void setup() {
25    Serial.begin(115200);
26
27    Wire.begin();
28    mpu.begin();
29    mpu.calcOffsets(true, true);
30
31    configTime(0, 0, "pool.ntp.org");
32    client.setTrustAnchors(&cert);
33
34    WiFi.mode(WIFI_STA);
35    WiFi.begin(ssid, password);
36
37    while (WiFi.status() != WL_CONNECTED) {
38       delay(1000);
39       Serial.println("Connecting to WiFi..");
40    }
41
42    Serial.println(WiFi.localIP());
43   }
44
45   void loop() {
46    mpu.update();
47    AccBuf[bufCnt++] = mpu.getAccX();
48    if (bufCnt ==2) bufCnt =0;
49
50    if(abs(AccBuf[0] - AccBuf[1]) >=0.1 )
51    {
52       Serial.println("센서 움직임!!!");
53       bot.sendMessage(CHAT_ID, "센서 움직임!!!", "");
54       mpu.update();
55       AccBuf[0] = mpu.getAccX();
56       AccBuf[1] = mpu.getAccX();
57       bufCnt =0;
58       delay(10000);
59    }
60   }
```

16   : 자신의 텔레그램 API 키를 입력합니다.

17   : 자신의 텔레그램 챗 ID를 입력합니다.

53   : 센서가 움직이면 "센서 움직임!!"을 텔레그램으로 전송합니다.

[⬆️업로드] 버튼을 클릭하여 프로그램을 업로드 후 [🔍시리얼 모니터]를 열어 값을 확인합니다.

【 동작 결과 】

센서를 흔들어 움직였습니다. "센서 움직임!!!"이 출력되었습니다.

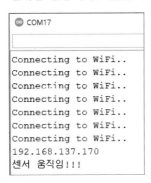

텔레그램으로도 "센서 움직임!!!" 메시지가 잘 보내졌습니다.

작품 17 _ 텔레그램의 메시지를 받아서 LED 제어하기

학습 목표

스마트폰으로 아두이노로 메시지를 전송하여 메시지에 따라서 LED를 제어해보도록 합니다.

【 준비물 】

다음의 부품을 준비합니다.

부품명	수량
아두이노 Wemos D1 R1	1개
브레드보드	1개
빨간색 LED	1개
노란색 LED	1개
녹색 LED	1개
220옴 저항(빨빨검검갈)	3개
수/수 점퍼케이블	4개

【 회로 연결 】

브레드보드에 아래의 회로를 꾸며봅니다.

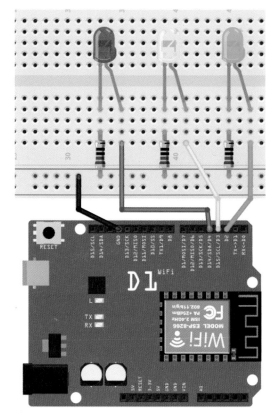

LED의 긴 다리는 +로 Wemos 보드의 핀에 연결합니다.

아래의 표를 참조하여 회로를 구성합니다.

모듈 핀	아두이노 핀
빨간색 LED 긴 다리	D4
노란색 LED 긴 다리	D3
녹색 LED 긴 다리	D2

라이브러리 설치하기

작품에 필요한 라이브러리를 설치합니다.

[스케치] -> [라이브러리 포함하기] -> [라이브러리 관리..]를 클릭하여 [라이브러리 매니저] 창을 연후 라이브러리를 설치합니다.

텔레그램을 사용하기 위한 라이브러리를 설치합니다.

"telegram" 검색 후 UniversalTelegramBot 라이브러리를 설치합니다.

※ 버전은 설치 시점의 최신 버전을 사용하는 것을 원칙으로 합니다. 단, 업데이트되어 동작하지 않는다면 1.3.0 버전을 설치합니다.

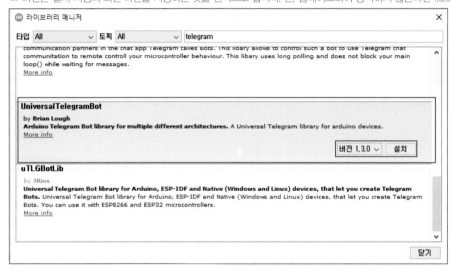

텔레그램으로 메시지 받기

텔레그램의 사용방법과 API 키와 ID는 [작품 15. 빗물 감지하여 텔레그램으로 메시지 전송하기] 장의 [텔레그램 설정하기] 부분을 참고하여 진행합니다.

스마트폰에서 메시지를 보내 아두이노에서 메시지를 받아 확인하도록 합니다.

다음의 코드를 작성합니다.

```
17-1.ino
01  #include <ESP8266WiFi.h>
02  #include <WiFiClientSecure.h>
03  #include <UniversalTelegramBot.h>
04  #include <ArduinoJson.h>
05
06  const char* ssid ="jmc";
07  const char* password ="123456789";
08
09  #define BOTtoken "5173098258:AAGRWIXxCrhgWNXFlxyAcAnE0XrRM2bxRnM"
10  #define CHAT_ID "730238165"
```

```
11
12  X509List cert(TELEGRAM_CERTIFICATE_ROOT);
13
14  WiFiClientSecure client;
15  UniversalTelegramBot bot(BOTtoken, client);
16
17  int botRequestDelay =1000;
18  unsigned long lastTimeBotRan;
19
20  void setup() {
21   Serial.begin(115200);
22
23   configTime(0, 0, "pool.ntp.org");
24   client.setTrustAnchors(&cert);
25
26   WiFi.mode(WIFI_STA);
27   WiFi.begin(ssid, password);
28
29   while (WiFi.status() != WL_CONNECTED) {
30      delay(1000);
31      Serial.println("Connecting to WiFi..");
32   }
33
34   Serial.println(WiFi.localIP());
35  }
36
37  void loop() {
38   if (millis() > lastTimeBotRan + botRequestDelay)
39   {
40      int numNewMessages = bot.getUpdates(bot.last_message_received +1);
41      while(numNewMessages)
42      {
43       handleNewMessages(numNewMessages);
44       numNewMessages = bot.getUpdates(bot.last_message_received +1);
45      }
46      lastTimeBotRan =millis();
47   }
48  }
49
50  void handleNewMessages(int numNewMessages) {
51   for (int i=0; i<numNewMessages; i++) {
52      String text = bot.messages[i].text;
53      Serial.println(text);
54   }
55  }
```

38~47: 새로운 메시지가 있는지 주기적으로 확인합니다.

50~55: 아두이노에서 메시지를 받으면 동작하는 함수입니다.

51~54: 메시지가 있다면 메시지를 출력합니다.

[🔼업로드] 버튼을 클릭하여 프로그램을 업로드 후 [🔎시리얼 모니터]를 열어 값을 확인합니다.

【 동작 결과 】

스마트폰에서 텔래그램 앱으로 "hi arduino" 메시지를 보냅니다.

아두이노에서 "hi arduino"의 메시지를 잘 받았습니다. 서버와의 연결시간 등이 소요되어 약 1~10 초 사이에 응답받습니다.

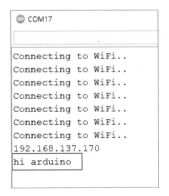

텔레그램으로 메시지 받아서 LED 제어하기

텔레그램으로 메시지를 받아서 LED를 제어하는 코드를 만들어봅니다.

다음의 코드를 작성합니다.

17-2.ino

```
01  #include <ESP8266WiFi.h>
02  #include <WiFiClientSecure.h>
03  #include <UniversalTelegramBot.h>
04  #include <ArduinoJson.h>
05
06  const char* ssid ="jmc";
07  const char* password ="123456789";
08
09  #define BOTtoken "5173098258:AAGRWIXxCrhgWNXFlxyAcAnE0XrRM2bxRnM"
10  #define CHAT_ID "730238165"
11
12  X509List cert(TELEGRAM_CERTIFICATE_ROOT);
13
14  WiFiClientSecure client;
15  UniversalTelegramBot bot(BOTtoken, client);
16
17  int botRequestDelay =1000;
18  unsigned long lastTimeBotRan;
19
20  #define RED_LED D4
21  #define YELLOW_LED D3
22  #define GREEN_LED D2
23
24  void setup() {
25    Serial.begin(115200);
26
27    pinMode(RED_LED,OUTPUT);
28    pinMode(YELLOW_LED,OUTPUT);
29    pinMode(GREEN_LED,OUTPUT);
30
31    configTime(0, 0, "pool.ntp.org");
32    client.setTrustAnchors(&cert);
33
34    WiFi.mode(WIFI_STA);
35    WiFi.begin(ssid, password);
36
37    while (WiFi.status() != WL_CONNECTED) {
38      delay(1000);
39      Serial.println("Connecting to WiFi..");
40    }
41
42    Serial.println(WiFi.localIP());
43  }
44
```

```
45  void loop() {
46    if (millis() > lastTimeBotRan + botRequestDelay)
47    {
48      int numNewMessages = bot.getUpdates(bot.last_message_received +1);
49      while(numNewMessages)
50      {
51        handleNewMessages(numNewMessages);
52        numNewMessages = bot.getUpdates(bot.last_message_received +1);
53      }
54      lastTimeBotRan =millis();
55    }
56  }
57
58  void handleNewMessages(int numNewMessages) {
59    for (int i=0; i<numNewMessages; i++) {
60      String text = bot.messages[i].text;
61      Serial.println(text);
62      if(text.indexOf("/r_on") !=-1 ){
63        bot.sendMessage(CHAT_ID, "red led on", "");
64        digitalWrite(RED_LED, HIGH);
65      }
66      else if(text.indexOf("/r_off") !=-1 ){
67        bot.sendMessage(CHAT_ID, "red led off", "");
68        digitalWrite(RED_LED, LOW);
69      }
70      else if(text.indexOf("/y_on") !=-1 ){
71        bot.sendMessage(CHAT_ID, "yellow led on", "");
72        digitalWrite(YELLOW_LED, HIGH);
73      }
74      else if(text.indexOf("/y_off") !=-1 ){
75        bot.sendMessage(CHAT_ID, "yellow led off", "");
76        digitalWrite(YELLOW_LED, LOW);
77      }
78      else if(text.indexOf("/g_on") !=-1 ){
79        bot.sendMessage(CHAT_ID, "green led on", "");
80        digitalWrite(GREEN_LED, HIGH);
81      }
82      else if(text.indexOf("/g_off") !=-1 ){
83        bot.sendMessage(CHAT_ID, "green led off", "");
84        digitalWrite(GREEN_LED, LOW);
85      }
86    }
87  }
```

62~65 : 받은 메시지가 /r_on 이라면 빨간색 LED를 켭니다.
66~69 : 받은 메시지가 /r_off 라면 빨간색 LED를 끕니다.
70~73 : 받은 메시지가 /y_on 이라면 노란색 LED를 켭니다.
74-77 : 받은 메시지가 /y_off 라면 노란색 LED를 끕니다.
78~81 : 받은 메시지가 /g_on 이라면 녹색 LED를 켭니다.
82~85 : 받은 메시지가 /g_off 라면 녹색 LED를 끕니다.

[⬆️업로드] 버튼을 클릭하여 프로그램을 업로드 후 [🔍시리얼 모니터]를 열어 값을 확인합니다.

【 동작 결과 】

텔레그램으로 /r_on, /r_off, /y_on, /y_off, /g_on, /g_off 의 메시지를 전송하여 LED를 제어합니다. /(슬래쉬)를 붙인 이유는 붙이지 않아도 되나 텔레그램에서 보통 명령어를 전송할 때 /(슬래쉬)를 붙이기 때문에 관습에 따랐습니다.

텔레그램으로 메시지를 보내 아두이노의 LED를 제어하였습니다.

Arduino IOT

표준통신 프로토콜 기타 기능 활용한 작품 만들기

TCP, UDP, MQTT, 웹서버 등 일반적으로 많이 사용하는 표준 통신방법에 대해 알아봅니다. 그 외 wifi 통신에 사용하는 유용한 기능에 대해서도 알아봅니다.

작품 18 _ TCP 통신을 활용하여 PC와 통신하기

학습 목표

TCP 통신을 활용하여 LED를 제어하고 스위치의 값을 입력받아봅니다.

【 준비물 】

다음의 부품을 준비합니다.

부품명	수량
아두이노 Wemos D1 R1	1개
브레드보드	1개
빨간색 LED	1개
노란색 LED	1개
녹색 LED	1개
220옴 저항(빨빨검검갈)	3개
버튼	2개
수/수 점퍼케이블	8개

【 회로 연결 】

브레드보드에 아래의 회로를 꾸며봅니다.

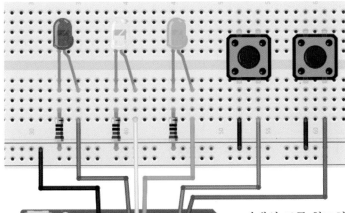

아래의 표를 참조하여 회로를 구성합니다.

LED의 긴 다리가 +극성이며, 버튼은 극성이 없습니다.

모듈 핀	아두이노 핀
빨간색 LED 긴 다리	D10
노란색 LED 긴 다리	D9
녹색 LED 긴 다리	D8
왼쪽 버튼	D4
오른쪽 버튼	D3

통신 테스트용 프로그램 다운로드

TCP, UDP, 시리얼 등을 테스트할 수 있는 프로그램을 다운로드 받습니다.

구글에서 "hecules 프로그램"을 검색 후 아래의 사이트에 접속합니다.

또는 다음의 링크를 입력하여 직접 접속합니다.

- https://www.hw-group.com/software/hercules-setup-utility

Download 버튼을 클릭하여 프로그램을 다운로드 받습니다.

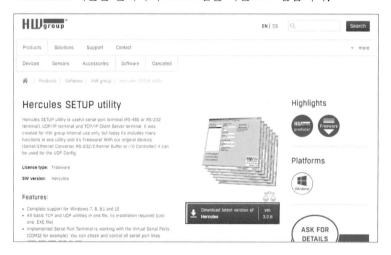

[내 PC] -> [다운로드] 폴더에서 확인하면 [hercules_3-2-8] 파일을 다운로드 받았습니다.

다운로드 받는 시점에 따라 버전이 다를 수 있습니다.

다음 파일을 더블클릭하여 실행합니다. 설치파일이 아닌 실행 파일로 바로 프로그램을 실행 할 수 있습니다.

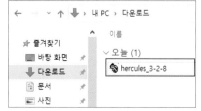

프로그램이 실행되었습니다. HW-group라는 중국의 회사에서 만든 프로그램입니다. UDP, Serial, TCP 등을 테스트할 수 있는 검증된 프로그램입니다.

TCP로 데이터 전송 (아두이노 -〉 PC)

TCP를 이용하여 아두이노에서 PC로 데이터를 전송하여봅니다.

다음의 코드를 작성합니다.

18-1.ino

```
01  #include <ESP8266WiFi.h>
02
03  const char* ssid ="jmc";
04  const char* pass ="123456789";
05
06  #define PORT 1000
07
08  WiFiClient client;
09  WiFiServer server(PORT);
10
11  void setup() { 12    Serial.begin(115200);
13    Serial.println("TCPIP Test");
14    Serial.print("Port : ");
15    Serial.println(PORT);
16    WiFi.begin(ssid, pass);
17    while (WiFi.status() != WL_CONNECTED) {
18        Serial.print(".");
19        delay(200);
20    }
```

```
21    Serial.println("");
22    Serial.print(WiFi.localIP());
23
24    delay(200);
25    server.begin();
26  }
27
28  void loop() {
29    while (!client.connected()) {
30        client = server.available();
31    }
32
33    client.println("hello tcp test");
34    delay(1000);
35  }
```

03~04 : 접속하는 WIFI의 SSID와 비밀번호를 입력합니다.

06   : TCP 포트를 정의합니다. 1000번으로 사용하였습니다.

08   : wifi 클라이언트를 생성합니다.

09   : TCP 서버를 생성합니다.

13~22 : wifi에 접속합니다.

25   : TCP 서버를 시작합니다.

29~31 : 클라이언트에 연결되지 않았다면 다시 연결합니다.

33   : TCP를 통해 hello tcp test를 전송합니다.

[⊙ 업로드] 버튼을 클릭하여 프로그램을 업로드 후 [⊙ 시리얼 모니터]를 열어 값을 확인합니다.

【 동작 결과 】

시리얼 모니터에 연결된 IP주소를 확인합니다.

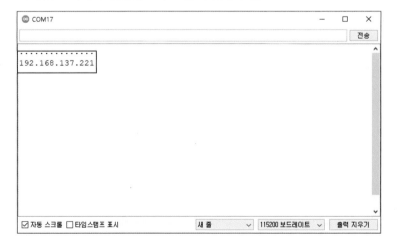

hecules 프로그램을 실행합니다.

[TCP Client] 탭으로 이동 후 연결된 IP주소를 입력합니다. Port는 아두이노에서 설정한 1000번을
입력 후 [Connect]를 눌러 연결합니다.

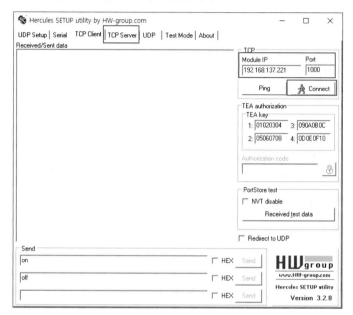

아두이노가 전송한 hello tcp test를 PC에서 수신받아 표시하였습니다.

아두이노는 1초마다 데이터를 전송합니다.

TCP로 데이터 전송 (PC -> 아두이노)

PC에서 TCP 통신을 사용하여 아두이노로 데이터를 전송하고 아두이노에서 확인하는 프로그램을 만들어봅니다.

다음의 코드를 작성합니다.

18-2.ino

```
01  #include <ESP8266WiFi.h>
02
03  const char* ssid ="jmc";
04  const char* pass ="123456789";
05
06  #define PORT 1000
07
08  WiFiClient client;
09  WiFiServer server(PORT);
10
11  void setup() {
12   Serial.begin(115200);
13   Serial.println("TCPIP Test");
14   Serial.print("Port : ");
15   Serial.println(PORT);
16   WiFi.begin(ssid, pass);
17   while (WiFi.status() != WL_CONNECTED) {
18      Serial.print(".");
19      delay(200);
20   }
21   Serial.println("");
22   Serial.print(WiFi.localIP());
23
24   delay(200);
25   server.begin();
26  }
27
28  void loop() {
29   while (!client.connected()) {
30      client = server.available();
31   }
32
33   if(client.connected())
34   {
35      if(client.available())
36      {
37       String strData = client.readStringUntil('\n');
38       Serial.println(strData);
39      }
40   }
41  }
```

33   : 클라이언트가 연결되어있다면 참이 됩니다.

35   : 클라이언트로부터 받은 데이터가 있으면 참이 됩니다.

37   : ₩n 의 종료문자가 올때까지의 데이터를 strData에 대입합니다.

38   : 시리얼통신으로 받은 데이터를 전송합니다.

[⬆ 업로드] 버튼을 클릭하여 프로그램을 업로드 후 [🔍 시리얼 모니터]를 열어 값을 확인합니다.

【 동작 결과 】

시리얼 모니터에서 연결된 IP주소를 확인합니다.

아두이노에 연결된 IP주소에 접속합니다.

hello arduino〈LF〉를 입력한 후 [Send]를 눌러 데이터를 전송합니다. 〈LF〉는 Hecules 프로그램의
특수 기능으로 ₩n의 종료문자를 함께 전송합니다.

hello arduino₩n 를 아두이노로 전송합니다.

아두이노에서 TCP 통신을 통해 ₩n의 종료문자까지의 데이터를 수신받고 데이터를 시리얼통신으로
보내 확인하였습니다.

TCP로 데이터 전송받아 LED 제어하기

PC에서 아두이노로 데이터를 전송받아 아두이노의 LED를 제어하는 프로그램을 만들어봅니다.
다음의 코드를 작성합니다.

```
18-3.ino

01  #include <ESP8266WiFi.h>
02
03  #define RED_LED D10
04  #define YELLOW_LED D9
05  #define GREEN_LED D8
06
07  const char* ssid ="jmc";
08  const char* pass ="123456789";
09
10  #define PORT 1000
11
12  WiFiClient client;
13  WiFiServer server(PORT);
14
15  void setup() {
16   Serial.begin(115200);
17   Serial.println("TCPIP_Test");
18   Serial.print("Port : ");
19   Serial.println(PORT);
20   WiFi.begin(ssid, pass);
21   while (WiFi.status() != WL_CONNECTED) {
22       Serial.print(".");
23       delay(200);
24   }
25   Serial.println("");
26   Serial.print(WiFi.localIP());
27
28   delay(200);
29   server.begin();
30
31   pinMode(RED_LED,OUTPUT);
32   pinMode(YELLOW_LED,OUTPUT);
33   pinMode(GREEN_LED,OUTPUT);
34  }
35
36  void loop() {
37   while (!client.connected()) {
38       client = server.available();
39   }
40
41   if(client.connected())
42   {
43       if(client.available())
44       {
```

```
45        String strData = client.readStringUntil('\n');
46        Serial.println(strData);
47        if(strData.indexOf("RED_ON") >=0) digitalWrite(RED_LED,HIGH);
48        else if(strData.indexOf("RED_OFF") >=0) digitalWrite(RED_LED,LOW);
49        else if(strData.indexOf("YELLOW_ON") >=0) digitalWrite(YELLOW_LED,HIGH);
50        else if(strData.indexOf("YELLOW_OFF") >=0) digitalWrite(YELLOW_LED,LOW);
51        else if(strData.indexOf("GREEN_ON") >=0) digitalWrite(GREEN_LED,HIGH);
52        else if(strData.indexOf("GREEN_OFF") >=0) digitalWrite(GREEN_LED,LOW);
53      }
54    }
55  }
```

47: RED_ON 문자열을 찾았다면 빨간색 LED를 켭니다.

48: RED_OFF 문자열을 찾았다면 빨간색 LED를 끕니다.

49: YELLOW_ON 문자열을 찾았다면 노란색 LED를 켭니다.

50: YELLOW_OFF 문자열을 찾았다면 노란색 LED를 끕니다.

51: GREEN_ON 문자열을 찾았다면 녹색 LED를 켭니다.

52: GREEN_OFF 문자열을 찾았다면 녹색 LED를 끕니다.

[🔼업로드] 버튼을 클릭하여 프로그램을 업로드 후 [🔍 시리얼 모니터]를 열어 값을 확인합니다.

【 동작 결과 】

시리얼 모니터에서 연결된 IP주소를 확인합니다.

RED_ON⟨LF⟩, RED_OFF⟨LF⟩, YELLOW_ON⟨LF⟩, YELLOW_OFF⟨LF⟩, GREEN_ON⟨LF⟩,
GREEN_OFF⟨LF⟩ 데이터를 전송하여 LED를 제어해 봅니다.

RED_ON〈LF〉, RED_OFF〈LF〉, YELLOW_ON〈LF〉, YELLOW_OFF〈LF〉, GREEN_ON〈LF〉, GREEN_OFF〈LF〉 명령에 따라 LED의 제어를 확인합니다.

버튼을 누르면 TCP로 데이터 보내기

아두이노의 버튼을 누르면 TCP로 데이터를 보내는 코드를 추가합니다.

다음의 코드를 작성합니다.

18-4.ino

```
01  #include <ESP8266WiFi.h>
02
03  #define RED_LED D10
04  #define YELLOW_LED D9
05  #define GREEN_LED D8
06  #define BUTTON_1 D4
07  #define BUTTON_2 D3
08
09  const char* ssid ="jmc";
10  const char* pass ="123456789";
11
12  #define PORT 1000
13
14  WiFiClient client;
15  WiFiServer server(PORT);
16
17  void setup() {
18    Serial.begin(115200);
19    Serial.println("TCPIP Test");
20    Serial.print("Port : ");
21    Serial.println(PORT);
22    WiFi.begin(ssid, pass);
23    while (WiFi.status() != WL_CONNECTED) {
24        Serial.print(".");
25        delay(200);
26    }
```

```
27   Serial.println("");
28   Serial.print(WiFi.localIP());
29
30   delay(200);
31   server.begin();
32
33   pinMode(RED_LED,OUTPUT);
34   pinMode(YELLOW_LED,OUTPUT);
35   pinMode(GREEN_LED,OUTPUT);
36   pinMode(BUTTON_1,INPUT_PULLUP);
37   pinMode(BUTTON_2,INPUT_PULLUP);
38 }
39
40 void loop() {
41   while (!client.connected()) {
42     client = server.available();
43   }
44
45   if(client.connected())
46   {
47     if(client.available())
48     {
49       String strData = client.readStringUntil('\n');
50       Serial.println(strData);
51       if(strData.indexOf("RED_ON") >=0) digitalWrite(RED_LED,HIGH);
52       else if(strData.indexOf("RED_OFF") >=0) digitalWrite(RED_LED,LOW);
53       else if(strData.indexOf("YELLOW_ON") >=0) digitalWrite(YELLOW_LED,HIGH);
54       else if(strData.indexOf("YELLOW_OFF") >=0) digitalWrite(YELLOW_LED,LOW);
55       else if(strData.indexOf("GREEN_ON") >=0) digitalWrite(GREEN_LED,HIGH);
56       else if(strData.indexOf("GREEN_OFF") >=0) digitalWrite(GREEN_LED,LOW);
57     }
58   }
59
60   if(btn_1_click() ==1)
61   {
62     client.println("button 1 click");
63     delay(50);
64   }
65
66   if(btn_2_click() ==1)
67   {
68     client.println("button 2 click");
69     delay(50);
70   }
71 }
72
```

```
73   int btn_1_click()
74   {
75     static int prevBtn =0;
76     static int currBtn =0;
77     currBtn =!digitalRead(BUTTON_1);
78     if(currBtn != prevBtn)
79     {
80        prevBtn = currBtn;
81        if(currBtn ==1) return 1;
82     }
83     return 0;
84   }
85
86   int btn_2_click()
87   {
88     static int prevBtn =0;
89     static int currBtn =0;
90     currBtn =!digitalRead(BUTTON_2);
91     if(currBtn != prevBtn)
92     {
93        prevBtn = currBtn;
94        if(currBtn ==1) return 1;
95     }
96     return 0;
97   }
```

60~64 : 1번 버튼을 누르면 button 1 click을 전송합니다.
66~70 : 2번 버튼을 누르면 button 2 click을 전송합니다.

[🔼업로드] 버튼을 클릭하여 프로그램을 업로드 후 [🔍시리얼 모니터]를 열어 값을 확인합니다.

【 동작 결과 】

시리얼 모니터에서 연결된 IP주소를 확인합니다.

연결된 IP와 설정된 Port 1000번에 연결합니다.

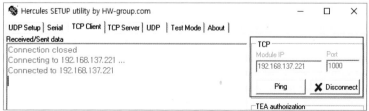

버튼을 눌러 TCP로 데이터를 전송합니다.

아두이노의 버튼을 누르면 TCP 통신으로 데이터를 전송합니다. PC에서는 데이터를 수신받았습니다.

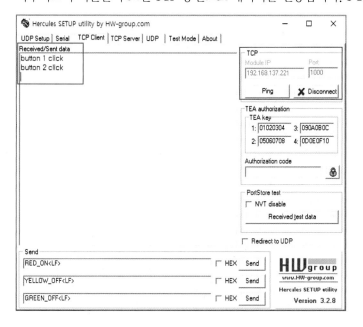

TCP 표준통신을 사용하여 데이터를 주고받았습니다. 아두이노가 TCP 서버, PC는 TCP Client로 동작하였습니다.

작품 19 _ UDP 통신을 활용하여 PC와 통신하기

학습 목표

UDP 통신을 활용하여 LED를 제어하고 스위치의 값을 입력받아봅니다.

【 준비물 】

다음의 부품을 준비합니다.

부품명	수량
아두이노 Wemos D1 R1	1개
브레드보드	1개
빨간색 LED	1개
노란색 LED	1개
녹색 LED	1개
220옴 저항(빨빨검검갈)	3개
버튼	2개
수/수 점퍼케이블	8개

【 회로 연결 】

브레드보드에 아래의 회로를 꾸며봅니다.

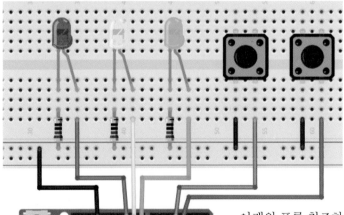

아래의 표를 참조하여 회로를 구성합니다.

LED의 긴 다리가 +극성이며, 버튼은 극성이 없습니다.

모듈 핀	아두이노 핀
빨간색 LED 긴 다리	D10
노란색 LED 긴 다리	D9
녹색 LED 긴 다리	D8
왼쪽 버튼	D4
오른쪽 버튼	D3

테스트용 프로그램 다운로드

[작품 18.TCP 통신을 활용하여 PC와 통신하기] 장의 테스트용 프로그램 다운로드를 참고하여 hecules 프로그램을 다운로드 받습니다.

UDP통신으로 데이터를 주고 받기

UDP통신은 IP주소와 PORT를 통해 데이터를 주고받습니다. 받는 쪽의 IP주소와 포트주소를 알고 있어야 합니다. PC에서 아두이노로 UDP로 데이터를 보내고 아두이노에서는 보내는 곳의 IP와 포트주소를 통해 OK의 응답을 하는 코드를 만들어봅니다. 다음의 코드를 작성합니다.

```
19-1.ino
01  #include <ESP8266WiFi.h>
02  #include <WiFiUdp.h>
03
04  #define STASSID "jmc"
05  #define STAPSK "123456789"
06
07  unsigned int localPort =8888;
08
09  char packetBuffer[UDP_TX_PACKET_MAX_SIZE +1];
10
11  WiFiUDP Udp;
12
13  void setup() {
14   Serial.begin(115200);
15   WiFi.mode(WIFI_STA);
16   WiFi.begin(STASSID, STAPSK);
17   while (WiFi.status() != WL_CONNECTED) {
18      Serial.print('.');
19      delay(500);
20   }
21   Serial.print("Connected! IP address: ");
22   Serial.println(WiFi.localIP());
23   Serial.printf("UDP server on port %d\n", localPort);
24   Udp.begin(localPort);
25  }
26
27  void loop() {
28   int packetSize = Udp.parsePacket();
29   if (packetSize)
30   {
31      int n = Udp.read(packetBuffer, UDP_TX_PACKET_MAX_SIZE);
32      packetBuffer[n] =0;
33      Serial.println(packetBuffer);
34
35      Udp.beginPacket(Udp.remoteIP(), Udp.remotePort());
```

```
36        Udp.write("ok\n");
37        Udp.endPacket();
38      }
39    }
```

07   : UDP 포트를 설정합니다. 아두이노에서 데이터를 수신받을 포트입니다.

09   : 패킷을 저장하는 버퍼를 초기화합니다.

11   : wifidup를 생성합니다.

24   : udp를 시작합니다.

28   : udp로 받은 데이터를 읽습니다.

29   : udp로 받은 데이터가 있다면 참이 됩니다.

31~33 : 받은 데이터를 읽어 시리얼통신으로 출력합니다.

35~37 : 데이터를 보낸 쪽에 ok\n을 응답합니다.

[🔵업로드] 버튼을 클릭하여 프로그램을 업로드 후 [🔍시리얼 모니터]를 열어 값을 확인합니다.

【 동작 결과 】

시리얼 모니터에 연결된 IP주소와 수신받을 port를 확인합니다. port는 아두이노 코드에서 8888로
설정되었습니다.

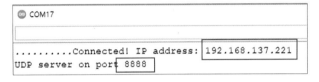

Hecules 프로그램에서 [UDP] 탭으로 이동합니다. Module IP는 받는곳의 IP주소로 아두이노의 IP주소
입니다. Port는 아두이노의 UDP 포트주소입니다. Local port는 보내는 곳의 포트로 1234 입니다. PC
에서 UDP를 통해 보내는 port입니다. 보내는 곳의(PC)의 IP주소는 공유기 등에서 할당되었습니다.

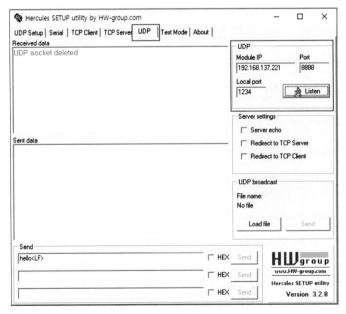

PC에서 아두이노로 hello⟨LF⟩를 전송하였고 아두이노에서는 OK의 응답을 하였습니다.

아두이노에서 hello를 수신받았습니다.

UDP로 데이터 전송받아 LED 제어하기

PC에서 아두이노로 UDP통신으로 데이터를 전송받아 아두이노의 LED를 제어하는 프로그램을 만들어봅니다.

다음의 코드를 작성합니다.

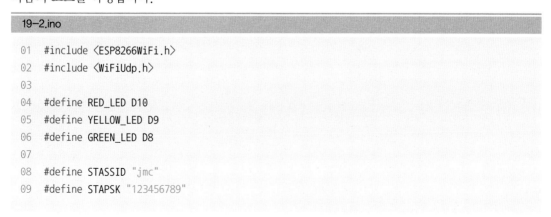

```
19-2.ino
01  #include <ESP8266WiFi.h>
02  #include <WiFiUdp.h>
03
04  #define RED_LED D10
05  #define YELLOW_LED D9
06  #define GREEN_LED D8
07
08  #define STASSID "jmc"
09  #define STAPSK "123456789"
```

```
10
11   unsigned int localPort =8888;
12
13   char packetBuffer[UDP_TX_PACKET_MAX_SIZE +1];
14
15   WiFiUDP Udp;
16
17   void setup() {
18    Serial.begin(115200);
19    WiFi.mode(WIFI_STA);
20    WiFi.begin(STASSID, STAPSK);
21    while (WiFi.status() != WL_CONNECTED) {
22       Serial.print('.');
23       delay(500);
24    }
25    Serial.print("Connected! IP address: ");
26    Serial.println(WiFi.localIP());
27    Serial.printf("UDP server on port %d\n", localPort);
28    Udp.begin(localPort);
29
30    pinMode(RED_LED, OUTPUT);
31    pinMode(YELLOW_LED, OUTPUT);
32    pinMode(GREEN_LED, OUTPUT);
33   }
34
35   void loop() {
36    int packetSize = Udp.parsePacket();
37    if (packetSize)
38    {
39       int n = Udp.read(packetBuffer, UDP_TX_PACKET_MAX_SIZE);
40       packetBuffer[n] =0;
41       String strData =String(packetBuffer);
42       Serial.println(strData);
43
44       if (strData.indexOf("RED_ON") >=0) digitalWrite(RED_LED, HIGH);
45       else if (strData.indexOf("RED_OFF") >=0) digitalWrite(RED_LED, LOW);
46       else if (strData.indexOf("YELLOW_ON") >=0) digitalWrite(YELLOW_LED, HIGH);
47       else if (strData.indexOf("YELLOW_OFF") >=0) digitalWrite(YELLOW_LED, LOW);
48       else if (strData.indexOf("GREEN_ON") >=0) digitalWrite(GREEN_LED, HIGH);
49       else if (strData.indexOf("GREEN_OFF") >=0) digitalWrite(GREEN_LED, LOW);
50
51       Udp.beginPacket(Udp.remoteIP(), Udp.remotePort());
52       Udp.write("ok\n");
53       Udp.endPacket();
54    }
55   }
```

44: RED_ON 문자열을 찾았다면 빨간색 LED를 켭니다.

45 : RED_OFF 문자열을 찾았다면 빨간색 LED를 끕니다.

46 : YELLOW_ON 문자열을 찾았다면 노란색 LED를 켭니다.

47 : YELLOW_OFF 문자열을 찾았다면 노란색 LED를 끕니다.

48 : GREEN_ON 문자열을 찾았다면 녹색 LED를 켭니다.

49 : GREEN_OFF 문자열을 찾았다면 녹색 LED를 끕니다.

[🔼 업로드] 버튼을 클릭하여 프로그램을 업로드 후 [🔍 시리얼 모니터]를 열어 값을 확인합니다.

【 동작 결과 】

시리얼 모니터에 연결된 IP주소와 수신받을 port를 확인합니다. port는 아두이노 코드에서 8888로
설정되었습니다.

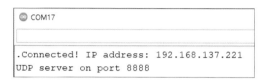

RED_ON⟨LF⟩, RED_OFF⟨LF⟩, YELLOW_ON⟨LF⟩, YELLOW_OFF⟨LF⟩, GREEN_ON⟨LF⟩,
GREEN_OFF⟨LF⟩ 데이터를 전송하여 LED를 제어해 봅니다.

스위치를 누르면 UDP로 데이터 보내기

스위치를 누르면 UDP를 통해 데이터를 보내는 프로그램을 만들어봅니다.

다음의 코드를 작성합니다.

```
001 #include <ESP8266WiFi.h>
002 #include <WiFiUdp.h>
003
004 #define RED_LED D10
005 #define YELLOW_LED D9
006 #define GREEN_LED D8
007 #define BUTTON_1 D4
008 #define BUTTON_2 D3
009
010 #define STASSID "jmc"
011 #define STAPSK "123456789"
012
013 unsigned int localPort =8888;
014
015 char packetBuffer[UDP_TX_PACKET_MAX_SIZE +1];
016
017 WiFiUDP Udp;
018
019 void setup() {
020   Serial.begin(115200);
021   WiFi.mode(WIFI_STA);
022   WiFi.begin(STASSID, STAPSK);
023   while (WiFi.status() != WL_CONNECTED) {
024     Serial.print('.');
025     delay(500);
026   }
027   Serial.print("Connected! IP address: ");
028   Serial.println(WiFi.localIP());
029   Serial.printf("UDP server on port %d\n", localPort);
030   Udp.begin(localPort);
031
032   pinMode(RED_LED, OUTPUT);
033   pinMode(YELLOW_LED, OUTPUT);
034   pinMode(GREEN_LED, OUTPUT);
035   pinMode(BUTTON_1,INPUT_PULLUP);
036   pinMode(BUTTON_2,INPUT_PULLUP);
037 }
038
039 void loop() {
040   int packetSize = Udp.parsePacket();
041   if (packetSize)
042   {
043     int n = Udp.read(packetBuffer, UDP_TX_PACKET_MAX_SIZE);
044     packetBuffer[n] =0;
045     String strData =String(packetBuffer);
046     Serial.println(strData);
047
048     if (strData.indexOf("RED_ON") >=0) digitalWrite(RED_LED, HIGH);
049     else if (strData.indexOf("RED_OFF") >=0) digitalWrite(RED_LED, LOW);
```

```
050    else if (strData.indexOf("YELLOW_ON") >=0) digitalWrite(YELLOW_LED, HIGH);
051    else if (strData.indexOf("YELLOW_OFF") >=0) digitalWrite(YELLOW_LED, LOW);
052    else if (strData.indexOf("GREEN_ON") >=0) digitalWrite(GREEN_LED, HIGH);
053    else if (strData.indexOf("GREEN_OFF") >=0) digitalWrite(GREEN_LED, LOW);
054
055    Udp.beginPacket(Udp.remoteIP(), Udp.remotePort());
056    Udp.write("ok\n");
057    Udp.endPacket();
058  }
059
060  if(btn_1_click() ==1)
061  {
062    Udp.beginPacket(Udp.remoteIP(), Udp.remotePort());
063    Udp.write("button 1 click\n");
064    Udp.endPacket();
065    delay(50);
066  }
067
068  if(btn_2_click() ==1)
069  {
070    Udp.beginPacket(Udp.remoteIP(), Udp.remotePort());
071    Udp.write("button 2 click\n");
072    Udp.endPacket();
073    delay(50);
074  }
075 }
076
077 int btn_1_click()
078 {
079   static int prevBtn =0;
080   static int currBtn =0;
081   currBtn =!digitalRead(BUTTON_1);
082   if(currBtn != prevBtn)
083   {
084      prevBtn = currBtn;
085      if(currBtn ==1) return 1;
086   }
087   return 0;
088 }
089
090 int btn_2_click()
091 {
092   static int prevBtn =0;
093   static int currBtn =0;
094   currBtn =!digitalRead(BUTTON_2);
095   if(currBtn != prevBtn)
096   {
097      prevBtn = currBtn;
098      if(currBtn ==1) return 1;
099   }
100   return 0;
101 }
```

60~64 : 1번 버튼을 누르면 button 1 click을 전송합니다.

68~74 : 2번 버튼을 누르면 button 2 click을 전송합니다.

[⊕ 업로드] 버튼을 클릭하여 프로그램을 업로드 후 [🔍 시리얼 모니터]를 열어 값을 확인합니다.

【 동작 결과 】

시리얼 모니터에 연결된 IP주소와 수신받을 port를 확인합니다. port는 아두이노 코드에서 8888로
설정되었습니다.

아무 데이터를 우선 아두이노로 전송합니다. UDP통신은 IP주소와 포트를 알고 있어야 합니다. TCP
처럼 서버 클라이언트의 개념이 아니라 IP와 포트를 가지고 데이터를 주고받습니다. 아두이노에서
는 데이터를 수신받기 전이기 때문에 누구한테 보낼지 IP주소와 포트를 알고 있지 않기 때문에 데이
터를 보낼 수 없습니다. 아무 데이터나 수신받으면 그때 보내는 곳의 IP와 포트를 기억해두었다가
데이터를 전송합니다. (IP주소와 포트는 아두이노 코드에서 자유롭게 변경할 수 있습니다. 다만 테
스트를 위해 보내는 쪽의 IP주소와 포트를 기억해두었다 사용하였습니다.)

아두이노에서 버튼을 눌러 UDP통신으로 데이터를 전송하였습니다.

작품 20 _ MQTT 통신을 활용하여 PC와 통신하기

학습 목표

표준 프로토콜인 MQTT를 활용하여 PC에 MQTT 서버를 설치하고 아두이노와 통신해 봅니다.

【 준비물 】

다음의 부품을 준비합니다.

부품명	수량
아두이노 Wemos D1 R1	1개
브레드보드	1개
빨간색 LED	1개
노란색 LED	1개
녹색 LED	1개
220옴 저항(빨빨검검갈)	3개
버튼	2개
수/수 점퍼케이블	8개

【 회로 연결 】

브레드보드에 아래의 회로를 꾸며봅니다.

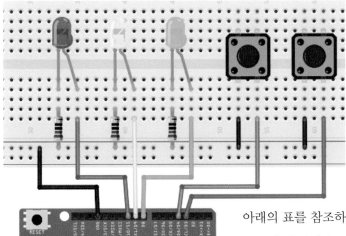

아래의 표를 참조하여 회로를 구성합니다.

LED의 긴 다리가 +극성이며, 버튼은 극성이 없습니다.

모듈 핀	아두이노 핀
빨간색 LED 긴 다리	D10
노란색 LED 긴 다리	D9
녹색 LED 긴 다리	D8
왼쪽 버튼	D4
오른쪽 버튼	D3

아두이노 라이브러리 설치

작품에 필요한 라이브러리를 설치합니다.

[스케치] -> [라이브러리 포함하기] -> [라이브러리 관리..]를 클릭하여 [라이브러리 매니저] 창을 연후 라이브러리를 설치합니다. MQTT를 사용하기 위한 라이브러리를 설치합니다.

"pubsubclient"를 검색 후 PubSubClient 라이브러리를 설치합니다.

※ 버전은 설치 시점의 최신 버전을 사용하는 것을 원칙으로 합니다. 단, 업데이트되어 동작하지 않는다면 2.8.0 버전을 설치합니다.

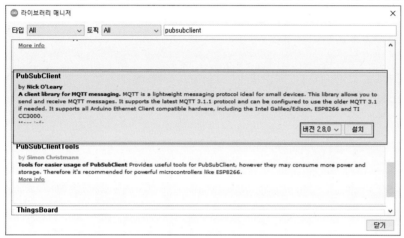

PC에 모스키토 MQTT 브로커 설치하고 설정하기

MQTT를 사용하기 위해서는 브로커(서버역할)가 설치되어야 합니다. 브로커는 PC에 설치하여 PC 가 서버역할을 합니다. MQTT는 서버라고 부르지 않고 브로커라고 합니다. 브로커는 메시지를 중계 하는 역할을 합니다. 다음의 사이트에 접속하여 모스키토 브로커를 다운로드 받습니다.

https://mosquitto.org/download/

다운로드 받은 모스키토 설치프로그램을 더블클릭하여 설치합니다. 설치 시 기본옵션으로만 설치를 진행합니다.

모스키토는 설치 시 기본으로 외부 사용자의 접속을 허용하지 않습니다. 외부 사용자의 접속을 허용하도록 설정파일을 수정하도록 합니다.

설치완료 후 메모장을 검색 후 관리자 권한으로 실행합니다. 모스키토의 설치위치가 program 폴더로 윈도우에서 관리자 권한으로만 수정 가능합니다.

관리자 권한으로 실행된 메모장 프로그램에서 [파일] → [열기]를 클릭합니다.

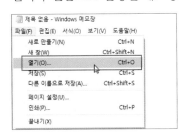

내 PC -> 로컬 디스크 -> Program Files -> mosquitto 폴더에서 유형(확장자)이 CONF 인 moquitto 파일을 열어줍니다. [모든파일]로 변경해야 파일을 찾을 수 있습니다.

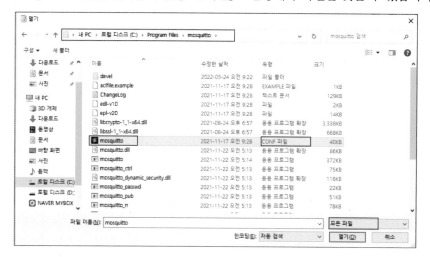

[컨트롤 +F]를 눌러 글자를 찾습니다. #allow_anonymous 검색 후 찾습니다.

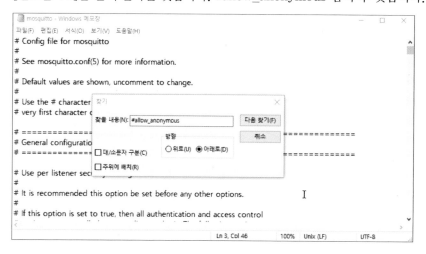

#allow_anonymous flase를 찾았습니다.

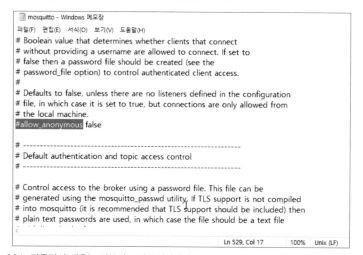

#allow_anonymous flase →> allow_anonymous true 로 변경 합니다.

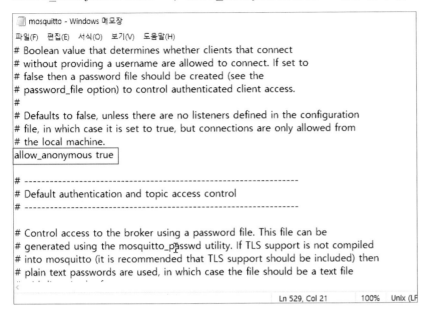

외부 접속 포트를 설정합니다. #listener 를 검색합니다.

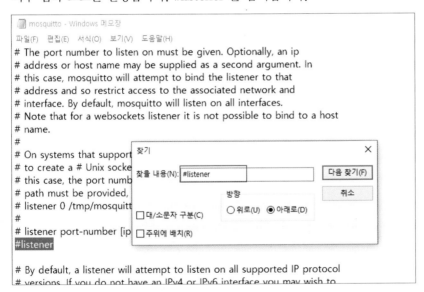

#listener →> listener 1883 으로 수정합니다. MQTT의 통신 포트입니다.

[컨트롤 +S]를 눌러 저장합니다. 메모장을 관리자 권한으로 실행했기때문에 저장이 됩니다. 관리자 권한으로 실행하지 않았을경우 저장되지 않습니다. 외부 접속을 허용하였고 포트를 설정하였습니다.

```
mosquitto - Windows 메모장
파일(F)  편집(E)  서식(O)  보기(V)  도움말(H)
# The port number to listen on must be given. Optionally, an ip
# address or host name may be supplied as a second argument. In
# this case, mosquitto will attempt to bind the listener to that
# address and so restrict access to the associated network and
# interface. By default, mosquitto will listen on all interfaces.
# Note that for a websockets listener it is not possible to bind to a host
# name.
#
# On systems that support Unix Domain Sockets, it is also possible
# to create a # Unix socket rather than opening a TCP socket. In
# this case, the port number should be set to 0 and a unix socket
# path must be provided, e.g.
# listener 0 /tmp/mosquitto.sock
#
# listener port-number [ip address/host name/unix socket path]
listener 1883

# By default, a listener will attempt to listen on all supported IP protocol
# versions. If you do not have an IPv4 or IPv6 interface you may wish to
# disable support for either of those protocol versions. In particular, note
```

모스키토 프로그램을 실행하기 위해서 내 PC –〉 로컬 디스트 –〉 Program Files 폴더의 mosqutto
폴더에서 [쉬프트] 키를 누른 상태에서 마우스 오른쪽을 클릭 후 [여기에 PowerShell 창 열기]를 클
릭하여 PowerShell을 실행합니다.

.Wmosqutto.exe 를 입력 후 모스키토 프로그램을 실행합니다. mos만 입력 후 [탭] 키를 몇 번 누
르면 다음과 같이 선택할 수 있습니다 [탭]은 비슷한 문자의 파일을 찾는 기능입니다. 한 번 실행하
면 닫아도 다시 실행하지 않아도 동작합니다.

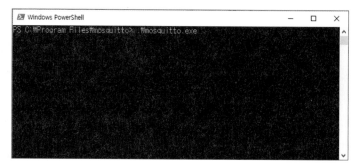

PC에 MQTT 프로그램 설치하기

PC에 MQTT를 확인하는 프로그램을 설치하도록 합니다.

1 다음의 링크에서 프로그램을 다운로드 후 설치합니다. (대소문자 주의)

- http://gofile.me/62Egc/28b5eadPj

2 설치 완료 후 fx를 검색 후 MQTT.fx 앱을 실행합니다.

3 다음과 같이 프로그램이 실행되었습니다. 아래의 파일을 클릭하여 번개모양으로 변경합니다.

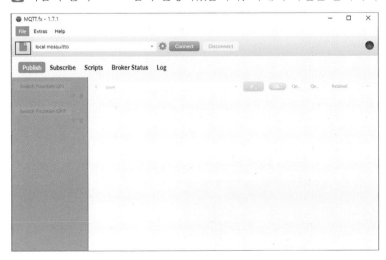

4 [Connect] 버튼을 눌러 mqtt 브로커에 접속합니다. localhost는 PC의 IP주소 입니다. 포트는 1883에 연결합니다.

자신의 컴퓨터의 IP 주소 확인하기

검색에서 cmd를 입력 후 명령 프롬프트를 실행합니다.

ipconfig 를 입력 후 [엔터] 키를 누릅니다.

핫스팟을 이용하여 연결하고 있기때문에 무선 LAN 어댑터 로컬 영역 연결 의 IPv4 주소를 확인합니다. 192.168.137.1 로 확인됩니다.

아두이노에서 MQTT 통신으로 데이터 발행하기 및 수신하기

아두이노에서 outTopic을 통해 데이터를 발행해 봅니다.

다음의 코드를 작성합니다.

```
20-1.ino
01  #include <ESP8266WiFi.h>
02  #include <PubSubClient.h>
03
04  const char* ssid ="jmc";
05  const char* password ="123456789";
06  const char* mqtt_server ="192.168.137.1";
07
08  WiFiClient espClient;
09  PubSubClient client(espClient);
10  unsigned long lastMsg =0;
11
12  void setup_wifi() {
13    delay(10);
14    Serial.println();
15    Serial.print("Connecting to ");
16    Serial.println(ssid);
17
18    WiFi.mode(WIFI_STA);
19    WiFi.begin(ssid, password);
20
```

```
21    while (WiFi.status() != WL_CONNECTED) {
22        delay(500);
23        Serial.print(".");
24    }
25
26    Serial.println("");
27    Serial.println("WiFi connected");
28    Serial.println("IP address: ");
29    Serial.println(WiFi.localIP());
30  }
31
32  void callback(char* topic, byte* payload, unsigned int length) {
33    Serial.print("Message arrived [");
34    Serial.print(topic);
35    Serial.print("] ");
36    for (int i =0; i <length; i++) {
37        Serial.print((char)payload[i]);
38    }
39    Serial.println();
40  }
41
42  void reconnect() {
43    while (!client.connected()) {
44        Serial.print("Attempting MQTT connection...");
45        if (client.connect("arduinoClient")) {
46          Serial.println("connected");
47          client.publish("outTopic","start");
48          client.subscribe("inTopic");
49        } else {
50          Serial.print("failed, rc=");
51          Serial.print(client.state());
52          Serial.println(" try again in 5 seconds");
53          delay(5000);
54        }
55    }
56  }
57
58  void setup() {
59    Serial.begin(115200);
60    setup_wifi();
61    client.setServer(mqtt_server, 1883);
62    client.setCallback(callback);
63  }
64
65  void loop() {
66
```

```
67    if (!client.connected()) {
68        reconnect();
69    }
70    client.loop();
71
72    unsigned long now =millis();
73    if (now - lastMsg >5000) {
74        lastMsg = now;
75        client.publish("outTopic", "hello");
76    }
77  }
```

06   : PC의 IP주소를 입력합니다.

12~30 : wifi를 연결하는 함수입니다.

32~40 : mqtt 데이터를 수신받았을 때 동작하는 callback 함수입니다. callback 함수는 특정 데이터를 수신했을 때만 동작하는 함수입니다.

42~56 : wifi의 연결이 끊겼을 때 다시 접속하는 함수입니다.

60   : wifi에 접속합니다.

61   : MQTT 서버에 접속합니다.

62   : mqtt 데이터를 수신받았을 때 동작하는 callback 함수를 등록합니다.

67~69 : wifi 연결이 끊기면 다시 연결합니다.

72~76 : outTopic으로 hello 문자를 발행합니다. 5초마다 발행합니다.

[🔼 업로드] 버튼을 클릭하여 프로그램을 업로드 후 [🔍 시리얼 모니터]를 열어 값을 확인합니다.

【 동작 결과 】

MQTT 브로커와 연결되었음을 확인합니다.

```
◎ COM17
┌─────────────────────────────────────────┐
│                                         │
├─────────────────────────────────────────┤
│.......                                  │
│WiFi connected                           │
│IP address:                              │
│192.168.137.9                            │
│Attempting MQTT connection...connected   │
└─────────────────────────────────────────┘
```

연결이 되지 않을 경우 윈도우의 방화벽을 해제 후 윈도우를 다시 실행하여 동작시켜 봅니다.

MQTT FX에서 Subscribe(구독) 탭으로 이동하여 outTopic을 구독합니다.

아두이노에서 5초마다 outTopic으로 hello 데이터를 발행하고 있습니다. PC에서 outTopic을 구독하여 데이터를 수신하였습니다.

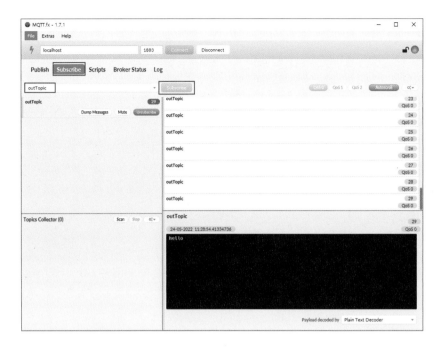

Publish(발행) 탭으로 이동하여 inTopic으로 hello arduino 데이터를 발행합니다.

아두이노에서 hello arduino 데이터를 수신받았습니다 아두이노는 inTopic을 구독중에 있습니다.

MQTT에서는 데이터를 발행하거나 수신받을 때 토픽명으로 데이터를 발행, 수신할 수 있습니다.

아두이노에서 MQTT 통신으로 LED 제어 및 버튼 눌러 전송하기

MQTT통신으로 LED를 제어하고 버튼을 누르면 데이터를 발행해 봅니다.

다음의 코드를 작성합니다.

```
20-2.ino

001 #include <ESP8266WiFi.h>
002 #include <PubSubClient.h>
003
004 #define RED_LED D10
005 #define YELLOW_LED D9
006 #define GREEN_LED D8
007 #define BUTTON_1 D4
008 #define BUTTON_2 D3
009
010
011 const char* ssid ="jmc";
012 const char* password ="123456789";
013 const char* mqtt_server ="192.168.137.1";
014
015 WiFiClient espClient;
016 PubSubClient client(espClient);
017 unsigned long lastMsg =0;
018
019 void setup_wifi() {
020   delay(10);
021   Serial.println();
022   Serial.print("Connecting to ");
023   Serial.println(ssid);
024
025   WiFi.mode(WIFI_STA);
026   WiFi.begin(ssid, password);
027
028   while (WiFi.status() != WL_CONNECTED) {
029     delay(500);
030     Serial.print(".");
031   }
032
033   Serial.println("");
034   Serial.println("WiFi connected");
035   Serial.println("IP address: ");
036   Serial.println(WiFi.localIP());
037 }
038
039 void callback(char* topic, byte* payload, unsigned int length) {
040   Serial.print("Message arrived [");
```

```
041    Serial.print(topic);
042    Serial.print("] ");
043
044    String strData ="";
045    for (int i =0; i <length; i++) {
046        strData += (char)payload[i];
047        //Serial.print((char)payload[i]);
048    }
049
050    Serial.println(strData);
051    if (strData.indexOf("RED_ON") >=0) digitalWrite(RED_LED, HIGH);
052    else if (strData.indexOf("RED_OFF") >=0) digitalWrite(RED_LED, LOW);
053    else if (strData.indexOf("YELLOW_ON") >=0) digitalWrite(YELLOW_LED, HIGH);
054    else if (strData.indexOf("YELLOW_OFF") >=0) digitalWrite(YELLOW_LED, LOW);
055    else if (strData.indexOf("GREEN_ON") >=0) digitalWrite(GREEN_LED, HIGH);
056    else if (strData.indexOf("GREEN_OFF") >=0) digitalWrite(GREEN_LED, LOW);
057 }
058
059 void reconnect() {
060   while (!client.connected()) {
061       Serial.print("Attempting MQTT connection...");
062       if (client.connect("arduinoClient")) {
063        Serial.println("connected");
064        client.publish("outTopic", "start");
065        client.subscribe("inTopic");
066       } else {
067        Serial.print("failed, rc=");
068        Serial.print(client.state());
069        Serial.println(" try again in 5 seconds");
070        delay(5000);
071       }
072   }
073 }
074
075 void setup() {
076   Serial.begin(115200);
077   setup_wifi();
078   client.setServer(mqtt_server, 1883);
079   client.setCallback(callback);
080   pinMode(RED_LED,OUTPUT);
081   pinMode(YELLOW_LED,OUTPUT);
082   pinMode(GREEN_LED,OUTPUT);
083   pinMode(BUTTON_1,INPUT_PULLUP);
084   pinMode(BUTTON_2,INPUT_PULLUP);
085 }
086
```

```
087  void loop() {
088
089    if (!client.connected()) {
090        reconnect();
091    }
092    client.loop();
093
094    if (btn_1_click() ==1)
095    {
096        client.publish("outTopic", "button 1 click");
097        delay(50);
098    }
099
100    if (btn_2_click() ==1)
101    {
102        client.publish("outTopic", "button 2 click");
103        delay(50);
104    }
105  }
106
107  int btn_1_click()
108  {
109    static int prevBtn =0;
110    static int currBtn =0;
111    currBtn =!digitalRead(BUTTON_1);
112    if (currBtn != prevBtn)
113    {
114        prevBtn = currBtn;
115        if (currBtn ==1) return 1;
116    }
117    return 0;
118  }
119
120  int btn_2_click()
121  {
122    static int prevBtn =0;
123    static int currBtn =0;
124    currBtn =!digitalRead(BUTTON_2);
125    if (currBtn != prevBtn)
126    {
127        prevBtn = currBtn;
128        if (currBtn ==1) return 1;
129    }
130    return 0;
131  }
```

51 : RED_ON 문자열을 찾았다면 빨간색 LED를 켭니다.
52 : RED_OFF 문자열을 찾았다면 빨간색 LED를 끕니다.
53 : YELLOW_ON 문자열을 찾았다면 노란색 LED를 켭니다.
54 : YELLOW_OFF 문자열을 찾았다면 노란색 LED를 끕니다.
55 : GREEN_ON 문자열을 찾았다면 녹색 LED를 켭니다.
56 : GREEN_OFF 문자열을 찾았다면 녹색 LED를 끕니다.
94~98 : 버튼1이 눌렸다면 outTopic으로 button 1 click을 발행합니다.
100~104 : 버튼2가 눌렸다면 outTopic으로 button 2 click을 발행합니다.

[💿업로드] 버튼을 클릭하여 프로그램을 업로드 후 [🔎시리얼 모니터]를 열어 값을 확인합니다.

【 동작 결과 】

Publish(발행) 탭에서 inTopic으로 RED_ON, RED_OFF, YELLOW_ON, YELLOW_OFF,
GREEN_ON, GREEN_OFF 데이터를 전송하여 LED를 제어해 봅니다.

Subscribe(구독) 탭에서 아두이노에서 버튼을 눌러 데이터를 수신받습니다.

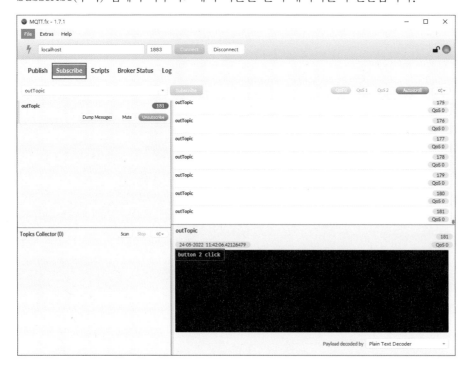

작품 21 _ 웹서버로 LED 및 부저 제어하기

학습 목표

웹서버를 이용하여 LED와 부저를 제어해 봅니다.

【 준비물 】

다음의 부품을 준비합니다.

부품명	수량
아두이노 Wemos D1 R1	1개
브레드보드	1개
빨간색 LED	1개
220옴 저항(빨빨검검갈)	3개
부저	1개
수/수 점퍼케이블	4개

【 회로 연결 】

브레드보드에 아래의 회로를 꾸며봅니다.

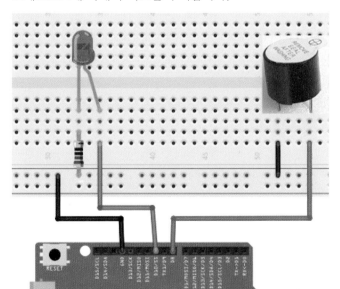

아래의 표를 참조하여 회로를 구성합니다.

LED의 긴 다리가 +극성이며, 부저는 긴 다리가 +

이며 스티커에도 표시되어있습니다.

모듈 핀	아두이노 핀
빨간색 LED 긴 다리	D10
부저 +	D8

웹서버에 글자 출력하기

아두이노를 이용하여 웹서버를 생성하고 글자를 출력해 봅니다. 다음의 코드를 작성합니다.

21-1.ino

```
01  #include <ESP8266WiFi.h>
02
03  const char* ssid ="jmc";
04  const char* password ="123456789";
05
06  WiFiServer server(80);
07
08  void setup() {
09   Serial.begin(115200);
10
11   Serial.println();
12   Serial.print("Connecting to ");
13   Serial.println(ssid);
14
15   WiFi.begin(ssid, password);
16
17   while (WiFi.status() != WL_CONNECTED) {
18      delay(500);
19      Serial.print(".");
20   }
21   Serial.println("");
22   Serial.println("WiFi connected");
23
24   server.begin();
25   Serial.print("Use this URL : ");
26   Serial.println(WiFi.localIP());
27  }
28
29  void loop() {
30   WiFiClient client = server.available();
31   if (!client) {
32      return;
33   }
34
35   Serial.println("new client");
36   while(!client.available()){
37      delay(1);
38   }
39
40   client.println("HTTP/1.1 200 OK");
41   client.println("Content-Type: text/html");
42   client.println("");
43   client.println("<!DOCTYPE HTML>");
44   client.println("<html>");
45   client.print("Hello web server");
46   client.println("</html>");
47  }
```

06   : 웹서버를 시작합니다. http의 웹서버의 포트는 80번입니다.

11~26 : wifi에 접속합니다.

30~33 : wifi 클라이언트에 접속하지 못하였다면 return으로 다시 loop의 처음으로 이동합니다.

36~38 : 클라이언트가 사용 가능할 때까지 기다립니다.

30~46 : 웹으로 Hello web server를 전송합니다. 웹서버를 실행합니다.

[🔼업로드] 버튼을 클릭하여 프로그램을 업로드 후 [🔍시리얼 모니터]를 열어 값을 확인합니다.

【 동작 결과 】

시리얼 모니터에 연결된 IP주소를 확인합니다.

아두이노가 연결된 주소를 크롬 등의 웹브라우저를 이용하여 접속 후 결과를 확인합니다.

Hello web server 문구를 출력하는 웹서버를 만들었습니다.

웹서버를 이용하여 LED를 제어하기

웹서버를 이용하여 LED를 제어하는 코드를 추가해 봅니다. 다음의 코드를 작성합니다.

21-2.ino

```
01  #include <ESP8266WiFi.h>
02
03  const char* ssid ="jmc";
04  const char* password ="123456789";
05
06  #define RED_LED D10
07  int ledState =LOW;
08  WiFiServer server(80);
09
10  void setup() {
11    Serial.begin(115200);
12
13    Serial.println();
```

```
14    Serial.print("Connecting to ");
15    Serial.println(ssid);
16
17    WiFi.begin(ssid, password);
18
19    while (WiFi.status() != WL_CONNECTED) {
20        delay(500);
21        Serial.print(".");
22    }
23    Serial.println("");
24    Serial.println("WiFi connected");
25
26    server.begin();
27    Serial.print("Use this URL : ");
28    Serial.println(WiFi.localIP());
29
30    pinMode(RED_LED, OUTPUT);
31 }
32
33 void loop() {
34    WiFiClient client = server.available();
35    if (!client) {
36        return;
37    }
38
39    Serial.println("new client");
40    while(!client.available()){
41        delay(1);
42    }
43
44    String request = client.readStringUntil('\r');
45    Serial.println(request);
46    client.flush();
47
48    if (request.indexOf("/LED=ON") !=-1) {
49        digitalWrite(RED_LED, HIGH);
50        ledState =HIGH;
51    }
52    if (request.indexOf("/LED=OFF") !=-1){
53        digitalWrite(RED_LED, LOW);
54        ledState =LOW;
55    }
56
57    client.println("HTTP/1.1 200 OK");
58    client.println("Content-Type: text/html");
59    client.println("");
```

```
60    client.println("<!DOCTYPE HTML>");
61    client.println("<html>");
62
63    client.print("RED LED STATE: ");
64
65    if(ledState ==HIGH) {
66        client.print("On");
67    } else {
68        client.print("Off");
69    }
70    client.println("<br><br>");
71    client.println("Click <a href=\"/LED=ON\">here</a> RED LED ON<br>");
72    client.println("Click <a href=\"/LED=OFF\">here</a> RED LED OFF<br>");
73    client.println("</html>");
74
75    delay(1);
76    Serial.println("Client disconnected");
77    Serial.println("");
78  }
```

44~46 : ₩r인 종료문자를 받을 때까지 기다립니다.
48~51 : ip주소/LED=ON 의 주소로 접속하면 LED를 켭니다.
52~55 : ip주소/LED=OFF 의 주소로 접속하면 LED를 끕니다.
71   : LED를 켜는 주소링크와 문자를 생성합니다.
72   : LED를 끄는 주소링크와 문자를 생성합니다.

[🔄업로드] 버튼을 클릭하여 프로그램을 업로드 후 [🔍시리얼 모니터]를 열어 값을 확인합니다.

【 동작 결과 】

시리얼 모니터에 연결된 IP주소를 확인합니다.

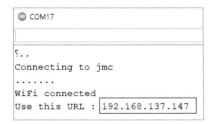

```
● COM17

ſ..
Connecting to jmc
.......
WiFi connected
Use this URL : 192.168.137.147
```

아두이노가 연결된 주소를 크롬 등의 웹브라우저를 이용하여 접속 후 결과를 확인합니다.

here 부분을 클릭하여 LED를 제어합니다. here
부분을 클릭하여 ip주소/LED=ON 또는 ip주소/
LED=OFF 주소에 접속하여 LED를 켜거나 끌 수
있습니다.

웹서버를 이용하여 부저 제어 추가하기

부저를 켜고 끄는 기능을 추가하는 코드를 만들어봅니다. 다음의 코드를 작성합니다.

```
21-3.ino
001    #include <ESP8266WiFi.h>
002
003    const char* ssid ="jmc";
004    const char* password ="123456789";
005
006    #define RED_LED D10
007    int ledState =LOW;
008    #define BUZZER_PIN D8
009    int bzState =LOW;
010    WiFiServer server(80);
011
012    void setup() {
013     Serial.begin(115200);
014
015     Serial.println();
016     Serial.print("Connecting to ");
017     Serial.println(ssid);
018
019     WiFi.begin(ssid, password);
020
021     while (WiFi.status() != WL_CONNECTED) {
022         delay(500);
023         Serial.print(".");
024     }
025     Serial.println("");
026     Serial.println("WiFi connected");
027
028     server.begin();
029     Serial.print("Use this URL : ");
030     Serial.println(WiFi.localIP());
031
032     pinMode(RED_LED, OUTPUT);
033     pinMode(BUZZER_PIN, OUTPUT);
034    }
035
036    void loop() {
037    WiFiClient client = server.available();
038    if (!client) {
039         return;
040    }
041
042     Serial.println("new client");
043     while(!client.available()){
044         delay(1);
```

```
045        }
046
047        String request = client.readStringUntil('\r');
048        Serial.println(request);
049        client.flush();
050
051        if (request.indexOf("/LED=ON") !=-1) {
052            digitalWrite(RED_LED, HIGH);
053            ledState =HIGH;
054        }
055        if (request.indexOf("/LED=OFF") !=-1){
056            digitalWrite(RED_LED, LOW);
057            ledState =LOW;
058        }
059        if (request.indexOf("/BUZZER=ON") !=-1) {
060            digitalWrite(BUZZER_PIN, HIGH);
061            bzState =HIGH;
062        }
063        if (request.indexOf("/BUZZER=OFF") !=-1){
064            digitalWrite(BUZZER_PIN, LOW);
065            bzState =LOW;
066        }
067
068
069        client.println("HTTP/1.1 200 OK");
070        client.println("Content-Type: text/html");
071        client.println("");
072        client.println("<!DOCTYPE HTML>");
073        client.println("<html>");
074
075        client.print("RED LED STATE: ");
076        if(ledState ==HIGH) {
077            client.print("On");
078        } else {
079            client.print("Off");
080        }
081        client.println("<br><br>");
082        client.println("Click <a href=\"/LED=ON\">here</a> RED LED ON<br>");
083        client.println("Click <a href=\"/LED=OFF\">here</a> RED LED OFF<br>");
084
085        client.println("<br><br>");
086        client.print("BUZZER STATE: ");
087        if(bzState ==HIGH) {
088            client.print("On");
089        } else {
090            client.print("Off");
091        }
092        client.println("<br><br>");
093        client.println("Click <a href=\"/BUZZER=ON\">here</a> BUZZER ON<br>");
```

```
094    client.println("Click <a href=\"/BUZZER=OFF\">here</a> BUZZER OFF<br>");
095
096    client.println("</html>");
097
098    delay(1);
099    Serial.println("Client disconnected");
100    Serial.println("");
101  }
```

59~66 : IP주소/BUZZER=ON , IP주소/BUZZER=OFF에 대해서 부저를 켜고 끄는 동작을 합니다.
93~94 : 부저를 켜고 끄는 링크와 문자를 생성합니다.

[⬆업로드] 버튼을 클릭하여 프로그램을 업로드 후 [🔍시리얼 모니터]를 열어 값을 확인합니다.

【 동작 결과 】

시리얼 모니터에 연결된 IP주소를 확인합니다.

아두이노가 연결된 주소를 크롬 등의 웹브라우저를 이용하여 접속 후 결과를 확인합니다.

here 부분을 클릭하여 부저를 제어해 봅니다.

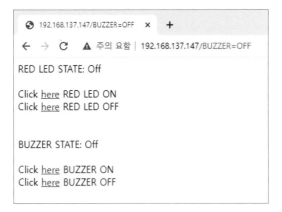

작품 22 _ 웹서버로 조도센서 모니터링

학습 목표

웹서버를 이용하여 CDS 조도센서의 값을 웹서버에 출력하는 작품을 만들어봅니다.

【 준비물 】

다음의 부품을 준비합니다.

부품명	수량
아두이노 Wemos D1 R1	1개
브레드보드	1개
CDS 조도센서	1개
10K옴 저항(갈빨검검갈)	1개
수/수 점퍼케이블	3개

【 회로 연결 】

브레드보드에 아래의 회로를 꾸며봅니다.

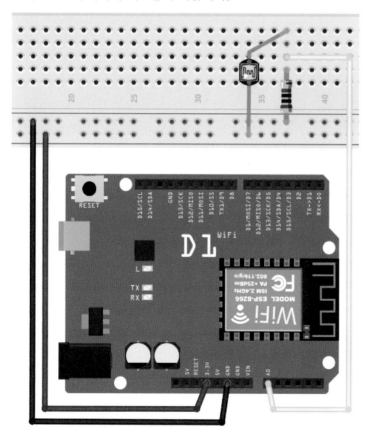

조도센서와 저항이 연결된 핀을 아두이노 Wemos D1 R1 보드의 A0번 핀에 연결합니다.

조도센서 값 측정하기

CDS 조도센서를 이용하여 빛의 밝기를 측정하여 측정된 값을 시리얼통신으로 전송합니다.

다음의 코드를 작성합니다.

22-1.ino

```
01   #define CDS_PIN A0
02
03   void setup() {
04     Serial.begin(115200);
05   }
06
07   void loop() {
08     int cdsValue =analogRead(CDS_PIN);
09     Serial.println(cdsValue);
10     delay(10);
11   }
```

01   : 조도센서에 사용하는 핀을 정의합니다.

08~09 : 조도센서에서 값을 읽어 시리얼통신으로 전송합니다.

[⊙ 업로드] 버튼을 클릭하여 프로그램을 업로드 후 [🔍 시리얼 모니터]를 열어 값을 확인합니다.

【 동작 결과 】

주위가 어두울경우 스마트폰의 플래쉬를 켜서 센서에 비춥니다. 센서를 밝게합니다.

밝을 때는 값이 커집니다. 최대값에 가깝게 출력됩니다.

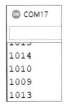

센서를 손으로 가려 어둡게 합니다. 어두울때는 값이 작아집니다.

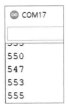

조도센서 값 웹서버에 표시하기

조도센서의 값을 읽어 웹서버에 표시해보도록 합니다.

다음의 코드를 작성합니다.

```
22-2.ino
01  #include <ESP8266WiFi.h>
02
03  #define CDS_PIN A0
04
05  const char* ssid ="jmc";
06  const char* password ="123456789";
07
08  WiFiServer server(80);
09
10  void setup() {
11    Serial.begin(115200);
12
13    Serial.println();
14    Serial.print("Connecting to ");
15    Serial.println(ssid);
16
17    WiFi.begin(ssid, password);
18
19    while (WiFi.status() != WL_CONNECTED) {
20      delay(500);
21      Serial.print(".");
22    }
23    Serial.println("");
24    Serial.println("WiFi connected");
25
26    server.begin();
27    Serial.print("Use this URL : ");
28    Serial.println(WiFi.localIP());
29  }
30
31  void loop() {
32    WiFiClient client = server.available();
33    if (!client) {
34      return;
35    }
36
37    Serial.println("new client");
38    while(!client.available()){
39      delay(1);
40    }
41
42    String request = client.readStringUntil('\r');
43    Serial.println(request);
44    client.flush();
```

```
45
46
47    client.println("HTTP/1.1 200 OK");
48    client.println("Content-Type: text/html");
49    client.println("");
50    client.println("<!DOCTYPE HTML>");
51    client.println("<html>");
52
53    client.print("CDS VALUE: ");
54    int cdsValue =analogRead(CDS_PIN);
55    client.println(cdsValue);
56
57    client.println("</html>");
58
59    delay(1);
60    Serial.println("Client disconnected");
61    Serial.println("");
62  }
```

54~55: 조도센서에서 값을 읽어 웹서버에 출력합니다.

[⊕업로드] 버튼을 클릭하여 프로그램을 업로드 후 [🔍시리얼 모니터]를 열어 값을 확인합니다.

【 동작 결과 】

시리얼 모니터에 연결된 IP주소를 확인합니다.

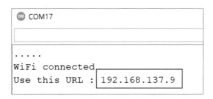

아두이노가 연결된 주소를 크롬 등의 웹브라우저를 이용하여 접속 후 결과를 확인합니다.

센서의 값이 표시되었습니다. [F5]를 눌러 새로고침하면 데이터가 갱신됩니다.

센서를 손으로 가려 어둡게 한 다음 [F5]를 눌러 값을 갱신해 봅니다. 어두워졌을 때 값이 작아졌습니다.

작품 23 _ WiFi 신호측정기 만들기

학습 목표

2.4G의 wifi 신호를 측정하고 특정 공유기에 대해서 신호세기를 측정하여 Neopixel LED에 신호의 세기를 출력하는 신호측정기를 만들어봅니다.

【 준비물 】

다음의 부품을 준비합니다.

부품명	수량
아두이노 Wemos D1 R1	1개
브레드보드	1개
네오픽셀 LED모듈 8구	1개
수/수 점퍼케이블	5개

【 회로 연결 】

브레드보드에 아래의 회로를 꾸며봅니다.

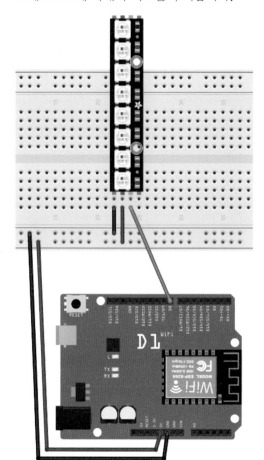

네오픽셀 모듈의 뒷면을 보면 핀의 이름이 적혀있습니다.

모듈 핀	아두이노 Wemos D1 R1 핀
GND	GND
4–7VDC	5V
D1	D8
GND	연결하지 않아도 무방함

아두이노 라이브러리 설치

작품에 필요한 라이브러리를 설치합니다.

[스케치] -〉 [라이브러리 포함하기] -〉 [라이브러리 관리..]를 클릭하여 [라이브러리 매니저] 창을 연후 라이브러리를 설치합니다.

네오픽셀을 사용하기 위한 라이브러리를 설치합니다.

"neopixel"를 검색 후 Adatfruit NeoPixel 라이브러리를 설치합니다.

※ 버전은 설치 시점의 최신 버전을 사용하는 것을 원칙으로 합니다. 단, 업데이트되어 동작하지 않는다면 1.10.4 버전을 설치합니다.

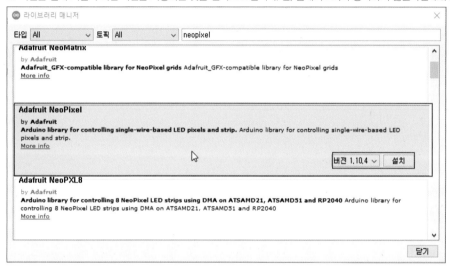

네오픽셀 LED 제어하기

네오픽셀 LED를 하나씩 켜는 코드를 만들어 봅니다.

다음의 코드를 작성합니다.

```
23-1.ino
01  #include <Adafruit_NeoPixel.h>
02
03  #define PIN D8
04  #define NUMPIXELS 8
05
06  Adafruit_NeoPixel pixels(NUMPIXELS, PIN, NEO_GRB + NEO_KHZ800);
07
08  #define DELAYVAL 500
09
10  void setup() {
11    pixels.begin();
12  }
13
```

```
14   void loop() {
15     pixels.clear();
16
17     for(int i=0; i<NUMPIXELS; i++)
18     {
19        pixels.setPixelColor(i, pixels.Color(0, 150, 0));
20        pixels.show();
21        delay(DELAYVAL);
22     }
23   }
```

03   : 네오픽셀 제어에 사용하는 핀을 정의합니다.
04   : 네오픽셀의 LED 개수를 정의합니다.
06   : 네오픽셀 객체를 생성합니다.
11   : 네오픽셀을 시작합니다.
15   : 네오픽셀 LED를 모두 끕니다.
17~21 : 네오픽셀의 LED개수인 8번 반복하여 LED를 켭니다.
19   : 네오픽셀 LED를 설정합니다. 0,150,0은 r,g,b 순으로 0~255까지 밝기로 켤수 있습니다. 녹색 부분만 150의 밝기
로 켭니다.
20   : LED에 출력합니다.

[⊕ 업로드] 버튼을 클릭하여 프로그램을 업로드합니다.

【 동작 결과 】

네오픽셀 LED가 초록색으로 하나씩 켜지는 것을 확인할 수 있습니다.

네오픽셀 LED 함수로 만들어 제어하기

함수를 만들어 LED가 켜지는 개수를 제어해보도록 합니다.

다음의 코드를 작성합니다.

23-2.ino
```
01   #include <Adafruit_NeoPixel.h>
02
03   #define PIN D8
04   #define NUMPIXELS 8
05
06   Adafruit_NeoPixel pixels(NUMPIXELS, PIN, NEO_GRB + NEO_KHZ800);
07
08   void setup() {
09     pixels.begin();
10     pixels.clear();
11   }
```

```
12
13   void loop() {
14     neopixel_control(1);
15     delay(1000);
16     neopixel_control(3);
17     delay(1000);
18     neopixel_control(8);
19     delay(1000);
20   }
21
22   void neopixel_control(int num)
23   {
24     pixels.clear();
25     for(int i=0; i<num; i++)
26     {
27         pixels.setPixelColor(i, pixels.Color(0, 150, 0));
28         pixels.show();
29     }
30   }
31
```

22~30 : 네오픽셀을 제어하는 함수입니다. 인자로 개수를 받아 받은 개수만큼 녹색의 LED를 켭니다.
14~19 : 네오픽셀 LED를 1개, 3개, 8개를 켭니다.

[⚡업로드] 버튼을 클릭하여 프로그램을 업로드합니다.

【 동작 결과 】

네오픽셀 LED가 초록색으로 1개, 3개, 8개가 켜지는 것을 확인할 수 있습니다.

wifi 신호측정하기

주변의 2.4G wifi 신호를 측정하여 신호체기를 출력하는 코드를 만들어봅니다.
다음의 코드를 작성합니다.

23-3.ino
```
01   #include <ESP8266WiFi.h>
02
03   void setup() {
04     Serial.begin(115200);
05     Serial.println(F("\nESP8266 WiFi scan example"));
06
07     WiFi.mode(WIFI_STA);
08
```

```
09    WiFi.disconnect();
10    delay(100);
11  }
12
13  void loop() {
14    String ssid;
15    int32_t rssi;
16    uint8_t encryptionType;
17    uint8_t* bssid;
18    int32_t channel;
19    bool hidden;
20    int scanResult;
21
22    scanResult = WiFi.scanNetworks(/*async=*/false, /*hidden=*/true);
23
24    if (scanResult >0)
25    {
26      for (int8_t i =0; i < scanResult; i++)
27      {
28        WiFi.getNetworkInfo(i, ssid, encryptionType, rssi, bssid, channel, hidden);
29
30        if (ssid.indexOf("melab") !=-1)
31        {
32          Serial.print("rssi: ");
33          Serial.println(rssi);
34        }
35      }
36    }
37    else
38    {
39      Serial.println("Not Found");
40    }
41
42    delay(5000);
43  }
```

09   : wifi의 연결을 끊습니다.
22   : 주위의 2.4G wifi를 스캔합니다.
24   : 스캔된 wifi가 0개보다 크다면 즉 1개 이상 찾았다면 참이 됩니다.
26   : 찾은 개수만큼 반복합니다.
28   : wifi의 정보를 받아옵니다.
30~34 : melab이름의 wifi의 rssi(신호세기)를 출력합니다. 자신이 신호세기를 측정하고 싶은 ssid를 입력합니다.

[⚙업로드] 버튼을 클릭하여 프로그램을 업로드 후 [🔍시리얼 모니터]를 열어 값을 확인합니다.

【 동작 결과 】

동작 결과melab의 wifi 신호측정관려 약 −70dBm의 결과입니다.

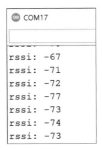

wifi 신호에 따라 네오픽셀 LED 출력하기

wifi의 −dBm에 따라서 다음의 표로 신호세기를 나타낼 수 있습니다.

−100	−90	−80	−70	−60	−50	−40
나쁨	나쁨	중간	중간	중간	좋음	좋음

신호세기에 따라서 neopixel LED에 출력하는 코드를 만들어봅니다.

다음의 코드를 작성합니다.

```
23-4.ino

01  #include <ESP8266WiFi.h>
02  #include <Adafruit_NeoPixel.h>
03
04  #define PIN D8
05  #define NUMPIXELS 8
06
07  Adafruit_NeoPixel pixels(NUMPIXELS, PIN, NEO_GRB + NEO_KHZ800);
08
09  void setup() {
10    Serial.begin(115200);
11    Serial.println(F("\nESP8266 WiFi scan example"));
12
13    WiFi.mode(WIFI_STA);
14
15    WiFi.disconnect();
16    delay(100);
17
18    pixels.begin();
19    pixels.clear();
20  }
21
22  void loop() {
```

```
23    String ssid;
24    int32_t rssi;
25    uint8_t encryptionType;
26    uint8_t* bssid;
27    int32_t channel;
28    bool hidden;
29    int scanResult;
30
31    scanResult = WiFi.scanNetworks(/*async=*/false, /*hidden=*/true);
32
33    if (scanResult >0)
34    {
35        for (int8_t i =0; i < scanResult; i++)
36        {
37         WiFi.getNetworkInfo(i, ssid, encryptionType, rssi, bssid, channel, hidden);
38
39         if (ssid.indexOf("melab") !=-1)
40         {
41             Serial.print("rssi: ");
42             Serial.println(rssi);
43
44             int ledNum =map(rssi,-100,-30,0,8);
45             neopixel_control(ledNum);
46         }
47        }
48    }
49    else
50    {
51        Serial.println("Not Found");
52    }
53
54    delay(5000);
55  }
56
57  void neopixel_control(int num)
58  {
59   pixels.clear();
60   for(int i=0; i<num; i++)
61   {
62       pixels.setPixelColor(i, pixels.Color(0, 150, 0));
63       pixels.show();
64   }
65  }
```

44 : 신호세기의 강도에따라서 −100〜−30의 값을 0〜8로 변환합니다.

45 : 네오픽셀 LED에 출력합니다.

[⊕업로드] 버튼을 클릭하여 프로그램을 업로드 후 [🔍시리얼 모니터]를 열어 값을 확인합니다.

【 동작 결과 】

시리얼 통신으로 melab의 wifi 신호가 출력됩니다.

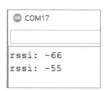

네오픽셀 LED에 melab wifi의 신호세기가 출력됩니다.

작품 24 _ 딥슬립 모드 사용하기

학습 목표

에너지를 절약하는 딥슬립모드를 사용해 봅니다. 배터리로 구동되는 제품이나 하루 또는 며칠에 한 번씩 동작하는 작품을 만들때 유용합니다.

【 준비물 】

다음의 부품을 준비합니다.

부품명	수량
아두이노 Wemos D1 R1	1개
브레드보드	1개
빨간 LED	1개
220옴 저항(빨빨검검갈)	1개
수/수 점퍼케이블	2개

【 회로 연결 】

브레드보드에 아래의 회로를 꾸며 연결합니다.

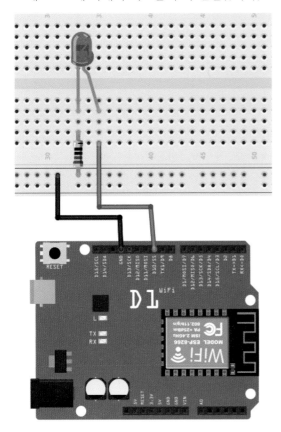

LED의 긴 다리는 D10번 핀에 연결합니다.

Deep sleep 모드의 기능 및 소모전류

Item	Modem-sleep	Light-sleep	Deep-sleep
Wi-Fi	OFF	OFF	OFF
System clock	ON	OFF	OFF
RTC	ON	ON	ON
CPU	ON	Pending	OFF
소모전류	15 mA	0.4 mA	~20 uA

Deep-sleep 모드의 경우 20uA 이하의 에너지를 소모하며 CPU는 동작하지 않습니다. 오로지 RTC(리얼타임클럭)만이 시간을 세며 시간이 되면 보드를 깨웁니다.

Deep sleep 모드로 동작하여 10초마다 깨어나서 시리얼통신으로 값 전송하기

Deep sleep 모드에서 진입하여 10초마다 깨어나서 시리얼통신으로 값을 전송 후 다시 Deep sleep 모드로 진입하는 프로그램을 만들어봅니다.

다음의 코드를 작성합니다.

24-1.ino

```
01  void setup() {
02    Serial.begin(115200);
03    Serial.setTimeout(2000);
04
05    while(!Serial) { }
06    Serial.println("");
07    Serial.println("I'm awake");
08    ESP.deepSleep(10e6);
09  }
10
11  void loop() {
12  }
```

08 : 딥슬립 모드에 진입합니다. 10e6의 10000000 입니다. uS(마이크로초) 단위로 입력합니다. 즉 10초 동안 딥슬립 모드에 진입합니다.

[🔩업로드] 버튼을 클릭하여 프로그램을 업로드 후 [🔍시리얼 모니터]를 열어 값을 확인합니다.

업로드 완료 후 D2와 RESET을 연결합니다. D2 핀에서 10초마다 깨어나 RESET 신호를 입력합니다. 하드웨어 D2 핀에서 RESET 신호를 주어 아두이노 Wemos D1 R1 보드를 10초마다 깨웁니다.

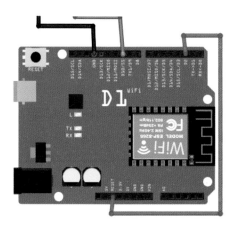

【 동작 결과 】

Deep sleep 모드에 진입 후 10초마다 깨어나 I'm awake를 출력하고 다시 Deep sleep 모드에 진입합니다.

Deep sleep 모드로 동작하여 10초마다 깨어나서 LED 깜빡이기

10초마다 깨어나서 LED를 깜빡이고 다시 Deep sleep 모드에 진입하는 코드를 만들어봅니다.
다음의 코드를 작성합니다.

```
24-2.ino
01  #define LED_PIN D10
02
03  void setup() {
04    Serial.begin(115200);
05    Serial.setTimeout(2000);
06
07    while(!Serial) { }
08    Serial.println("");
09    Serial.println("I'm awake");
10
11    pinMode(LED_PIN,OUTPUT);
12    for(int i=0; i<10; i++)
13    {
```

```
14        digitalWrite(LED_PIN,HIGH);
15        delay(50);
16        digitalWrite(LED_PIN,LOW);
17        delay(50);
18    }
19    ESP.deepSleep(10e6);
20  }
21
22  void loop() {
23  }
```

12~18 : LED를 10번 깜빡입니다.

프로그램 업로드를 위해 D2 핀과 RESET 핀의 연결을 제거합니다.

[⊙업로드] 버튼을 클릭하여 프로그램을 업로드 합니다.

업로드 후 D2 핀과 RESET 핀을 다시 연결합니다.

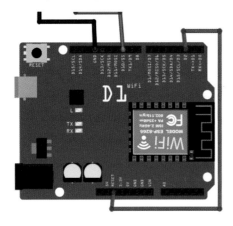

【 동작 결과 】

10초마다 깨어나 LED를 깜빡입니다.

작품 25 _ wifi 다시 연결, 고정IP, AP로 동작하는 유용한 기능들

학습 목표

wifi 다시 연결, 고정IP, AP(액세스 포인트)로 동작하는 유용한 기능들에 대해서 만들어보면서 알아봅니다.

회로는 아두이노 Wemos D1 R1 보드만 PC와 연결하여 진행합니다.

wifi 다시 연결

wifi의 연결이 끊어졌을 때 다시 연결하는 코드를 만들어봅니다.

다음의 코드를 작성합니다.

```
25-1.ino
01  #include <ESP8266WiFi.h>
02
03  const char* ssid ="jmc";
04  const char* password ="123456789";
05
06  void setup() {
07   Serial.begin(115200);
08   initWiFi();
09  }
10
11  void loop() {
12   wifiReconnect();
13  }
14
15  void initWiFi() {
16   WiFi.mode(WIFI_STA);
17   WiFi.begin(ssid, password);
18   Serial.print("Connecting to WiFi ..");
19   while (WiFi.status() != WL_CONNECTED) {
20      Serial.print('.');
21      delay(1000);
22   }
23   Serial.println("");
24   Serial.println(WiFi.localIP());
25  }
26
27  void wifiReconnect()
28  {
```

```
29    if (WiFi.status() != WL_CONNECTED)
30    {
31      Serial.println("WiFi Reconnecting");
32      initWiFi();
33    }
34  }
```

15~24 : wifi를 연결하는 함수입니다.

27~34 : wifi의 재접속 함수입니다.

29   : wifi의 연결이 끊겼을 경우

32   : wifi를 다시 연결합니다.

[🔘업로드] 버튼을 클릭하여 프로그램을 업로드 후 [🔍시리얼 모니터]를 열어 값을 확인합니다.

【 동작 결과 】

wifi에 접속하였습니다.

```
COM17

...
192.168.137.49
```

wifi의 연결이 끊기면 wifi에 다시 접속을 시도합니다.

```
COM17

...
192.168.137.49
WiFi Reconnecting
Connecting to WiFi .....
```

wifi에 연결이 가능하면 다시 연결되며 IP를 새로 할당받았습니다.

```
COM17

...
192.168.137.49
WiFi Reconnecting
Connecting to WiFi ....................
192.168.137.40
```

고정IP로 활용하기

IP를 변경하지 않고 고정IP로 사용하는 방법에 대해 코드를 만들어봅니다. 다음의 코드를 작성합니다.

```
25-2.ino
01  #include <ESP8266WiFi.h>
02
03  const char* ssid ="jmc";
04  const char* password ="123456789";
05
06  IPAddress ip (192, 168, 137, 77);
07  IPAddress gateway (192, 168, 137, 1);
08  IPAddress subnet (255, 255, 255, 0);
09
10  void setup() {
11   Serial.begin(115200);
12   WiFi.mode(WIFI_STA);
13   WiFi.config (ip, gateway, subnet);
14   WiFi.begin(ssid, password);
15   Serial.print("Connecting to WiFi ..");
16   while (WiFi.status() != WL_CONNECTED) {
17      Serial.print('.');
18      delay(1000);
19   }
20   Serial.println("");
21   Serial.println(WiFi.localIP());
22  }
23
24  void loop() {
25
26  }
```

06 : 고정IP로 설정한 IP를 입력합니다. 무작위로 입력하면 접속되지 않고 공유기와 앞의 3자리는 같아야 합니다. 129.168.137까지는 같고 마지막 숫자만 변경하여 고정IP로 등록합니다.

07 : 게이트웨이의 IP를 입력합니다.

08 : 서브넷마스크를 입력합니다.

13 : wifi를 설정합니다. 고정IP로 사용합니다.

[⬆️업로드] 버튼을 클릭하여 프로그램을 업로드 후 [🔍시리얼 모니터]를 열어 값을 확인합니다.

【 동작 결과 】

고정IP로 설정한 192.168.137.77 로 접속하였습니다.

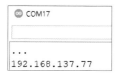

AP(Access Point)로 활용하기

아두이노 Wemos D1 R1 보드에 직접 연결할 수 있는 Ap 모드로 동작시켜 봅니다.

다음의 코드를 작성합니다.

```
25-3.ino
01   #include <ESP8266WiFi.h>
02   #include <WiFiClient.h>
03   #include <ESP8266WebServer.h>
04
05   const char *ssid ="AP_TEST";
06   const char *password ="123456789";
07
08   ESP8266WebServer server(80);
09
10   void handleRoot() {
11     server.send(200, "text/html", "<h1>You are connected</h1>");
12   }
13
14   void setup() {
15     delay(1000);
16     Serial.begin(115200);
17     Serial.println();
18     Serial.print("Configuring access point...");
19
20     WiFi.softAP(ssid, password);
21
22     IPAddress myIP = WiFi.softAPIP();
23     Serial.print("AP IP address: ");
24     Serial.println(myIP);
25     server.on("/", handleRoot);
26     server.begin();
27     Serial.println("HTTP server started");
28   }
29
30   void loop() {
31     server.handleClient();
32   }
```

05 : AP의 SSID를 설정합니다.
06 : AP의 비밀번호를 설정합니다.
20 : Ap 모드로 설정합니다.

아두이노 Wemos D1 R1에서 공유기에 접속했던 방식과는 다르게 AP는 아두이노 Wemos D1 R1에
다른 기기가 접속하는 방식입니다.

[💾업로드] 버튼을 클릭하여 프로그램을 업로드 후 [🔍시리얼 모니터]를 열어 값을 확인합니다.

【 동작 결과 】

시리얼 모니터를 열어 AP IP 주소를 확인합니다.

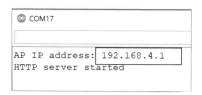

스마트폰이나 WIFI에 접속 가능한 기기에서 AP_TEST wifi에 접속합니다. 비밀번호는 아두이노에서 설정한 123456789 입니다.

웹브라우저에서 연결된 주소를 입력합니다.

아두이노 wemos 보드에 접속하여 간단한 웹서버를 구동하였습니다.

Arduino IOT

CHAPTER

04

IOT 서비스 활용한
작품 만들기

IFTTT. BLYNK, thingspeak(mathworks매트랩), firebase(구글) 등의 IOT를 서비스하는 기업의
서비스를 활용하여 다양한 IOT 장치를 만들어봅니다.

작품 26 _ IFTTT 활용하여 가스가 감지되면 스마트폰으로 알림 보내기

학습 목표

IFTTT 서비스를 활용하여 가스센서에서 가스가 감지되면 스마트폰으로 알림을 보내는 작품을 만들어봅니다.

IFTTT 서비스는 If This Then That의 약자로 만약 이것 하면 저것 해라 라는 뜻입니다. 우리는 아두이노 Wemos D1 R1 보드에서 트리거를 발생시켜 스마트폰으로 알람을 보내는 동작을 만들어 봅니다. 만약 아두이노에서 트리거가 발생하면 스마트폰으로 알람을 울려라 라는 동작을 수행합니다.
IFTTT는 이러한 IOT 서비스를 제공하고 있습니다.

【 준비물 】

다음의 부품을 준비합니다.

부품명	수량
아두이노 Wemos D1 R1 보드	1개
브레드보드	1개
가스감지센서모듈	1개
수/수 점퍼케이블	5개

【 회로 연결 】

브레드보드에 아래의 회로를 꾸며 연결합니다.

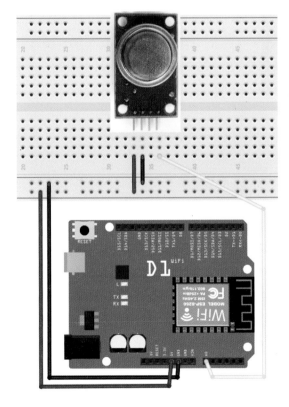

아래의 표를 참조하여 회로를 구성합니다.

모듈 핀	아두이노 핀
VCC	5V
GND	GND
AO	AO

※ 가스감지센서의 경우 센서모듈 뒤에 핀의 이름이 적혀있습니다. 센서모듈별로 핀의 배치가 다를 수 있으니 센서모듈의 핀을 확인 후 연결합니다.

IFTTT 사이트에서 서비스 등록하기

1 https://ifttt.com/ 사이트에 접속한 후 [Log In] 버튼을 눌러 회원 가입 및 로그인합니다.

2 [Create] 버튼을 눌러 새로운 서비스를 생성합니다.

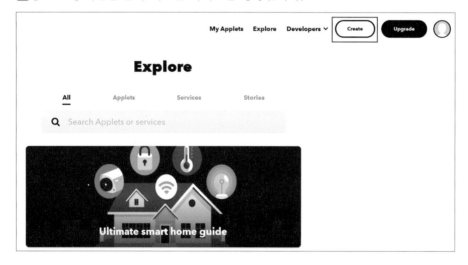

3 If This 항목 중 [Add]를 클릭합니다. 만약 이것이 발생하면 부분으로 트리거를 발생시키는 부분을 설정합니다.

4 webhook를 검색 후 Webhooks 서비스를 선택합니다. 웹후크란 특정 웹페이지에 접속하면 트리거가 발생하는 서비스입니다. 웹에 고리를 걸다는 뜻입니다.

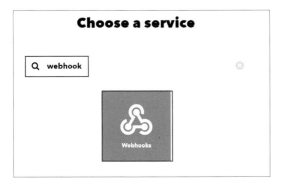

5 Receive a web request 부분을 클릭하여 계속 진행합니다.

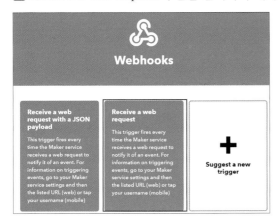

6 gas_detect 로 이름을 입력 후 [Create trigger]를 눌러 계속 진행합니다.

7 Then That 부분으로 무슨 일을 할지 결정하는 부분입니다. [Add] 버튼을 눌러 계속 진행합니다.

8 noti를 검색 후 Notifications를 선택합니다. 알람을 보내는 서비스입니다.

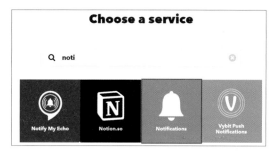

9 Send a notification from the IFTTT app을 눌러 계속 진행합니다.

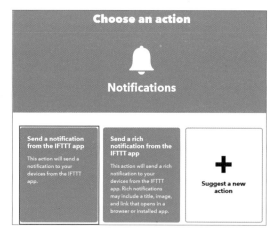

10 [Create action]을 눌러 계속 진행합니다.

11 [Contunue]를 눌러 계속 진행합니다.

12 [Finish]를 눌러 마무리합니다.

⑬ 내가 만든 IFTTT의 기능을 Applet이라고 부릅니다. My Applets탭에서 내가 만든 Applet을 확인할 수 있습니다. 방금 만든 Applet을 클릭합니다.

⑭ 웹후크의 접속주소를 알기 위해 다음의 웹후크 아이콘을 클릭합니다.

⑮ [Documentation] 부분을 클릭합니다.

16 API 키를 확인할 수 있습니다. 내가 만든 서비스 이름으로 변경 후 [Test It] 버튼을 눌러 테스트할 수 있습니다.

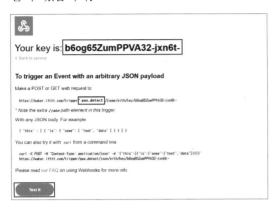

17 사람 아이콘에서 Activity를 클릭하여 알람을 확인할 수 있습니다.

아두이노에서 IFTTT로 Webhook 연결하기

아두이노에서 IFTTT의 웹후크 주소로 접속하여 알람을 울리는 코드를 만들어봅니다.
다음의 코드를 작성합니다.

26-1.ino

```
01  #include <ESP8266WiFi.h>
02  #include <ESP8266HTTPClient.h>
03
04  const char* ssid ="jmc";
05  const char* password ="123456789";
06
07  String token ="b6og65ZumPPVA32-jxn6t-";
08  String trigger_name ="gas_detect";
09
10  void setup() {
11    Serial.begin(115200);
12    Serial.print("Connecting to: ");
13    Serial.print(ssid);
14    WiFi.begin(ssid, password);
15
```

```
16    while (WiFi.status() != WL_CONNECTED)
17    {
18        delay(250);
19        Serial.print(".");
20    }
21    Serial.println("");
22
23    Serial.print("WiFi connected in: ");
24    Serial.print(millis());
25    Serial.print(", IP address: ");
26    Serial.println(WiFi.localIP());
27 }
28
29 void loop() {
30    send_ifttt_arlam(token,trigger_name);
31    for(int i =0; i<60; i++)
32    {
33        delay(60000);
34        Serial.println("delay...");
35    }
36 }
37
38 void send_ifttt_arlam(String token, String trigger_name)
39 {
40    if (WiFi.status() == WL_CONNECTED)
41    {
42        String u1 ="https://maker.ifttt.com/trigger/";
43
44        String url = u1 + trigger_name +"/with/key/"+ token;
45        WiFiClientSecure client;
46        client.setInsecure();
47        client.connect(url, 443);
48        HTTPClient https;
49        https.begin(client, url);
50
51        int httpCode = https.GET();
52        if(httpCode >0)
53        {
54          Serial.println(httpCode);
55        }
56        https.end();
57    }
58 }
```

07   : 나의 API 키를 입력합니다.
08   : 트리거 이름을 입력합니다.
30   : IFTTT로 웹후크에 API 키와 트리거이름으로 접속합니다.
38~58 : IFTTT로 알람을 보내는 함수입니다.

[⟳업로드] 버튼을 클릭하여 프로그램을 업로드 후 [🔍시리얼 모니터]를 열어 값을 확인합니다.

【 동작 결과 】

200의 응답이 출력되었으면 정상적으로 웹후크에 접속하였습니다.

사람아이콘에서 Activity를 클릭하여 알람을 확인할 수 있습니다.

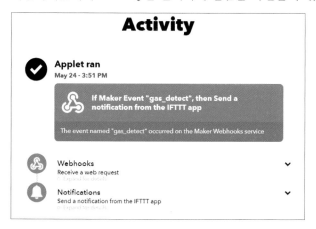

스마트폰 어플 설치하고 로그인하기

스마트폰에 IFTTT앱을 설치하고 알람을 울리게 합니다.

1 앱스토어 또는 플레이스토어에서 IFTTT를 검색 후 설치합니다.

2 무료로 사용하기 위해 [Maybe later] 부분을 클릭합니다.

3 Wemos D1 R1 보드의 리셋 버튼을 눌러 IFTTT Webhook에 다시 연결하도록 합니다. Wemos D1 R1 보드에서 Webhook로 신호를 보내면 스마트폰에 알람이 울렸습니다.

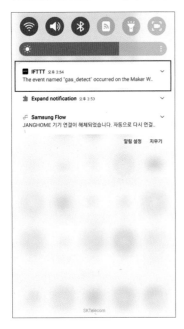

4 스마트폰에서도 알람 내용 등의 확인이 가능합니다.

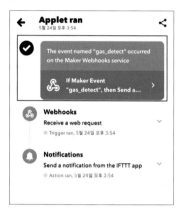

가스센서 값 확인하기

가스센서의 값을 확인하는 코드를 만들어봅니다.

다음의 코드를 작성합니다.

```
26-2.ino
01  #define GAS_PIN A0
02
03  void setup() {
04    Serial.begin(115200);
05  }
06
07  void loop() {
08    int gasValue =analogRead(GAS_PIN);
09    Serial.println(gasValue);
10    delay(10);
11  }
```

01   : 가스센서핀을 정의합니다.
08~09 : 가스센서핀에서 값을 읽어 시리얼통신으로 출력합니다.

[🔺업로드] 버튼을 클릭하여 프로그램을 업로드 후 [🔎시리얼 모니터]를 열어 값을 확인합니다.

【 동작 결과 】

가스가 검출되지 않았을 때는 값이 작게 출력됩니다.

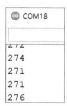

라이타를 이용하여 센서에 가스가 검출되도록 합니다.

가스가 검출되면 값이 크게 증가 되었습니다.

가스가 검출되면 IFTTT로 알람보내기

가스센서에서 가스가 검출되면 큰 값으로 증가됩니다. 아날로그 값이 1000 이상일 때 감스를 검출했다고 판단하여 IFTTT로 알람을 보내는 코드를 만들어봅니다.

다음의 코드를 작성합니다.

```
26-3.ino
01  #include <ESP8266WiFi.h>
02  #include <ESP8266HTTPClient.h>
03
04  const char* ssid ="jmc";
05  const char* password ="123456789";
06
07  String token ="b6og65ZumPPVA32-jxn6t-";
08  String trigger_name ="gas_detect";
09
10  #define GAS_PIN A0
11
12  void setup() {
13    Serial.begin(115200);
14    Serial.print("Connecting to: ");
15    Serial.print(ssid);
16    WiFi.begin(ssid, password);
```

```
17
18    while (WiFi.status() != WL_CONNECTED)
19    {
20        delay(250);
21        Serial.print(".");
22    }
23    Serial.println("");
24
25    Serial.print("WiFi connected in: ");
26    Serial.print(millis());
27    Serial.print(", IP address: ");
28    Serial.println(WiFi.localIP());
29  }
30
31  void loop() {
32    int gasValue =analogRead(GAS_PIN);
33    Serial.println(gasValue);
34    if(gasValue >=1000)
35    {
36        Serial.println("가스검출!!");
37        send_ifttt_arlam(token,trigger_name);
38        for(int i=0;i<10;i++) delay(60000); //10분동안 기다림
39    }
40  }
41
42  void send_ifttt_arlam(String token, String trigger_name)
43  {
44    if (WiFi.status() == WL_CONNECTED)
45    {
46        String u1 ="https://maker.ifttt.com/trigger/";
47
48        String url = u1 + trigger_name +"/with/key/"+ token;
49        WiFiClientSecure client;
50        client.setInsecure();
51        client.connect(url, 443);
52        HTTPClient https;
53        https.begin(client, url);
54
55        int httpCode = https.GET();
56        if(httpCode >0)
57        {
58            Serial.println(httpCode);
59        }
60        https.end();
61    }
62  }
```

34~39 : 가스가 검출되면 IFTTT 웹후크를 통해 알람을 보냅니다.

[🔵 업로드] 버튼을 클릭하여 프로그램을 업로드 후 [🔍 시리얼 모니터]를 열어 값을 확인합니다.

【 동작 결과 】

가스센서의 값이 1000 이상이면 IFTTT로 알람을 보냅니다. 200은 잘 보냈다는 응답 메시지 입니다.

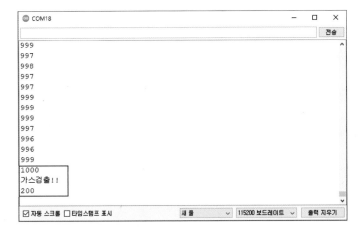

가스검출 시 스마트폰에서도 알람이 발생하였습니다.

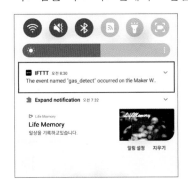

알람을 클릭해보면 IFTTT 앱으로 이동하며 가스 검출 시 알람이 잘 발생하였습니다.

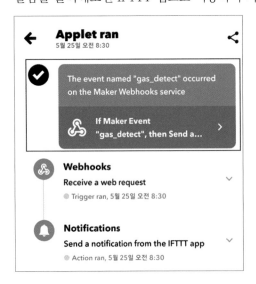

작품 27 _ IFTTT 활용하여 1분 단위로 온습도 값을 측정하여 구글 스프레스시트에 기록하기

학습 목표

IFTTT의 기능을 활용하여 1분마다 구글 스프레드시트에 온도와 습도 값을 측정하여 기록하는 작품을 만들어봅니다.

【 준비물 】

다음의 부품을 준비합니다.

부품명	수량
아두이노 Wemos D1 R1 보드	1개
브레드보드	1개
DHT11 온습도센서모듈	1개
수/수 점퍼케이블	5개

【 회로 연결 】

브레드보드에 아래의 회로를 꾸며 연결합니다.

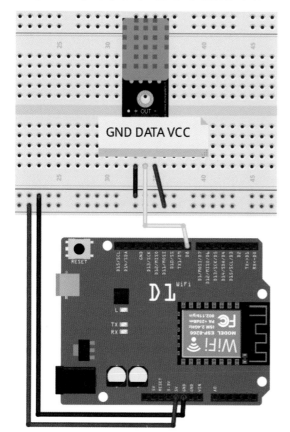

GND DATA VCC

아래의 표를 참조하여 회로를 구성합니다.

모듈 핀	아두이노 핀
VCC	5V
GND	GND
SIG 또는 S	A0

※ DHT11 온습도 센서모듈의 경우 [VCC,S,GND], [V,S,G], [+,-,S] 등 다양한 핀의 배열이 존재합니다. 만든 곳의 결정에 의해 핀이 정의되어 있습니다. 모듈의 뒷면을 확인 후 V,VCC,+ 등의 이름은 5V에 GND,-,G 등의 이름을 GND에 O,S 등의 이름은 D8번 핀에 연결합니다. O는 OUT, S는 SIGNAL의 약자로 많이 쓰입니다.

라이브러리 설치하기

작품에 필요한 라이브러리를 설치합니다.

[스케치] -〉 [라이브러리 포함하기] -〉 [라이브러리 관리..]를 클릭하여 [라이브러리 매니저] 창을 연후 라이브러리를 설치합니다.

DHT11 온도습도센서를 사용하기 위한 라이브러리를 설치합니다.

"dht11"를 검색 후 DHT sensor library 라이브러리를 설치합니다.

※ 버전은 설치 시점의 최신 버전을 사용하는 것을 원칙으로 합니다. 단, 업데이트되어 동작하지 않는다면 1.4.3 버전을 설치합니다.

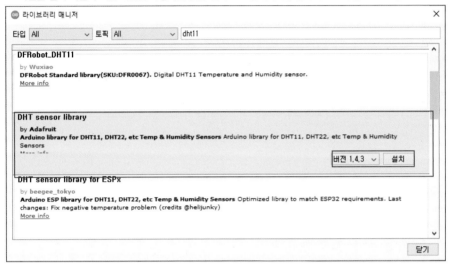

DHT sensor library를 사용하기 위해서 다른 라이브러리가 필요하다는 창이 나타납니다. [Install all]을 클릭하여 모두 설치합니다.

IFTTT 설정하기

1 https://ifttt.com/ 사이트에 접속합니다.

2 로그인 후 [Create] 버튼을 클릭합니다.

3 [Add] 버튼을 클릭합니다.

4 webhook를 검색 후 webhooks를 선택합니다.

5 Receive a web request 를 클릭합니다.

6 이벤트 이름을 temp_humi 로 입력 후 [Create trigger] 버튼을 클릭합니다.

7 Then That 부분의 [Add] 버튼을 클릭합니다.

8 google을 검색 후 [Google Sheets]를 클릭합니다.

9 Add row to spreadsheet부분을 클릭하여 계속 진행합니다.

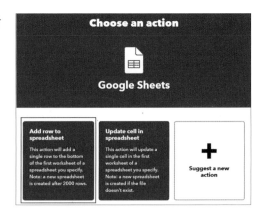

⑩ [Connect]를 눌러 계속 진행합니다.

⑪ 구글 계정으로 로그인합니다. 로그인한 구글 계정에 구글 드라이브에 스프레드시트가 저장됩니다. [허용]을 클릭합니다.

⓬ 스프레드시트의 이름만 arduino_temp_humi로 변경하였습니다. [Create Action]을 클릭합니다.

⓭ [Continue]를 눌러 계속 진행합니다.

14 [Finish]를 눌러 계속 진행합니다.

15 Webhook 아이콘을 클릭합니다. 아래의 화면은
생성 시에도 나오나 닫았다면 [My Applests]에서도
확인할 수 있습니다.

16 자신의 API 키를 확인하기 위해서 [Documentation]을 클릭합니다.

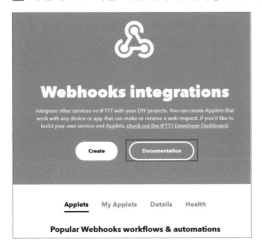

17 다음의 부분에서 API 키를 확인할 수 있습니다. 아두이노 코드에서 필요하니 복사해두어 사용합니다.

18 [To trigger an Event with 3 JSON values] 부분에서 아래와 같이 값을 입력하여 테스트할 수 있습니다. 값을 입력 후 [Test It] 버튼을 눌러 스트레트시트에 기록합니다.

19 연동한 구글 계정의 구글 드라이브로 들어갑니다.

[내 드라이브 -> IFTTT -> MakerWebooks -> temp_humi] 폴더에서 arduino_temp_humi 스프레드시트 파일의 확인이 가능합니다. 파일의 경로와 이름은 IFTTT에서 Applet을 만들 때 설정한 경로와 이름으로 저장되었습니다. (경로와 이름은 수정이 가능합니다.)

⑳ arduino_temp_humi 스프레드시트를 열어보면 다음과 같이 기록이 잘 되었음을 확인할 수 있습니다.

DHT11 온도 습도 센서 값 읽기

DHT11 온습도 센서에서 온도와 습도 값을 읽어 시리얼통신으로 전송합니다.

다음의 코드를 작성합니다.

```
27-1.ino

01  #include "DHT.h"
02
03  #define DHTPIN D8
04
05  #define DHTTYPE DHT11
06
07  DHT dht(DHTPIN, DHTTYPE);
08
09  void setup() {
10    Serial.begin(115200);
11    dht.begin();
12  }
13
14  void loop() {
15    float humi = dht.readHumidity();
16    float temp = dht.readTemperature();
17
18    Serial.print(temp);Serial.print("C");
19    Serial.print(" ");
20    Serial.print(humi);Serial.println("%");
21
22    delay(1500);
23  }
```

[⬆ 업로드] 버튼을 클릭하여 프로그램을 업로드 후 [🔍 시리얼 모니터]를 열어 값을 확인합니다.

【 동작 결과 】

온도와 습도가 출력되었습니다.

```
COM18

27.30C          48.00%
27.30C          48.00%
27.20C          47.00%
```

온도 습도 값 읽어 구글 스프레드시트에 기록하기

DHT11 온습도 센서에서 값을 읽어 구글 스프레드시트에 기록해 봅니다.

아두이노에서는 다음의 형식으로 데이터를 보내 스프레드시트에 데이터를 기록 할 수 있습니다.

You can also try it with `curl` from a command line.

```
curl -X POST -H "Content-Type: application/json" -d '{"value1":"23.5","value2":"40.0"}'
https://maker.ifttt.com/trigger/temp_humi/with/key/b6og65ZumPPVA32-jxn6t-
```

Please read our FAQ on using Webhooks for more info.

다음의 코드를 작성합니다.

27-2.ino

```
01  #include <ESP8266WiFi.h>
02  #include <ESP8266HTTPClient.h>
03  #include "DHT.h"
04
05  const char* ssid ="jmc";
06  const char* password ="123456789";
07
08  String token ="b6og65ZumPPVA32-jxn6t-";
09  String trigger_name ="temp_humi";
10
11  #define DHTPIN D8
12  #define DHTTYPE DHT11
13  DHT dht(DHTPIN, DHTTYPE);
14
15  unsigned long currTime =0;
16  unsigned long prevTime =0;
17  int sec =600;
18
19  void setup() {
20    Serial.begin(115200);
21    Serial.print("Connecting to: ");
```

```
22    Serial.print(ssid);
23    WiFi.begin(ssid, password);
24
25    while (WiFi.status() != WL_CONNECTED)
26    {
27        delay(250);
28        Serial.print(".");
29    }
30    Serial.println("");
31
32    Serial.print("WiFi connected in: ");
33    Serial.print(millis());
34    Serial.print(", IP address: ");
35    Serial.println(WiFi.localIP());
36 }
37
38 void loop() {
39    currTime =millis();
40    if(currTime - prevTime >=1000) //1초마다
41    {
42        prevTime = currTime;
43        sec++;
44        if(sec >=600) //10분 마다
45        {
46          sec =0;
47          String temp =String(dht.readTemperature());
48          String humi =String(dht.readHumidity());
49          Serial.print(temp);
50          Serial.print(",");
51          Serial.println(humi);
52          send_ifttt_value(token,trigger_name,temp,humi);
53        }
54    }
55 }
56
57 void send_ifttt_value(String token, String trigger_name,String value1,String value2)
58 {
59    if (WiFi.status() == WL_CONNECTED)
60    {
61        String u1 ="https://maker.ifttt.com/trigger/";
62
63        String url = u1 + trigger_name +"/with/key/"+ token;
64        WiFiClientSecure client;
65        client.setInsecure();
66        client.connect(url, 443);
67        HTTPClient https;
68        https.begin(client, url);
69
70        https.addHeader("Content-Type", "application/json");
71
```

```
72    String jsonValue ="{\"value1\":\""+ value1 +"\""+,\"value2\":\""+ value2 +"\"}";
73    int httpResponseCode = https.POST(jsonValue);
74
75    Serial.print("HTTP Response code: ");
76    Serial.println(httpResponseCode);
77    https.end();
78  }
79 }
```

57~79 : 웹후크에 접속하여 데이터 2개를 보내는 함수입니다.

52   : 10분마다 온도와 습도를 IFTTT의 웹후크를 통해 전송합니다. IFTTT는 웹후크를 받아 구글 스프레드시트에 기록
         합니다.

[⊙업로드] 버튼을 클릭하여 프로그램을 업로드 후 [⊘ 시리얼 모니터]를 열어 값을 확인합니다.

【 동작 결과 】

온도와 습도가 출력되고 데이터를 정상적으로 보내면 200의 응답값이 옵니다.

```
COM18

..............
WiFi connected in: 4053, IP address: 192.168.137.119
27.60,40.00
HTTP Response code: 200
```

구글 스프레드시트에도 온도와 습도데이터가 10분마다 잘 써지는 것을 확인할 수 있습니다.

바를 늘려 확인해보면 매 10분마다 데이터가 잘 써지는 것을 확인할 수 있습니다.

작품 28 _ blynk 앱을 사용하여 쉬운 IOT장치 만들기 1 _LED 및 버튼제어

학습 목표

blynk는 쉽게 사용할 수 있는 IOT 서비스로 아두이노 코드를 많이 수정하지 않고 사용할 수 있는 서비스입니다.

【 준비물 】

다음의 부품을 준비합니다.

부품명	수량
아두이노 Wemos D1 R1 보드	1개
브레드보드	1개
빨간색 LED	1개
220옴 저항(빨빨검검갈)	1개
버튼	1개
수/수 점퍼케이블	5개

【 회로 연결 】

브레드보드에 아래의 회로를 꾸며 연결합니다.

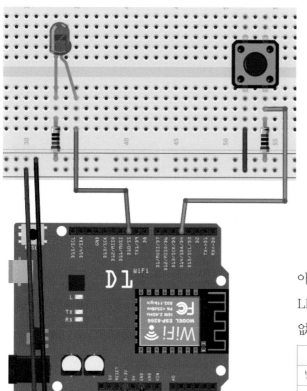

아래의 표를 참조하여 회로를 구성합니다.

LED의 긴 다리가 +극성이며, 버튼은 극성이 없습니다.

모듈 핀	아두이노 핀
빨간색 LED 긴 다리	D10
버튼	O4

라이브러리 설치하기

작품에 필요한 라이브러리를 설치합니다.

[스케치] -> [라이브러리 포함하기] -> [라이브러리 관리..]를 클릭하여 [라이브러리 매니저] 창을 연후 라이브러리를 설치합니다.

blynk 온도습도센서를 사용하기 위한 라이브러리를 설치합니다.

"blynk"를 검색 후 Blynk 라이브러리를 설치합니다.

※ 버전은 설치 시점의 최신 버전을 사용하는 것을 원칙으로 합니다. 단, 업데이트되어 동작하지 않는다면 1.1.0 버전을 설치합니다.

스마트폰에서 Blynk 앱 설치 및 프로젝트 생성

스마트폰에서 Blynk 앱을 설치하고 프로젝트를 생성해 봅니다.

플레이스토어 또는 앱스토어에서 Blynk를 검색하여 Blynk(legacy)를 설치합니다.

앱 실행 후 [LogIn] 버튼을 눌러 회원 가입 및 로그인합니다. 사용하는 이메일을 통해 회원가입을 합니다.

새로운 버전의 플랫폼이 나왔다는 뜻으로 [X]를 눌러 닫아줍니다. 새로운 플랫폼의 경우 사용하기가 어려워 다루지 않습니다.

[New Project]를 눌러 새로운 프로젝트를 생성합니다.

이름을 "조명제어"로 변경합니다. CHOOSE DEVICE 는 WeMos D1을 선택합니다. 연결 타입은 Wi-Fi로 선택 후 [Create] 버튼을 눌러 프로젝트를 생성합니다.

프로젝트 생성 후 가입 시 사용했던 이메일 주소로 Auth Token 키가 발급됩니다. 아두이노 코드에서 사용하니 복사해둡니다. Auth Token은 프로젝트별로 발행됩니다.

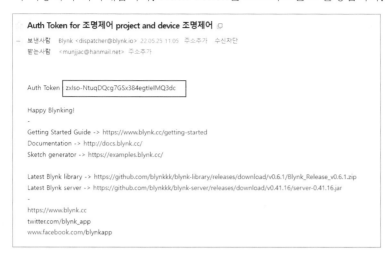

프로젝트가 중지된 상태에서는 오른쪽 상단의 실행 버튼을 눌러 프로젝트를 실행할 수 있습니다. 프로젝트가 중지된 상태에서 프로젝트의 수정이 가능합니다.

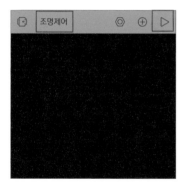

아래의 중지 버튼을 눌러 프로젝트를 중지할 수 있습니다.

아두이노 코드 업로드하기

blynk 코드를 아두이노 Wemos D1 R1 보드에 업로드 합니다. wifi의 SSID, 비밀번호와 이메일로 발급받은 Auth Token만 수정합니다. 다음의 코드를 작성합니다.

```
28-1.ino
01  #define BLYNK_PRINT Serial
02
03  #include <ESP8266WiFi.h>
04  #include <BlynkSimpleEsp8266.h>
05
06  char auth[] ="zxIso-NtuqDQcg7GSx384egtIeIMQ3dc";
07
08  char ssid[] ="jmc";
09  char pass[] ="123456789";
10
11  void setup()
12  {
13    Serial.begin(115200);
14
15    Blynk.begin(auth, ssid, pass);
16  }
17
18  void loop()
19  {
20    Blynk.run();
21  }
```

06: 이메일로 발급받은 Auth Token을 입력합니다.
08: wifi ssid를 입력합니다.
09: wifi 비밀번호를 입력합니다.

[🔺업로드] 버튼을 클릭하여 프로그램을 업로드 후 [🔍시리얼 모니터]를 열어 값을 확인합니다.

【 동작 결과 】

wifi에 접속 후 다음의 화면이 출력되면 정상적으로 동작이 가능합니다.

blynk앱으로 돌아와 아래의 부분에서 손가락을 드래그하여 〈- 으로 끌어 옵니다. 프로젝트는 중지된 상태에서만 수정할 수 있습니다.

무료로 2000 에너지를 지급합니다. 2000 에너지 내에서 부품을 추가할 수 있습니다. 프로젝트에서 부품을 리사이클 하면 돈이 다시 반환되니 이것저것 계속 만들어 보면서 테스트할 수 있습니다. Button을 선택하여 프로젝트 창으로 끌어옵니다.

추가된 버튼을 클릭합니다.

이름을 [빨간색 led]로 수정합니다. 제어하는 포트는 [D10]으로 수정합니다.

PUSH 의 경우 누르고 있을 때 만 1이고, SWITCH의 경우 누를 때마다 0과 1의 값이 반전되고 상태가 유지됩니다.

〈- 눌러 뒤로가기를 합니다. 저장은 따로 없고 뒤로가기를 누르면 자동으로 저장됩니다.

실행버튼을 눌러 조명제어 프로젝트를 실행합니다.

실행중일 때 버튼을 눌러 LED를 제어합니다. 버튼에 따라서 LED가 켜지고 꺼지는 동작을 합니다.

버튼 눌림값 받아서 Blynk에 표시하기

네모버튼을 눌러 프로젝트를 수정상태로 변경합니다.

프로젝트가 수정가능한 상태에서 부품을 추가합니다.

Value Display를 추가합니다.

추가된 Value Display를 클릭합니다.

이름을 버튼으로 변경 후 핀을 D4번 핀으로 선택 후 뒤로가기를 눌러 저장 후 빠져나옵니다.

프로젝트를 실행상태로 한 다음 Wemos 아두이노 보드의 버튼을 눌러 값을 확인합니다.

버튼을 누르지 않았을 때 LOW가 출력됩니다.

버튼을 누르면 HIGH가 출력됩니다.

Blynk 앱을 통해 아두이노 코드를 한줄도 작성하지 않았지만 어플에서 제어할 수 있었습니다. 이처럼 Blynk를 이용하면 쉽게 IOT를 구현할 수 있습니다.

작품 29 _blynk 앱을 사용하여 쉬운 IOT장치 만들기 2
_우리집 밝기 모니터링

학습 목표

Blynk 앱을 사용하여 우리집 밝기를 모니터링 해보도록 합니다.

【 준비물 】

다음의 부품을 준비합니다.

부품명	수량
아두이노 Wemos D1 R1 보드	1개
브레드보드	1개
CDS 조노센서	1개
10k옴 저항(갈빨검검갈)	1개
수/수 점퍼케이블	3개

【 회로 연결 】

브레드보드에 아래의 회로를 꾸며 연결합니다.

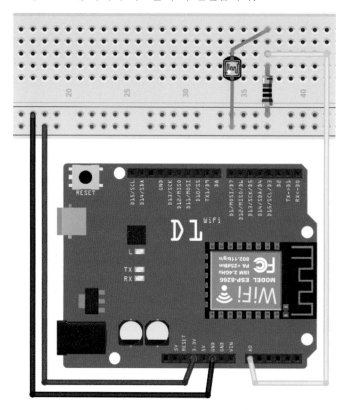

조도센서와 저항이 연결된 핀을 아두이노 Wemos D1 R1 보드의 A0번 핀에 연결합니다.

라이브러리 설치하기

작품에 필요한 라이브러리를 설치합니다.

[스케치] -> [라이브러리 포함하기] -> [라이브러리 관리..]를 클릭하여 [라이브러리 매니저] 창을 연후 라이브러리를 설치합니다.

blynk 온도습도센서를 사용하기 위한 라이브러리를 설치합니다.

"blynk"를 검색 후 Blynk 라이브러리를 설치합니다.

※ 버전은 설치 시점의 최신 버전을 사용하는 것을 원칙으로 합니다. 단, 업데이트되어 동작하지 않는다면 1.1.0 버전을 설치합니다.

스마트폰에서 Blynk 앱 설치 및 프로젝트 생성

앱의 설치는 [작품 28. blynk앱을 사용하여 쉬운 IOT장치 만들기1 – LED 및 버튼제어] 장을 참고합니다.

1 프로젝트를 새로 생성하기 위해서는 프로젝트에서 뒤로가기를 누릅니다.

2 줄어든 부분을 오른쪽에서 왼쪽으로 드래그하면 Project 생성창을 볼수 있습니다.

3 [New Project]를 클릭하여 프로젝트를 생성합니다.

4 이름과 디바이스를 선택 후 [Create]를 눌러 프로젝트를 생성합니다.

5 프로젝트 토큰이 생성됩니다. 가입했던 이메일로 토큰이 발행됩니다. 프로젝트별로 토큰이 생성됩니다.

Blynk 코드 업로드 하기

새로 발급받은 토큰으로 아두이노 코드를 업로드 합니다. 다음의 코드를 작성합니다.

29-1.ino

```
01  #define BLYNK_PRINT Serial
02
03  #include <ESP8266WiFi.h>
04  #include <BlynkSimpleEsp8266.h>
05
06  char auth[] ="feSsicxUmis_7JiXc5ApKjPKNqTCIji6";
07
08  char ssid[] ="jmc";
09  char pass[] ="123456789";
10
11  void setup()
12  {
13    Serial.begin(115200);
14
15    Blynk.begin(auth, ssid, pass);
16  }
17
18  void loop()
19  {
20    Blynk.run();
21  }
```

06 : 이메일로 발급받은 Auth Token을 입력합니다.

08 : wifi ssid를 입력합니다.

09 : wifi 비밀번호를 입력합니다.

[⊙ 업로드] 버튼을 클릭하여 프로그램을 업로드 후 [🔍 시리얼 모니터]를 열어 값을 확인합니다.

【 동작 결과 】

밝기모니터링 프로젝트에서 새로운 부품을 불러옵니다.

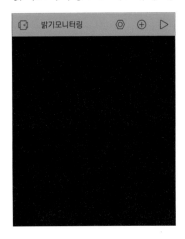

Gauge를 추가합니다. 에너지가 1600 에너지가 남았습니다. 29장에서 버튼과 Value Display를 사용하여 400 에너지를 사용했기 때문입니다. 무료로 제공되는 에너지는 모든 프로젝트의 합이 2000 에너지입니다. 프로젝트에서 부품을 반환하면 에너지는 그대로 다시 들어오므로 걱정하지 않아 사용해도 됩니다. 에너지는 현금으로 구매도 가능합니다.

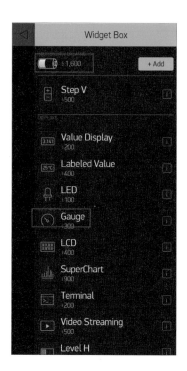

생성된 Gauge를 선택합니다.

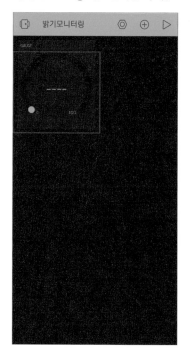

이름과 핀을 설정 후 뒤로가기를 눌러 저장 후 빠져나옵니다.

프로젝트를 실행합니다. 밝기가 밝을 때입니다.

조도센서를 손으로 가려 어두울 때 값이 내려갔습니다.

작품 30 _ blynk를 활용하여 스마트팜 만들기

학습 목표

Blynk를 활용하여 스마트폰으로 온도와 습도값을 디스플레이하고 팬을 제어하는 스마트팜을 만들어봅니다.

【 준비물 】

다음의 부품을 준비합니다.

부품명	수량
아두이노 Wemos D1 R1 보드	1개
브레드보드	1개
DHT11 온습도센서	1개
팬모터	1개
L9110 모터드라이버	1개
암/수 점퍼케이블	4개
수/수 점퍼케이블	5개

【 회로 연결 】

브레드보드에 아래의 회로를 꾸며 연결합니다.

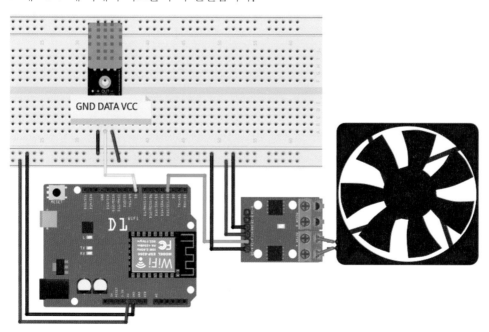

DHT11 아래의 표를 참조하여 회로를 구성합니다.

모듈 핀	아두이노 핀
VCC	5V
GND	GND
SIG 또는 S	D8

※ DHT11 온습도 센서모듈의 경우 [VCC,S,GND], [V,S,G], [+,-,S] 등 다양한 핀의 배열이 존재합니다. 만든 곳의 결정에 의해 핀이 정의되어 있습니다. 모듈의 뒷면을 확인 후 V,VCC,+ 등의 이름은 5V에 GND,-,G 등의 이름을 GND에 O,S 등의 이름은 D8번 핀에 연결합니다. O는 OUT, S는 SIGNAL의 약자로 많이 쓰입니다.

L9110의 모터드라이버는 아래표를 참조하여 회로를 구성합니다.

모듈 핀	아두이노 핀
VCC	5V
GND	GND
A-IA	D3
A-IB	GND

라이브러리 설치하기

작품에 필요한 라이브러리를 설치합니다.

[스케치] -〉 [라이브러리 포함하기] -〉 [라이브러리 관리..]를 클릭하여 [라이브러리 매니저] 창을 연후 라이브러리를 설치합니다.

DHT11 온도습도센서를 사용하기 위한 라이브러리를 설치합니다.

"dht11"를 검색 후 DHT sensor library 라이브러리를 설치합니다.

※ 버전은 설치 시점의 최신 버전을 사용하는 것을 원칙으로 합니다. 단, 업데이트되어 동작하지 않는다면 1.4.3 버전을 설치합니다.

DHT sensor library를 사용하기 위해서 다른 라이브러리가 필요하다는 창이 나타납니다. [Install all]을 클릭하여 모두 설치합니다.

blynk 온도습도센서를 사용하기 위한 라이브러리를 설치합니다.

"blynk"를 검색 후 Blynk 라이브러리를 설치합니다.

※ 버전은 설치 시점의 최신 버전을 사용하는 것을 원칙으로 합니다. 단, 업데이트되어 동작하지 않는다면 1.1.0 버전을 설치합니다.

스마트폰에서 Blynk 앱 설치 및 프로젝트 생성

앱의 설치는 [작품 28. blynk앱을 사용하여 쉬운 IOT장치 만들기1 – LED 및 버튼제어] 장을 참고 합니다.

1 [New Project]를 클릭하여 프로젝트를 생성합니다.

2 스마트팜 이름으로 새로운 프로젝트를 생성합니다.

3 이메일을 확인하여 스마트팜 프로젝트의 토큰주소를 복사합니다. 아두이노 코드를 업로드할 때
사용합니다.

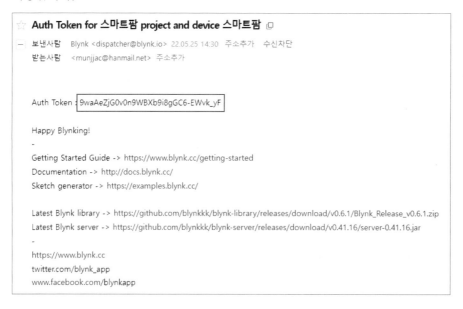

4 Slider 하나를 추가합니다.

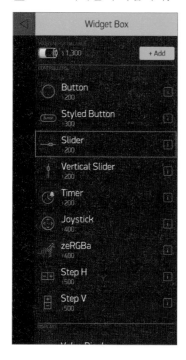

5 Labeled Value를 2개 추가합니다.

6 Slider는 다음과 같이 설정합니다.

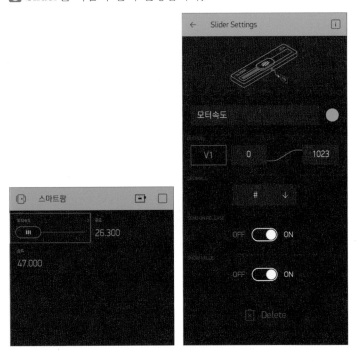

7 Display Value는 다음과 같이 설정합니다. 온도를 표시하는 부분입니다.

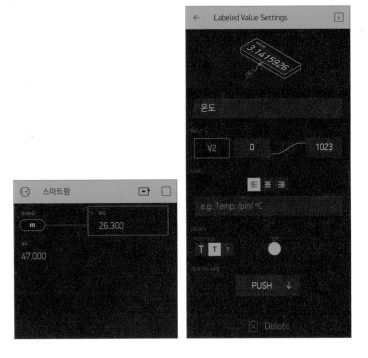

8 Display Value는 다음과 같이 설정합니다. 습도를 표시하는 부분입니다.

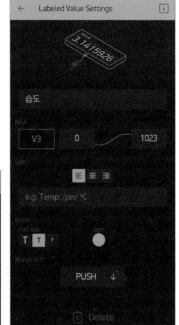

Blynk 코드 업로드 하기

새로 발급받은 토큰으로 아두이노 코드를 업로드 합니다.

다음의 코드를 작성합니다.

30-1.ino

```
01  #define BLYNK_PRINT Serial
02
03  #include <ESP8266WiFi.h>
04  #include <BlynkSimpleEsp8266.h>
05  #include "DHT.h"
06
07  #define DHTPIN D8
08  #define DHTTYPE DHT11
09  DHT dht(DHTPIN, DHTTYPE);
10
11  #define MOTOR_PIN D3
12
13  char auth[] = "9waAeZjG0v0n9WBXb9i8gGC6-EWvk_yF";
14
15  char ssid[] = "jmc";
16  char pass[] = "123456789";
17
```

```
18  BlynkTimer timer;
19
20  void sendTempHumi()
21  {
22    float temp = dht.readTemperature();
23    float humi = dht.readHumidity();
24    Blynk.virtualWrite(V2,temp);
25    Blynk.virtualWrite(V3,humi);
26  }
27
28  BLYNK_WRITE(V1)
29  {
30    int pinValue = param.asInt();
31    analogWrite(MOTOR_PIN,pinValue);
32  }
33
34  void setup()
35  {
36    Serial.begin(115200);
37
38    Blynk.begin(auth, ssid, pass);
39    timer.setInterval(1000L, sendTempHumi);
40
41    dht.begin();
42
43    pinMode(MOTOR_PIN,OUTPUT);
44  }
45
46  void loop()
47  {
48    Blynk.run();
49    timer.run();
50  }
```

06 : 이메일로 발급받은 Auth Token을 입력합니다.
08 : wifi ssid를 입력합니다.
09 : wifi 비밀번호를 입력합니다.

[🔘업로드] 버튼을 클릭하여 프로그램을 업로드 후 [🔍시리얼 모니터]를 열어 값을 확인합니다.

【 동작 결과 】

프로젝트를 실행시켜 온도와 습도값을 확인합니다.

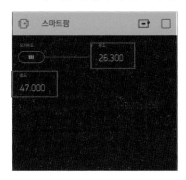

슬라이드를 움직여 모터의 속도를 제어합니다.

작품 31 _ thingspeak 활용하여 조도센서 값 기록하고 모니터링하기

학습 목표

thingspeak를 활용하여 조도센서 값을 기록해 봅니다. thingspeak는 데이서분석에서 유명한 프로그램인 matlab 을 만든 MathWorks이며 데이터를 중요시하는 회사로 데이터를 저장하거나 분석하는 데 유용한 서비스 입니다. ThingSpeak은 비상업적 소규모 프로젝트(《300만 메시지/연간 또는 최대 8,200개의 메시지/일)를 위한 무료 서 비스를 제공합니다. 더 많은 메시지가 필요하다면 비용을 지불하고 유료계정으로 사용하면 됩니다.

【 준비물 】

다음의 부품을 준비합니다.

부품명	수량
아두이노 Wemos D1 R1 보드	1개
브레드보드	1개
CDS 조도센서	1개
10k옴 저항(갈빨검검갈)	1개
수/수 점퍼케이블	3개

【 회로 연결 】

브레드보드에 아래의 회로를 꾸며 연결합니다.

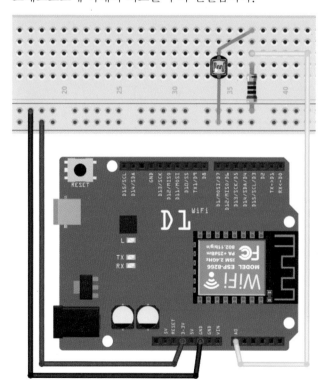

조도센서와 저항이 연결된 핀을 아두이노 Wemos D1 R1 보드의 A0번 핀에 연결합니다.

라이브러리 설치하기

작품에 필요한 라이브러리를 설치합니다.

[스케치] –〉 [라이브러리 포함하기] –〉 [라이브러리 관리..]를 클릭하여 [라이브러리 매니저] 창을 연후 라이브러리를 설치합니다.

thingspeak 온도습도센서를 사용하기 위한 라이브러리를 설치합니다.

"thingspeak"를 검색 후 ThingSpeak 라이브러리를 설치합니다.

※ 버전은 설치 시점의 최신 버전을 사용하는 것을 원칙으로 합니다. 단, 업데이트되어 동작하지 않는다면 2.0.1 버전을 설치합니다.

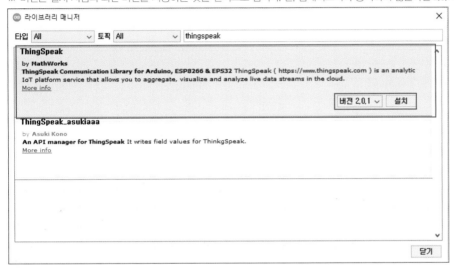

thingspeak 회원가입 및 서비스 설정

1 다음의 사이트에 접속합니다.

- https://thingspeak.com/

2 계정부분을 클릭하여 로그인합니다.

3 계정이 없다면 다음을 눌러 새로 생성합니다. 계정을 만든 후 로그인합니다.

4 로그인 후 Channels 탭에서 My Channels를 클릭합니다.

5 [New Channel]을 클릭하여 새로운 채널을 생성합니다.

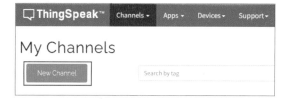

6 이름과 필드1 내용을 다음과 같이 수정합니다.

7 스크롤을 아래로 내려 [Save Channel]을 눌러 저장합니다.

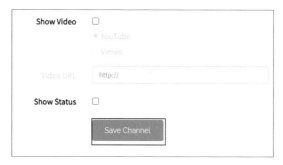

8 조도센서 채널이 생성되었습니다.

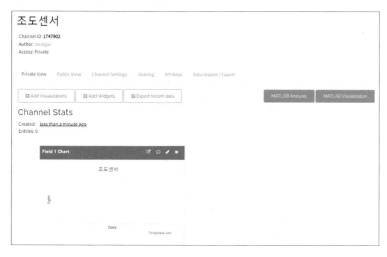

9 아두이노에서 thingspeak에 데이터를 쓰기 위해 Channel ID와 API 키가 필요로 합니다.
Channel Settings 탭으로 이동하여 Channel ID를 확인하여 복사해둡니다.

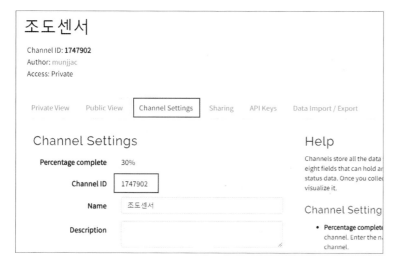

⑩ API Keys 탭으로 이동하여 Write API key를 확인하여 복사해둡니다.

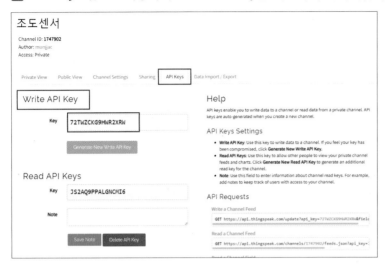

아두이노로 thingspeak에 데이터 기록하기

20초에 한 번씩 1씩 증가하는 데이터를 thingspeak에 기록하는 코드를 만들어봅니다.

다음의 코드를 작성합니다.

31-1.ino

```
01  #include <ESP8266WiFi.h>
02  #include "ThingSpeak.h"
03
04  const char* ssid ="jmc";
05  const char* password ="123456789";
06  WiFiClient client;
07
08  unsigned long myChannelNumber =1747902;
09  const char * myWriteAPIKey ="72TWZCKG9HWR2XRW";
10
11  int number =0;
12
13  void setup() {
14   Serial.begin(115200);
15   Serial.print("Connecting to: ");
16   Serial.print(ssid);
17   WiFi.begin(ssid, password);
18
19   while (WiFi.status() != WL_CONNECTED)
20   {
21       delay(250);
22       Serial.print(".");
```

```
23    }
24    Serial.println("");
25
26    Serial.print("WiFi connected in: ");
27    Serial.print(millis());
28    Serial.print(", IP address: ");
29    Serial.println(WiFi.localIP());
30
31    ThingSpeak.begin(client);
32  }
33
34  void loop() {
35    int x = ThingSpeak.writeField(myChannelNumber, 1, number, myWriteAPIKey);
36    if(x ==200){
37        Serial.println("Channel update successful.");
38    }
39    else{
40        Serial.println("Problem updating channel. HTTP error code "+String(x));
41    }
42
43    number++;
44    if(number >99){
45        number =0;
46    }
47
48    delay(20000);
49  }
```

08 : 채널 ID를 입력합니다.
09 : Write API 키를 입력합니다.
35 : 1씩 증가하는 데이터를 나의 채널에 데이터를 보냅니다.
48 : 20초 동안 기다립니다. 무료 계정의 경우 15초에 한 번 데이터를 쓸수 있습니다.

[⊕ 업로드] 버튼을 클릭하여 프로그램을 업로드 후 [🔎 시리얼 모니터]를 열어 값을 확인합니다.

【 동작 결과 】

20초에 한 번씩 1씩 증가하는 데이터를 전송하였습니다.

```
⬤ COM18

.....................................................
WiFi connected in: 33607, IP address: 192.168.137.27
Channel update successful.
Channel update successful.
Channel update successful.
```

thingspeak에서도 데이터의 확인이 가능합니다.

Private View 탭에서 데이터의 확인이 가능합니다.

조도센서를 읽어 thingspeak에 기록하기

이제 조도센서의 값을 읽어 thingspeak에 기록해 봅니다.

다음의 코드를 작성합니다.

```
31-2.ino
01  #include <ESP8266WiFi.h>
02  #include "ThingSpeak.h"
03
04  #define CDS_PIN A0
05
06  const char* ssid ="jmc";
07  const char* password ="123456789";
08  WiFiClient client;
09
10  unsigned long myChannelNumber =1747902;
11  const char * myWriteAPIKey ="72TWZCKG9HWR2XRW";
12
13  void setup() {
14    Serial.begin(115200);
```

```
15    Serial.print("Connecting to: ");
16    Serial.print(ssid);
17    WiFi.begin(ssid, password);
18
19    while (WiFi.status() != WL_CONNECTED)
20    {
21        delay(250);
22        Serial.print(".");
23    }
24    Serial.println("");
25
26    Serial.print("WiFi connected in: ");
27    Serial.print(millis());
28    Serial.print(", IP address: ");
29    Serial.println(WiFi.localIP());
30
31    ThingSpeak.begin(client);
32 }
33
34 void loop() {
35    int cdsValue =analogRead(CDS_PIN);
36    Serial.print("CDS: ");
37    Serial.println(cdsValue);
38    int x = ThingSpeak.writeField(myChannelNumber, 1, cdsValue, myWriteAPIKey);
39    if(x ==200){
40        Serial.println("Channel update successful.");
41    }
42    else{
43        Serial.println("Problem updating channel. HTTP error code "+String(x));
44    }
45    delay(20000);
46 }
```

35~38 : 조도센서에서 값을 읽어 thingspeak에 기록합니다.

[⊙ 업로드] 버튼을 클릭하여 프로그램을 업로드 후 [⊙ 시리얼 모니터]를 열어 값을 확인합니다.

【 동작 결과 】

20초에 한 번씩 CDS 조도센서의 데이터를 읽어 thingspeak로 전송합니다.

```
● COM18
┌─────────────────────────────────────────────────────┐
│                                                       │
├─────────────────────────────────────────────────────┤
│ .............                                         │
│ WiFi connected in: 4053, IP address: 192.168.137.27   │
│ CDS: 1024                                             │
│ Channel update successful.                            │
│                                                       │
└─────────────────────────────────────────────────────┘
```

thingspeak로 데이터가 전송되었습니다. 이전에 증가되는 데이터 이후에 기록되었습니다.

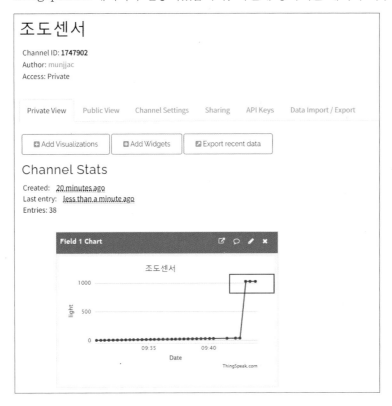

데이터를 지우고 싶다면 Channel Settings 탭으로 이동합니다.

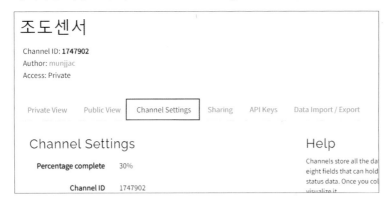

Clear Channel을 이용해서 데이터를 삭제할 수 있습니다.

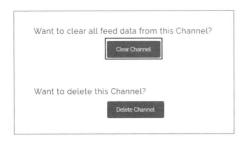

Private View로 돌아와 센서를 손으로 가려 조도값이 변하는지 확인합니다.

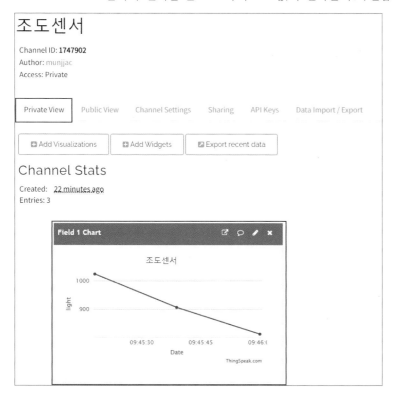

thingspeak는 matlap을 만든 회사에서 만든 IOT 서비스로 데이터를 기록하고 분석하는 데 특화되어 있습니다. 간단하게 사용하는 용도로는 무료로 사용도 가능합니다. matlap 회사도 대기업으로 서비스가 몇 년째 잘 운영되고 있어 중요한 데이터를 수집하거나 기록하는 용도에 어울립니다.

작품 32 _ thingspeak 활용하여 아이 방 온습도 기록하기

학습 목표

thingspeak를 활용하여 아이 방의 온도와 습도록 기록하는 작품을 만들어봅니다.

【 준비물 】

다음의 부품을 준비합니다.

부품명	수량
아두이노 Wemos D1 R1 보드	1개
브레드보드	1개
DHT11 온습도센서모듈	1개
수/수 점퍼케이블	5개

【 회로 연결 】

브레드보드에 아래의 회로를 꾸며 연결합니다.

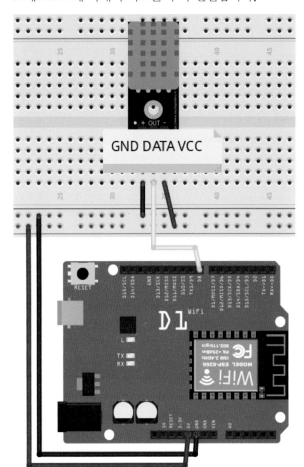

아래의 표를 참조하여 회로를 구성합니다.

모듈 핀	아두이노 핀
VCC	5V
GND	GND
SIG 또는 S	A0

DHT11 온습도 센서모듈의 경우 [VCC,S,GND], [V,S,G], [+,-,S] 등 다양한 핀의 배열이 존재합니다. 만든 곳의 결정에 의해 핀이 정의되어 있습니다. 모듈의 뒷면을 확인 후 V,VCC,+ 등의 이름은 5V에 GND,-,G 등의 이름을 GND에 O,S 등의 이름은 D8번 핀에 연결합니다. O는 OUT, S는 SIGNAL의 약자로 많이 쓰입니다.

라이브러리 설치하기

작품에 필요한 라이브러리를 설치합니다.

[스케치] -> [라이브러리 포함하기] -> [라이브러리 관리..]를 클릭하여 [라이브러리 매니저] 창을 연후 라이브러리를 설치합니다.

thingspeak 를 사용하기 위한 라이브러리를 설치합니다.

"thingspeak"를 검색 후 ThingSpeak 라이브러리를 설치합니다.

※ 버전은 설치 시점의 최신 버전을 사용하는 것을 원칙으로 합니다. 단, 업데이트되어 동작하지 않는다면 2.0.1 버전을 설치합니다.

DHT11 온도습도센서를 사용하기 위한 라이브러리를 설치합니다.

"dht11"를 검색 후 DHT sensor library 라이브러리를 설치합니다.

버전은 설치 시점의 최신 버전을 사용하나 업데이트되어 동작하지 않는다면 1.4.3 버전을 설치합니다.

DHT sensor library를 사용하기 위해서 다른 라이브러리가 필요하다는 창이 나타납니다. [Install all]을 클릭하여 모두 설치합니다.

thingspeak 채널 생성 및 데이터쓰기

thingspeak의 가입은 [작품 31. thinkspeak 활용하여 조도센서 값 기록하고 모니터링하기]를 참고하여 진행합니다.

1 Channels –〉 My Channels에서 [New Channel]을 클릭하여 새로운 채널을 생성합니다.

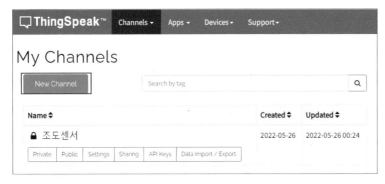

2 이름을 온도습도 필드를 2개를 온도, 습도로 설정합니다.

❸ 스크롤을 아래로 내려 [Save Channel]을 눌러 저장합니다.

❹ 온도습도 채널이 생성되었습니다.

Channel Settings에서 ID를 확인하고 API Keys에서 Write API 키를 복사해둡니다.

아두이노 코드에서 채널에 데이터를 쓰기 위해 필요로 합니다.

DHT11 온습도 센서값 확인하기

DHT11 온습도센서에서 온도와 습도값을 읽어 시리얼통신으로 전송하는 코드를 만들어봅니다.

다음의 코드를 작성합니다.

```
01  #include "DHT.h"
02
03  #define DHTPIN D8
04  #define DHTTYPE DHT11
05  DHT dht(DHTPIN, DHTTYPE);
06
07  void setup()
08  {
09    Serial.begin(115200);
10    dht.begin();
11  }
12
13  void loop()
14  {
15    float temp = dht.readTemperature();
16    float humi = dht.readHumidity();
17    Serial.print(temp);
18    Serial.print("C , ");
19    Serial.print(humi);
20    Serial.println("%");
21
22    delay(2000);
23  }
```

15~20 : 온도와 습도를 읽어 시리얼통신으로 전송합니다.

22   : 2초 동안 기다립니다. DHT11센서의 경우 너무 빨리 읽으면 센서값이 읽히지 않습니다. 약 1~2초간격으로 읽습니다.

[⏏업로드] 버튼을 클릭하여 프로그램을 업로드 후 [🔍시리얼 모니터]를 열어 값을 확인합니다.

【 동작 결과 】

시리얼통신으로 온도와 습도가 출력되었습니다.

```
  COM18

26.80C , 38.00%
26.80C , 38.00%
26.70C , 37.00%
27.10C , 37.00%
```

DHT11 온습도 센서값 thingspeak로 전송하기

20초에 한 번씩 온도와 습도를 읽어 thingspeak로 전송하는 코드를 만들어봅니다.

다음의 코드를 작성합니다.

```
01  #include <ESP8266WiFi.h>
02  #include "ThingSpeak.h"
03  #include "DHT.h"
04
05  #define DHTPIN D8
06  #define DHTTYPE DHT11
07  DHT dht(DHTPIN, DHTTYPE);
08
09  const char* ssid ="jmc";
10  const char* password ="123456789";
11  WiFiClient client;
12
13  unsigned long myChannelNumber =1747957;
14  const char * myWriteAPIKey ="R5T0H2AAKDM3VE66";
15
16  void setup() {
17   Serial.begin(115200);
18   Serial.print("Connecting to: ");
19   Serial.print(ssid);
20   WiFi.begin(ssid, password);
21
22   while (WiFi.status() != WL_CONNECTED)
23   {
24      delay(250);
25      Serial.print(".");
26   }
27   Serial.println("");
28
29   Serial.print("WiFi connected in: ");
30   Serial.print(millis());
31   Serial.print(", IP address: ");
32   Serial.println(WiFi.localIP());
33
34   ThingSpeak.begin(client);
35   dht.begin();
36  }
37
38  void loop() {
39   float temp = dht.readTemperature();
40   float humi = dht.readHumidity();
41   Serial.print(temp);
42   Serial.print("C , ");
43   Serial.print(humi);
44   Serial.println("%");
45
```

```
46      ThingSpeak.setField(1, temp);
47      ThingSpeak.setField(2, humi);
48
49      int x = ThingSpeak.writeFields(myChannelNumber, myWriteAPIKey);
50      if(x ==200){
51          Serial.println("Channel update successful.");
52      }
53      else{
54          Serial.println("Problem updating channel. HTTP error code "+String(x));
55      }
56      delay(20000);
57  }
```

39~44 : 온도와 습도를 읽습니다.

46   : 1번 필드에 데이터를 입력합니다.

47   : 2번 필드에 데이터를 입력합니다.

49   : 모든 필드에 데이터를 써넣습니다.

[🔼업로드] 버튼을 클릭하여 프로그램을 업로드 후 [🔍시리얼 모니터]를 열어 값을 확인합니다.

【 동작 결과 】

```
COM18

............
WiFi connected in: 4052, IP address: 192.168.137.27
26.60C , 38.00%
Channel update successful.
28.30C , 38.00%
Channel update successful.
26.50C , 37.00%
Channel update successful.
```

온도와 습도가 온도습도 채널에 전송되었습니다.

작품 33 _ 어디서나 우리집 모니터링 온도, 습도, 조도

학습 목표

ESP8266에서 획득한 데이터를 구글의 데이터베이스 서비스인 firebase에 쓰고 앱인벤터에서 값을 읽어 어디서
나 우리집의 데이터를 모니터링 할 수 있는 작품을 만들어봅니다.

firebase(파이어베이스)는 구글에서 제공하는 데이터베이스로 모바일 또는 웹 개발에 필요한 기능을 제공합니다.
제공합니다.

주요기능 중에는 실시간 데이터베이스, 인증, 클라우드저장소, 호스팅 등이 있습니다. 우리가
ESP8266으로 데이터를 보내고 저장하기 위해 firebase의 실시간 데이터베이스 서비스를 이용하면
됩니다. firebase가 없었다면 서버를 구성해야 하고 관리를 해야합니다. 이는 서버를 구성하고 관리
를 할 수 있어야 가능합니다. 하지만 firebase는 모바일, 웹개발에 필요한 기능을 제공하여 서버 등
을 관리할 필요없이 기능구현에만 신경써서 개발하면 됩니다.

실제로 모바일앱 등을 개발할 때도 서버 개발없이 firebase에서 제공하는 기능으로 개발이 가능합니
다. firebase는 저장소, 데이터사용등 일정부분 무료이나 사용량이 많아지면 정액제로 비용을 지불
하고 사용하여야 합니다. 우리가 이번 책에서 만드는 작품은 많은 저장소나 데이터가 필요하지 않아
충분히 무료로 사용이 가능합니다.

아래의 방식으로 구성됩니다.

[ESP8266] 〈-인터넷-〉 [firebase] 〈-인터넷-〉 [스마트폰 앱]

ESP8266의 데이터는 firebase에 저장되고 firebase에 저장된 데이터를 스마트폰 앱을 만들어 표시
합니다.

이번 프로젝트는 다음 과정으로 진행됩니다.

파이어베이스 설정 -〉 ESP8266 아두이노 프로그램 -〉 앱인벤터로 앱 만들고 확인

파이어베이스 설정

1 구글에서 "파이어베이스"를 검색 후 아래의 사이트에 접속합니다.

2 [시작하기]를 클릭합니다.

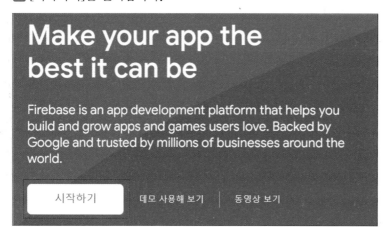

3 구글 로그인 창이 나타나면 회원가입 및 로그인을 진행한다. 로그인 후 [프로젝트 만들기]를 클릭합니다.

4 esp8266firebase의 이름을 만들고 약관에 동의 후 [계속]을 눌러 진행합니다.

5 [계속]을 눌러 진행합니다.

6 약관에 동의 후 [프로젝트 만들기]를 클릭합니다.

7 1분가량 기다린 후 프로젝트가 생성되었습니다. [계속]을 눌러 진행합니다.

8 내가 생성한 esp8266firebase의 이름으로 프로젝트가 생성되었습니다.

빌드 탭의 Realtime Database를 클릭합니다.

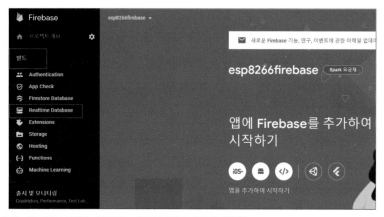

⑨ 처음에는 만들어진 데이터베이스가 없기 때문에 [데이터베이스 만들기]를 클릭합니다.

⑩ 데이터베이스의 위치를 설정합니다. 미국, 벨기에 두 곳뿐이라서 [미국]을 선택하였습니다. 추후 대한민국이 추가되면 대한민국으로 선택합니다.

⑪ [잠금 모드에서 시작]을 선택하고 [사용 설정]을 클릭합니다.

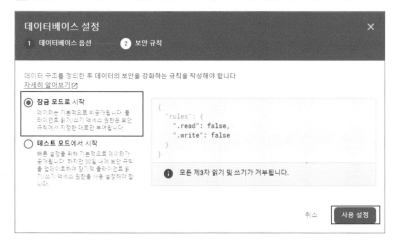

12 실시간 데이터베이스가 생성되었습니다. 우리는 [잠금 모드에서 시작]을 했기 때문에 데이터베이스를 읽고 쓸 수가 없습니다. 규칙을 수정하여 읽고 쓰기를 가능하게 합니다. [규칙] 탭을 클릭합니다. 규칙에서 false 두 곳을 true로 변경하고 [게시]를 클릭합니다. 읽고 쓸 수 있게 하는 규칙으로 변경하였습니다.

13 보안 규칙이 공개로 정의되었다고 위험을 알립니다. 넘어가도록 합니다.

```
       ⚠  보안 규칙이 공개로 정의되어 있어 누구나 데이터베이스의 데이터를 도용, 수정, 삭제할 수 있습니다.
1 ▾  {
2 ▾    "rules": {
3        ".read": true,
4        ".write": true
5      }
6    }
```

14 ESP8266에서 firebase로 데이터를 보내면 아래 빨간색 네모부분에 데이터가 보여집니다.

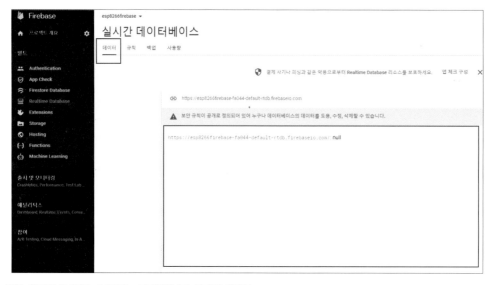

⑮ ESP8266에서 내 firebase의 정보를 알기 위해서는 두 가지의 정보가 필요합니다. 데이터베이스 주소와 비밀번호입니다. 데이터베이스 주소는 아래 링크에서 마우스 오른쪽을 클릭 후 복사를 눌러서 획득합니다.

https:// 부분 이후부터 마지막까지 복사합니다.

⑯ 비밀번호는 [톱니바퀴] −〉[프로젝트 설정]을 클릭합니다.

⑰ [서비스 계정] 탭에서 [데이터베이스 비밀번호] −〉[표시]를 클릭합니다.

⑱ 표시된 비밀번호에서 [비밀번호 복사]를 눌러 획득합니다.

ESP8266 아두이노 프로그램

이제 아두이노에서 프로그램합니다.

【 준비물 】

다음의 부품을 준비합니다.

부품명	수량
아두이노 Wemos D1 R1 보드	1개
브레드보드	1개
CDS 조도센서	1개
10k옴 저항(갈빨검검갈)	1개
DHT11 온습도 센서모듈	1개
수/수 점퍼케이블	7개

【 회로 연결 】

브레드보드에 아래의 회로를 꾸며 연결합니다.

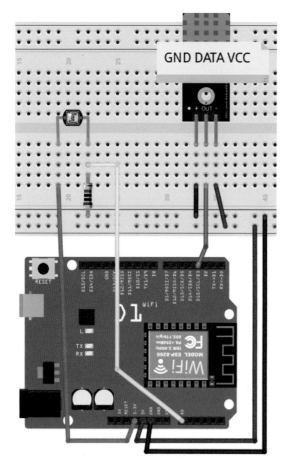

CDS센서의 한쪽 다리는 3.3V에 연결하고 나머지 한쪽은 10k옴(갈빨검검갈) 저항을 통해 GND에 연결합니다. CDS와 저항이 연결된 부분은 Wemos D1 R1 보드의 A0번 핀에 연결합니다. DHT11센서의 OUT 핀은 Wemos D1 R1 보드의 D3번 핀에 연결합니다.

라이브러리 설치

[스케치] → [라이브러리포함하기] → [라이브러리관리]를 클릭하여 [라이브러리 매니저] 창을 열고 "firebase"를 검색 후 [Firebase ESP8266 Client]를 설치한다.

※ 사용된 버전은 3.0.7 버전입니다. 꼭 버전을 맞춰서 설치합니다.

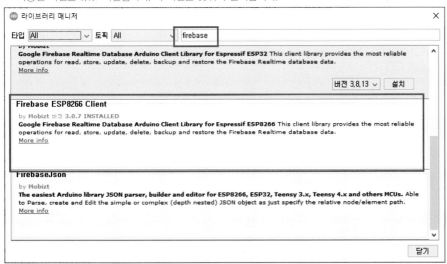

firebase에 데이터 쓰기

firebase에 데이터를 쓰는 프로그램을 만들어봅니다.

아래의 프로그램을 작성합니다.

```
33-1.ino

01  #include "FirebaseESP8266.h"
02  #include <ESP8266WiFi.h>
03
04  #define FIREBASE_HOST "esp8266firebase-db9b1-default-rtdb.firebaseio.com/"
05  #define FIREBASE_AUTH "T3nPtUadCYTyY2cislSAAl3sbtSLoKFPM5XbqqLm"
06  #define WIFI_SSID "jmcjmc"
07  #define WIFI_PASSWORD "melab12345"
08
09  FirebaseData firebaseData;
10
11  void setup() {
12    Serial.begin(115200);
13
14    WiFi.begin(WIFI_SSID, WIFI_PASSWORD);
15    Serial.println();
16    Serial.print("Connecting to Wi-Fi");
17    while (WiFi.status() != WL_CONNECTED)
18    {
19      Serial.print(".");
```

```
19        Serial.print(".");
20        delay(300);
21    }
22    Serial.println();
23    Serial.print("Connected with IP: ");
24    Serial.println(WiFi.localIP());
25    Serial.println();
26
27    Firebase.begin(FIREBASE_HOST, FIREBASE_AUTH);
28    Firebase.reconnectWiFi(true);
29
30    firebaseData.setBSSLBufferSize(1024, 1024);
31    firebaseData.setResponseSize(1024);
32    Firebase.setReadTimeout(firebaseData, 1000 *60);
33    Firebase.setwriteSizeLimit(firebaseData, "tiny");
34  }
35
36  void loop() {
37    static int cnt =0;
38    static unsigned long prevTime =0;
39    static unsigned long nowTime =0;
40
41    nowTime =millis();
42    if (nowTime - prevTime >=5000)
43    {
44        prevTime = nowTime;
45        Firebase.setFloat(firebaseData, "/esp8266/count", cnt++);
46    }
47  }
```

01   : firebase를 사용하기 위한 헤더파일을 추가합니다.

04   : 파이어베이스의 링크주소로 https://부분을 제외한 나머지 부분을 붙여넣습니다.

05   : 파이어베이스의 비밀번호를 붙여넣습니다.

06~07 : 접속하고자 하는 WIFI의 ID와 패스워드를 입력합니다.

09   : firebaseData의 이름으로 클래스를 생성합니다.

14~25 : WIFI에 접속합니다.

27~33 : firebase에 접속하고 기본설정을 합니다.

45   : 5초마다 /esp8266/count 에 cnt값을 보냅니다. cnt값은 1씩 증가합니다.

[⬆업로드] 버튼을 클릭하여 프로그램을 업로드 후 [🔍 시리얼 모니터]를 열어 값을 확인합니다.

【 동작 결과 】

아두이노 프로그램을 업로드 후 시리얼 모니터를 열어 WIFI의 접속 여부를 확인합니다.

```
COM6                                                          —

.................................................................
Connected with IP: 192.168.43.42
```

접속 후 firebase에서 데이터가 써졌는지 확인합니다.

firebase의 Realtime Database를 확인하면 5초마다 count의 값이 증가함을 확인할 수 있습니다.

정말 간단하게 서버를 구성하였습니다. firebase가 없었더라면 서버를 구매하고 서버를 설치하고 관리했어야 합니다. 서버 구입 비용은 수십~ 수백만 원입니다. 진입장벽이 굉장히 높았던 것을 firebase라는 서비스를 통해 간단하게 구성하였습니다. firebase에 써진 데이터는 인터넷이 연결된 곳이라면 어디에서도 접속 가능합니다.

온도습도를 firebase에 기록하기

아래의 코드를 작성하여 온도/습도/조도 데이터를 firebase에 기록합니다.

아래의 코드를 작성합니다.

33-2.ino

```
01  #include "FirebaseESP8266.h"
02  #include <ESP8266WiFi.h>
03  #include "DHT.h"
04
05  #define FIREBASE_HOST "esp8266firebase-db9b1-default-rtdb.firebaseio.com/"
06  #define FIREBASE_AUTH "T3nPtUadCYTyY2cislSAAl3sbtSLoKFPM5XbqqLm"
07  #define WIFI_SSID "jmcjmc"
08  #define WIFI_PASSWORD "melab12345"
09
10  FirebaseData firebaseData;
11
12  #define DHTPIN D3
13  #define DHTTYPE DHT11
14  DHT dht(DHTPIN, DHTTYPE);
15
16  #define CDS_PIN A0
```

```
17
18   void setup() {
19    Serial.begin(115200);
20
21    WiFi.begin(WIFI_SSID, WIFI_PASSWORD);
22    Serial.println();
23    Serial.print("Connecting to Wi-Fi");
24    while (WiFi.status() != WL_CONNECTED)
25    {
26        Serial.print(".");
27        delay(300);
28    }
29    Serial.println();
30    Serial.print("Connected with IP: ");
31    Serial.println(WiFi.localIP());
32    Serial.println();
33
34    Firebase.begin(FIREBASE_HOST, FIREBASE_AUTH);
35    Firebase.reconnectWiFi(true);
36
37    firebaseData.setBSSLBufferSize(1024, 1024);
38    firebaseData.setResponseSize(1024);
39    Firebase.setReadTimeout(firebaseData, 1000 *60);
40    Firebase.setwriteSizeLimit(firebaseData, "tiny");
41
42    dht.begin();
43   }
44
45   void loop() {
46    static int cnt =0;
47    static unsigned long prevTime =0;
48    static unsigned long nowTime =0;
49
50    nowTime =millis();
51    if (nowTime - prevTime >=5000)
52    {
53        prevTime = nowTime;
54        float temp = dht.readTemperature();
55        float humi = dht.readHumidity();
56        int cdsVal =analogRead(CDS_PIN);
57        if (temp >=0 && temp <60)
58        {
59         Firebase.setFloat(firebaseData, "/esp8266/temp", temp);
60         Firebase.setFloat(firebaseData, "/esp8266/humi", humi);
61         Firebase.setInt(firebaseData, "/esp8266/cds", cdsVal);
62        }
63    }
64   }
```

54~56 : 온도/습도/조도 값을 읽어 각각 변수에 대입합니다.

57   : 온도값이 0~60도일 때만 조건에 만족합니다. DHT11센서는 오류가 많아 0~60 외에 데이터는 무시합니다.

59   : /esp8266/temp 경로에 온도값을 보냅니다.

60   : /esp8266/humi 경로에 습도값을 보냅니다.

61   : /esp8266/cds 경로에 조도값을 보냅니다.

5초에 한 번씩 firebase에 온도/습도/조도값을 보냅니다.

[🔼업로드] 버튼을 클릭하여 프로그램을 업로드 후 [🔎시리얼 모니터]를 열어 값을 확인합니다.

【 동작 결과 】

아두이노 프로그램을 업로드 후 시리얼 모니터를 열어 WIFI가 접속됨을 확인합니다.

esp8266 경로 안에 CDs, humi, temp의 값이 추가됨을 확인할 수 있습니다.

eps8266에서 5초마다 새로운 값이 써집니다.

사용하지 않는 데이터는 [X]를 눌러 삭제할 수 있습니다.

count는 사용하지 않으므로 삭제하도록 합니다.

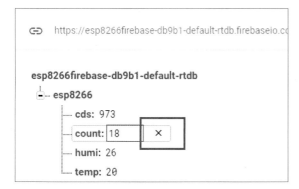

[삭제] 버튼을 눌러 삭제합니다.

앱인벤터로 앱 만들고 확인하기

이제 앱인벤터로 firebase에 접속 후 데이터를 확인하는 앱을 만들어보도록 합니다.

1 "project_33"의 이름으로 새로운 프로젝트를 생성합니다.

2 [레이아웃]에서 [수평배치]를 끌어와 뷰어에 위치시킵니다.

수평배치1의 속성을 다음과 같이 설정합니다.

- 수평정렬: 가운데:3
- 수직정렬: 가운데:2
- 높이: 80픽셀
- 너비: 부모 요소에 맞추기

③ [사용자 인터페이스]에서 [레이블]을 끌어와 수평배치1 안에 위치시킵니다.
이름을 [온도]로 변경합니다. 온도의 속성을 다음과 같이 설정합니다.

- 글꼴크기: 30
- 텍스트: "온도:"

④ [사용자 인터페이스]에서 [레이블]을 끌어와 수평배치1 안에 위치시킵니다.
이름을 [온도_값]으로 변경합니다. [온도_값]의 속성을 다음과 같이 설정합니다.

- 글꼴크기: 30
- 텍스트: 비워두기

5 [레이아웃]에서 [수평배치]를 끌어와 뷰어에 위치시킵니다.

수평배치2의 속성을 다음과 같이 설정합니다.

- 수평정렬: 가운데:3
- 수직정렬: 가운데:2
- 높이: 80픽셀
- 너비: 부모 요소에 맞추기

6 [사용자 인터페이스]에서 [레이블]을 끌어와 수평배치1 안에 위치시킵니다.

이름을 [습도]로 변경합니다. 습도의 속성을 다음과 같이 설정합니다

- 글꼴크기: 30
- 텍스트: "습도:"

7 [사용자 인터페이스]에서 [레이블]을 끌어와 수평배치2 안에 위치시킵니다.
이름을 [습도_값]로 변경합니다. [습도_값]의 속성을 다음과 같이 설정합니다.

- 글꼴크기: 30
- 텍스트: 비워두기

8 [레이아웃]에서 [수평배치]를 끌어와 뷰어에 위치시킵니다.
수평배치3의 속성을 다음과 같이 설정합니다.

- 수평정렬: 가운데:3
- 수직정렬: 가운데:2
- 높이: 80픽셀
- 너비: 부모 요소에 맞추기

9 [사용자 인터페이스]에서 [레이블]을 끌어와 수평배치3 안에 위치시킵니다.
이름을 [조도]로 변경합니다. 습도의 속성을 다음과 같이 설정합니다.

- 글꼴크기: 30
- 텍스트: "조도:"

10 [사용자 인터페이스]에서 [레이블]을 끌어와 수평배치3 안에 위치시킵니다.
이름을 [조도_값]로 변경합니다. [조도_값]의 속성을 다음과 같이 설정합니다.

- 글꼴크기: 30
- 텍스트: 비워두기

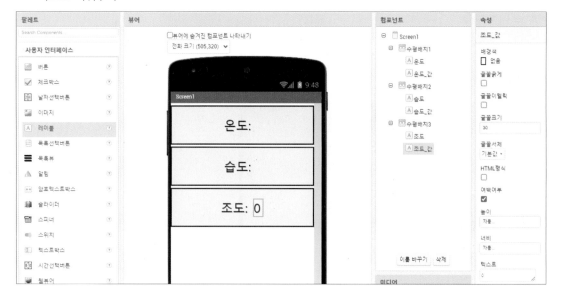

⓫ [실험실]에서 [파이어베이스DB]를 끌어와 뷰어에 위치시킵니다.

파이어베이스 DB는 실험적 기능으로 변경되거나 작동이 중지될 수 있다는 경고창이 뜹니다. [확인]을 눌러 진행합니다. 앱인벤터에서 실험실 기능으로 기능이 중지될 경우 [확장기능]을 추가하면 동작하기 때문에 걱정하지 않아도 됩니다.

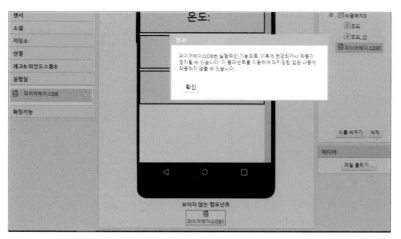

⓬ 파이어베이스의 토큰(비밀번호)와 URL 주소를 입력하도록 합니다.

비밀번호는 [톱니바퀴] -〉 [프로젝트설정] -〉 [서비스계정] -〉 [데이터베이스 비밀번호]에서 확인이 가능하며 URL은 [Realtime Database] -〉 [데이터 탭]에서 주소확인이 가능합니다. 앱인벤터에서는 파이어베이스의 전체 주소를 복사하여 붙여넣습니다.

⓭ 토큰과 URL을 입력합니다.

⬛ [센서]에서 [시계]를 끌어와 뷰어에 위치시킵니다. [시계1]의 속성에서 타이머 간격을 5000으로 수정합니다. 5초마다 타이머가 동작됩니다.

⬛ [블록]으로 이용하여 코딩을 하도록 합니다.

5초마다 타이머가 작동되어 파이어베이스의 프로젝트버킷을 비웁니다. 프로젝트 버킷이 앱인벤터의 파일이름으로 자동으로 채워져서 의도적으로 초기화되었을 때 비웁니다.

/esp8266 경로에서 값을 가지고 옵니다.

[16] 읽은 값에서 temp의 데이터는 온도_값에 넣고, humi의 데이터는 습도_값, cds의 데이터는 조도_값에 넣습니다.

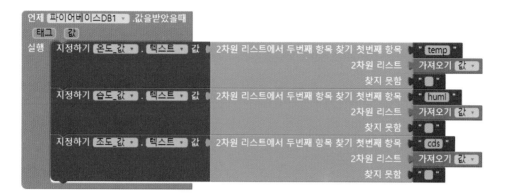

[17] 모두 완성하였습니다. [연결] → [AI컴패니언]으로 앱을 실행합니다.

【 동작 결과 】

앱인벤터에서 firebase의 데이터를 읽어 온도/습도/조도가 표시되었습니다.

작품 34 _ 사물인터넷 어디서나 스마트 스위치 컨트롤러 만들기

학습 목표

앱인벤터에서 버튼을 눌러 어디서나 전등을 끄고 켤수 있는 스마트 스위치 컨트롤러를 만들어봅니다.

【 준비물 】

다음의 부품을 준비합니다.

부품명	수량
아두이노 Wemos D1 R1	1개
브레드보드	1개
CDS 조도센서	1개
10k옴 저항(갈빨검검갈)	1개
SG90서보모터(파란색)	2개
220uF 캐패시터	1개
두꺼운양면테이프	2개
수/수 점퍼케이블	7개

【 회로 연결 】

브레드보드에 아래의 회로를 꾸며봅니다.

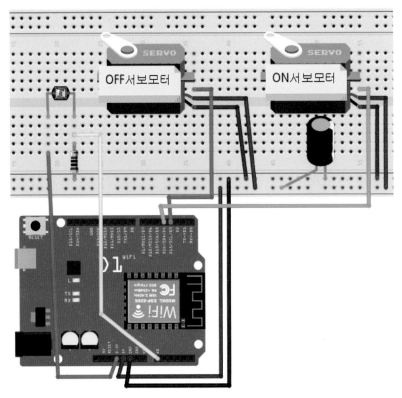

CDS센서의 한쪽다리는 3.3V에 연결하고 나머지 한쪽은 10k옴(갈빨검검갈) 저항을 통해 GND에 연결합니다. CDS와 저항이 연결된 부분은 Wemos D1 R1 보드의 A0번 핀에 연결합니다.

SG90모터(OFF 서보모터)의 주황색핀은 Wemos D1 R1 보드의 D3번 핀에 연결하고 갈색은 GND 빨간색은 5V에 연결합니다.

SG90모터(ON 서보모터)의 주황색핀은 Wemos D1 R1 보드의 D4번 핀에 연결하고 갈색은 GND 빨간색은 5V에 연결합니다.

firebase로 조도값 전송하기

fasebase로 5초마다 조도값을 보내고 firebase에서 값이 변경될 때 값을 받아오는 코드를 만들어봅니다

아래의 코드를 작성한다.

34-1.ino

```
01  #include "FirebaseESP8266.h"
02  #include <ESP8266WiFi.h>
03
04  #define FIREBASE_HOST "esp8266firebase-db9b1-default-rtdb.firebaseio.com/"
05  #define FIREBASE_AUTH "T3nPtUadCYTyY2cislSAAl3sbtSLoKFPM5XbqqLm"
06  #define WIFI_SSID "jmcjmc"
07  #define WIFI_PASSWORD "melab12345"
08
09  FirebaseData firebaseDataReceive;
10  FirebaseData firebaseDataSend;
11
12  String path ="/appinventor/onoff";
13
14  #define CDS_PIN A0
15
16  unsigned long prevTime =0;
17  unsigned long nowTime =0;
18
19  void setup() {
20    Serial.begin(115200);
21
22    WiFi.begin(WIFI_SSID, WIFI_PASSWORD);
23    Serial.println();
24    Serial.print("Connecting to Wi-Fi");
25    while (WiFi.status() != WL_CONNECTED)
26    {
27      Serial.print(".");
28      delay(300);
```

```
29    }
30    Serial.println();
31    Serial.print("Connected with IP: ");
32    Serial.println(WiFi.localIP());
33    Serial.println();
34
35    Firebase.begin(FIREBASE_HOST, FIREBASE_AUTH);
36    Firebase.reconnectWiFi(true);
37
38    firebaseDataReceive.setBSSLBufferSize(1024, 1024);
39    firebaseDataReceive.setResponseSize(1024);
40    Firebase.beginStream(firebaseDataReceive, path);
41
42    firebaseDataSend.setBSSLBufferSize(1024, 1024);
43    firebaseDataSend.setResponseSize(1024);
44    Firebase.setReadTimeout(firebaseDataSend, 1000 *60);
45    Firebase.setwriteSizeLimit(firebaseDataSend, "tiny");
46    }
47
48    void loop() {
49    Firebase.readStream(firebaseDataReceive);
50
51    if (firebaseDataReceive.streamAvailable())
52    {
53        Serial.print( firebaseDataReceive.dataPath() );
54        Serial.print( ":" );
55        Serial.println( firebaseDataReceive.stringData() );
56    }
57
58    nowTime =millis();
59    if (nowTime - prevTime >=5000)
60    {
61        prevTime = nowTime;
62        int cdsVal =analogRead(CDS_PIN);
63        Firebase.setInt(firebaseDataSend, "/esp8266/cds", cdsVal);
64    }
65    }
```

09 : 받는 firebaseDataReceive 객체를 생성합니다. 받는쪽은 stream 기능을 사용합니다. stream 기능을 사용하면 값 이 바뀔때만 값을 읽어올수 있어 데이터를 아낄 수 있습니다

10 : 보내는 firebaseDataSend 객체 생성합니다.

12 : firebase의 stream 동작을 하는 path를 설정합니다. 앱인벤터에서 /appinventor/onoff 경로에 값을 써 넣습니다. ESP8266에서는 이경로의 값이 변경되면 stream기능이 활성화 됩니다. stream은 "흐르는"이라는 뜻으로 데이터 가 변경될 때 알 수 있습니다.

14 : 조도센서에 사용하는 핀을 정의합니다.

35~36 : firebase에 연결합니다.

38~40 : 받는 firebaseDataReceive 객체를 설정합니다. firebaseDataReceive 는 stream기능을 활성화 합니다.

42~45 : 보내는 firebaseDataSend 개체를 설정합니다.

49   : firebaseDataReceive에서 값을 읽습니다.

51   : 값이 변경되었다면 조건에 만족합니다.

53~55 : 경로와 데이터를 보여줍니다.

58~64 : 5초마다 조도센서의 값을 /esp8266/cds 경로로 보냅니다.

【 동작 결과 】

앱인벤터 앱을 만들어서 테스트해도 되나 우선 웹상의 firebase의 Realtime Database상에서 데이터를 만들어서 테스트해 봅니다.

firebase웹페이지에서 진행합니다.

firebase의 [Realtime Database] -〉 [데이터]탭에서 +버튼을 클릭합니다.

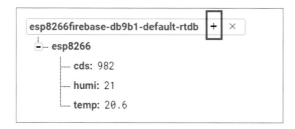

이름 appinventor를 적고 +를 클릭합니다.

이름 onoff를 적고 값에 "1"을 넣습니다. 쌍따옴표 안의 값은 문자열 형태로 저장됩니다. 앱인벤터에서 firebase로 줄 수 있는 값은 문자열 형태뿐이어서 테스트시도 동일하게 문자열을 만들어 진행합니다.

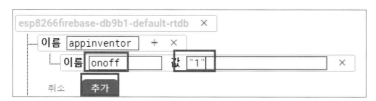

/appinventor/onoff 경로가 추가되었고 문자열 "1"의 값이 저장되었다. "1"의 값을 "0"으로 수정해 봅니다.

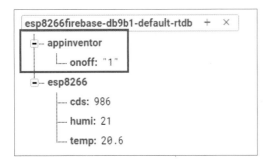

아두이노에 프로그램을 업로드 한 후 시리얼 모니터를 열어 확인합니다.

firebase에서 /appinventor/onoff 경로상의 값이 0, 1로 변경되었을 때 아두이노의 시리얼 모니터 창에서 값이 출력됨을 확인할 수 있습니다.

서보모터를 다음과 같이 조립합니다.

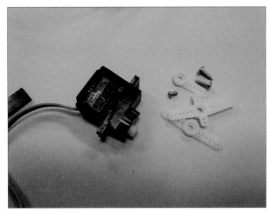
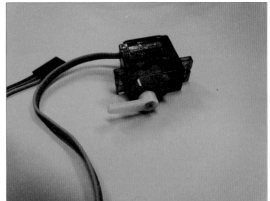

서보모터는 오른쪽의 사진처럼 조립합니다.

서보모터는 공장에서 만들어져 나올 때 초기상태가 90도 쯤으로 되어있어 오른쪽 사진처럼 조립해 놓으면 각도를 맞추기 편합니다.

이제 /appinventor/onoff 경로의 값이 "0", "1"에 값에 따라서 동작하는 서보모터를 추가하여 아두이노 프로그램은 완성합니다.

```
34-2.ino
01   #include "FirebaseESP8266.h"
02   #include <ESP8266WiFi.h>
03   #include <Servo.h>
04
05   Servo myservoOff;
06   Servo myservoOn;
07
08   #define FIREBASE_HOST "esp8266firebase-db9b1-default-rtdb.firebaseio.com/"
09   #define FIREBASE_AUTH "T3nPtUadCYTyY2cislSAAl3sbtSLoKFPM5XbqqLm"
10   #define WIFI_SSID "jmcjmc"
11   #define WIFI_PASSWORD "melab12345"
12
13   FirebaseData firebaseDataReceive;
14   FirebaseData firebaseDataSend;
15
16   String path ="/appinventor/onoff";
17
18   #define CDS_PIN A0
19
20   unsigned long prevTime =0;
21   unsigned long nowTime =0;
22
23   void setup() {
24    Serial.begin(115200);
25
26    WiFi.begin(WIFI_SSID, WIFI_PASSWORD);
27    Serial.println();
28    Serial.print("Connecting to Wi-Fi");
29    while (WiFi.status() != WL_CONNECTED)
30    {
31       Serial.print(".");
32       delay(300);
33    }
34    Serial.println();
35    Serial.print("Connected with IP: ");
36    Serial.println(WiFi.localIP());
37    Serial.println();
38
39    Firebase.begin(FIREBASE_HOST, FIREBASE_AUTH);
40    Firebase.reconnectWiFi(true);
41
42    firebaseDataReceive.setBSSLBufferSize(1024, 1024);
43    firebaseDataReceive.setResponseSize(1024);
44    Firebase.beginStream(firebaseDataReceive, path);
45
```

```
46    firebaseDataSend.setBSSLBufferSize(1024, 1024);
47    firebaseDataSend.setResponseSize(1024);
48    Firebase.setReadTimeout(firebaseDataSend, 1000 *60);
49    Firebase.setwriteSizeLimit(firebaseDataSend, "tiny");
50
51    myservoOff.attach(D3);
52    myservoOff.write(180);
53    myservoOn.attach(D4);
54    myservoOn.write(0);
55  }
56
57  void loop() {
58    Firebase.readStream(firebaseDataReceive);
59
60    if (firebaseDataReceive.streamAvailable())
61    {
62      Serial.print( firebaseDataReceive.dataPath() );
63      Serial.print( ":" );
64      Serial.println( firebaseDataReceive.stringData().toInt() );
65      int onOff = firebaseDataReceive.stringData().toInt();
66      if(onOff ==0)
67      {
68       myservoOff.write(40);
69       delay(2000);
70       myservoOff.write(180);
71      }
72      else if(onOff ==1)
73      {
74       myservoOn.write(140);
75       delay(2000);
76       myservoOn.write(0);
77      }
78    }
79
80    nowTime =millis();
81    if (nowTime - prevTime >=5000)
82    {
83      prevTime = nowTime;
84      int cdsVal =analogRead(CDS_PIN);
85      Firebase.setInt(firebaseDataSend, "/esp8266/cds", cdsVal);
86    }
87  }
```

51~52 : D3번은 전등을 끄는 Off 서보모터를 연결하고 각도를 180도로 초기화하였습니다.

53~54 : D4번은 전등을 켜는 On 서보모터를 연결하고 각도를 0도로 초기화하였습니다.

62   : 문자열값을 숫자형으로 변환하여 onOff 변수에 저장합니다.

63~68 : 받은 값이 0이라면 myservoOff 서보모터를 40의 도의 각도로 이동한 후 2초 후 다시 180도로 원상복귀합니다.

69~73 : 받은 값이 1이라면 myservoOn 서보모터를 140의 도의 각도로 이동한 후 2초 후 다시 0도로 원상복귀합니다.

[🔼업로드] 버튼을 클릭하여 프로그램을 업로드 후 [🔍시리얼 모니터]를 열어 값을 확인합니다.

【 동작 결과 】

fireabase의 웹페이지에서 값을 수정합니다.

/appinventor/onoff 데이터를 "1", "0"으로 바꾸어봅니다. 바꿨을 때 서보모터가 동작하는지 확인합니다.

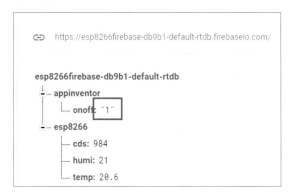

서보모터를 전등에 아래와 같이 부착합니다. 서보모터 부착은 두꺼운 양면테이프를 이용하여 부착합니다.

/appinventor/onoff의 데이터가 0이되면 Off 서보모터가 40도로 움직여 전등을 끄고 2초 후에 다시 원래 자리인 180도로 이동합니다.

/appinventor/onoff의 데이터가 1이되어 On 서보모터의 각도가 140도로 움직여 전등을 켜고 2초 후에 다시 원래자리인 0도로 이동합니다.

서보모터의 각도는 아래와 같습니다.

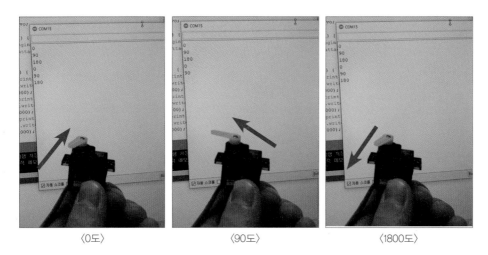

| 〈0도〉 | 〈90도〉 | 〈1800도〉 |

서보모터는 자신의 집의 스위치 상황에 맞게 각도는 변경해서 사용합니다.

이제 앱인벤터로 앱을 만들어서 진행하도록 합니다.

project_34 이름으로 정하고 [확인]을 눌러 새로운 프로젝트를 생성합니다.

[레이아웃]에서 [수평배치]를 끌어와 뷰어에 위치시킵니다. 수평배치1의 속성을 다음과 같이 설정합니다.

- 수평정렬: 가운데:3
- 수직정렬: 가운데:2
- 높이: 80픽셀
- 너비: 부모 요소에 맞추기

[사용자인터페이스]에서 버튼2개를 끌어와 뷰어의 수평배치1 안에 위치시킵니다.

이름을 각각 왼쪽 오른쪽 [끔_버튼],[켬_버튼]으로 이름을 바꿉니다.

[끔_버튼]의 속성을 다음과 같이 설정합니다.

글꼴크기 30, 높이:부모 요소에 맞추기. 너비:부모 요소에 맞추기, 텍스트:OFF

[켬_버튼]의 속성을 다음과 같이 설정합니다.

글꼴크기 30, 높이:부모 요소에 맞추기. 너비:부모 요소에 맞추기, 텍스트:ON

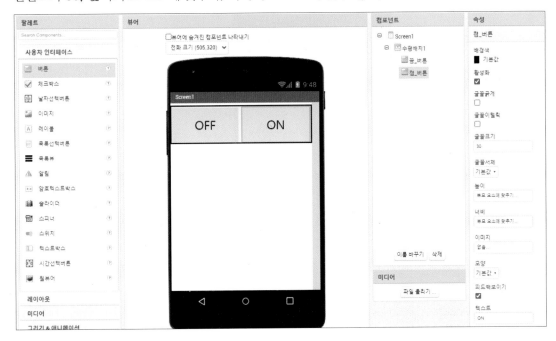

[레이아웃]에서 [수평배치]를 끌어와 뷰어에 위치시킵니다. 수평배치2의 속성을 다음과 같이 설정합니다.

- 수평정렬: 가운데:3
- 수직정렬: 가운데:2
- 높이: 80픽셀
- 너비: 부모 요소에 맞추기

[사용자 인터페이스]에서 [레이블]을 끌어와 수평배치2 안에 위치시킵니다. 이름을 [조도]로 변경하고 [조도]의 속성을 다음과 같이 설정합니다.

- 글꼴크기: 30
- 텍스트: 조도

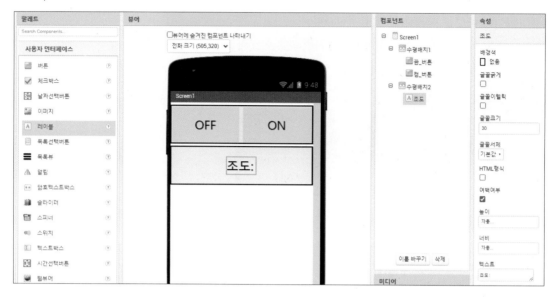

[사용자 인터페이스]에서 [레이블]을 끌어와 수평배치2 안에 위치시킵니다. 이름을 [조도_값]로 변경하고 [조도_값]의 속성을 다음과 같이 설정합니다.

- 글꼴크기: 30
- 텍스트: 비워두기

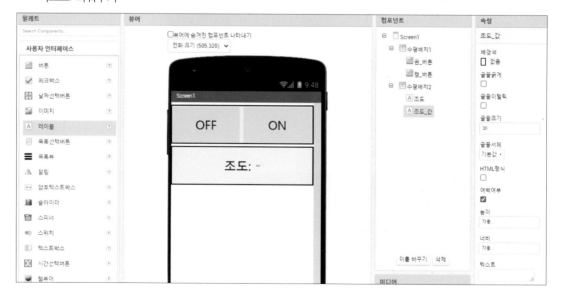

[실험실]에서 [파이어베이스DB]를 끌어와 뷰어에 위치시킵니다.

파이어베이스DB1의 속성을 다음과 같이 설정합니다.

파이어베이스의 토큰(비밀번호)와 url 주소를 입력하도록 합니다.

비밀번호는 [톱니바퀴] → [프로젝트설정] → [서비스계정] → [데이터베이스 비밀번호]에서 확인이 가능하며

URL은 [Realtime Database] → [데이터 탭]에서 주소확인이 가능합니다. 앱인벤터에서는 파이어베이스의 전체 주소를 복사하여 붙여넣습니다.

이제 [블록]으로 이동하여 코딩하도록 합니다.

Screnn1이 초기화되었을 때 즉 앱을 시작할 때 파이어베이스DB의 프로젝트버킷은 의도적으로 비웁니다. 비우지 않는다면 경로가 프로젝트버킷경로/appinventor/onoff의 경로가 됩니다. 앞에 프로젝트버킷경로가 추가되어 제대로 된 데이터를 읽고 쓸 수 없습니다.

[끔_버튼]과 [켬_버튼]을 클릭했을 때 /appinventor/onoff 경로상에 0 또는 1의 값을 저장합니다. 0, 1 값은 수학에 위치한 숫자값으로 지정합니다.

파이어베이스 DB의 값이 변경되었다면 동작합니다.

태그에서 ESP8266이 있을 때만 조건에 만족하여 cds에 해당하는 값을 가지고 와서 [조도_값]에 표시합니다.

[연결]에서 [AI 컴패니언]을 클릭하여 앱을 실행합니다.

【 동작 결과 】

OFF/ON 버튼을 눌러 서보모터가 동작하여 스위치를 끄고 켜는지 확인하여봅니다.

OFF 버튼을 눌러 전 등이 꺼졌을 때 조도값이 낮아졌습니다.

ON 버튼을 눌러 전 등이 켜졌을 때 조도값이 높아졌습니다.

Arduino IOT

ESP32 CAM 활용한 사물인터넷 작품만들기

ESP32는 블루투스 2.0, 4.0 및 wifi 통신을 지원합니다. 블루투스 2.0 및 4.0(BLE)를 활용하는 장치를 만들어보고 ESP32 CAM을 활용하여 영상 및 사진을 이용한 작품을 만들어봅니다.

ESP32-CAM 개발환경 구성하기

1 구글에서 "arduino esp32 github"를 검색 후 아래의 사이트에 접속합니다.

스크롤을 아래로 내려 Documentation부분에서 Installing (Windowns, Linux and macOs) 부분을 클릭합니다.

2 Statble(안정적인) 버전을 설치합니다.

다음의 부분을 드레그하여 복사합니다.

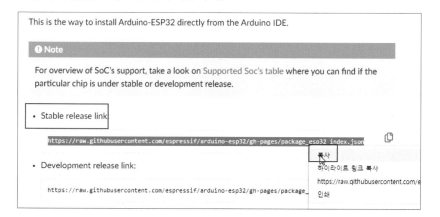

3 아두이노 IDE에서 [파일] -> [환경설정]을 클릭하여 환경설정 창을 열어줍니다.
추가적인 보드 매니저 URLs에 있는 아이콘을 클릭합니다.

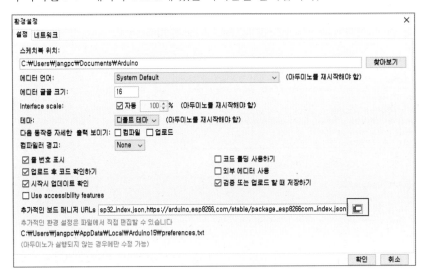

4 ESP8266은 이미 설치하였습니다.
엔터를 눌러 아래쪽에 복사한 ESP32를 사용하기 위한 URL을 추가합니다.

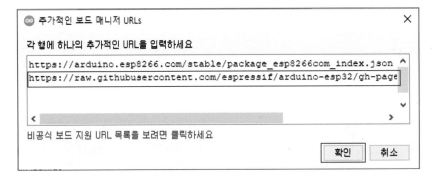

5 ESP32 보드를 추가하기 위해 [툴] -> [보드] -> [보드 매니저]를 클릭합니다.

6 esp32를 검색 후 설치합니다. 2.0.3 버전을 설치하였습니다.

※ 설치시점의 최신버전을 설치하여 사용하면 되나 기능이 동작하지 않는다면 2.0.3 버전을 설치하여 진행합니다.

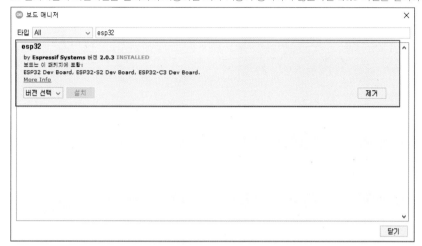

7 [툴] → [보드] → [ESP32 Arduino] → [AI Thinker ESP32 CAM]을 선택합니다.

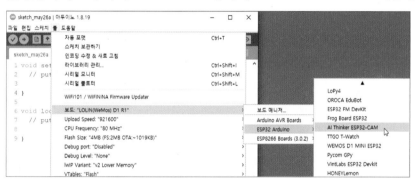

8 AI Thinker ESP32 CAM이 선택되었습니다. 포트는 장치관리자에서 CH340으로 연결된 포트를 선택합니다. CH340 드라이버 설치 및 확인은 ESP8266 설치부분을 참고합니다.

9 [업로드] 버튼을 눌러 업로드가 잘 되는지 확인합니다.

ESP32의 경우 컴파일시간이 ESP8266이나 아두이노보다 상대적으로 오래 소요됩니다.

ESP32-CAM 조립하기

ESP32-CAM 보드와 카메라를 준비합니다.

1 카메라 커넥터 부분을 들어 올립니다.

❷ 카메라를 커넥터에 넣은 다음 다시 커넥터를 아래로 내려 고정시킵니다.

카메라는 SD 메모리 슬롯에 양면테이프를 이용하여 붙입니다.

❸ ESP32-CAM을 지지대에 연결하기 위해 아래의 부품을 준비합니다.

❹ 볼트를 이용하여 기둥을 고정시킵니다.

5 확장보드를 다음과 같이 연결합니다.

6 ESP32 CAM을 아래와 같이 확장보드에 연결합니다. 볼트 위치와 카메라의 위치를 잘 확인 후 연결합니다.

작품 35 _ 블루투스 2.0(블루투스 클래식)으로 초음파센서 침입자 감지 시스템 만들기

학습 목표

ESP32의 내부에 블루투스 2.0(블루투스 클래식) 기능을 사용하여 초음파센서로 거리를 감지하여 블루투스 통신으로 침입자 감지 메시지를 전송하는 작품을 만들어봅니다.

【 준비물 】

다음의 부품을 준비합니다.

부품명	수량
ESP32 CAM 보드 + 확장보드	1개
브레드보드	1개
초음파센서 모듈	1개
암/수 점퍼케이블	4개

【 회로 연결 】

브레드보드에 아래의 회로를 꾸며봅니다.

아래의 표를 참조하여 회로를 구성합니다.

모듈 핀	아두이노 핀
VCC	5V
Trig	IO12
Echo	IO13
GND	GND

초음파센서 값 확인하기

초음파센서로 거리를 측정하여 시리얼통신으로 전송하는 프로그램을 만들어봅니다.

다음의 코드를 작성합니다.

```
35-1.ino

01  #define TRIG_PIN 12
02  #define ECHO_PIN 13
03
04  void setup() {
05    Serial.begin(115200);
06    pinMode(TRIG_PIN, OUTPUT);
07    pinMode(ECHO_PIN, INPUT);
08  }
09
10  void loop() {
11    Serial.println(getDistanceCM());
12    delay(100);
13  }
14
15  float getDistanceCM()
16  {
17    digitalWrite(TRIG_PIN, HIGH);
18    delayMicroseconds(10);
19    digitalWrite(TRIG_PIN, LOW);
20
21    unsigned long duration = pulseIn(ECHO_PIN, HIGH);
22
23    float distanceCM = ((34000.0*(float)duration)/1000000.0)/2.0;
24    return distanceCM;
25  }
```

01~02 : 초음파센서에 사용하는 핀을 정의합니다.
11   : 초음파센서의 거리를 측정하여 출력합니다.
15~25 : 초음파센서의 거리를 측정하는 함수입니다.

[🔆업로드] 버튼을 클릭하여 프로그램을 업로드 후 [🔎시리얼 모니터]를 열어 값을 확인합니다.

【 동작 결과 】

초음파센서의 앞부분을 손으로 가려 거리를 측정해 봅니다.

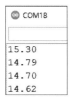

블루투스 2.0 통신으로 스마트폰과 데이터 주고 받기

ESP32의 블루투스 2.0 기능으로 스마트폰과 통신을해서 데이터를 주고 받아봅니다.

다음의 코드를 작성합니다.

```
35-2.ino
01  #include "BluetoothSerial.h"
02
03  BluetoothSerial SerialBT;
04
05  void setup() {
06    Serial.begin(115200);
07    SerialBT.begin("ESP32test");
08  }
09
10  void loop() {
11    if (Serial.available()) {
12      SerialBT.write(Serial.read());
13    }
14    if (SerialBT.available()) {
15      Serial.write(SerialBT.read());
16    }
17  }
```

03   : SerialBT로 블루투스 시리얼통신 객체를 생성합니다.
07   : 블루투스 시리얼통신을 "ESP32test" 이름으로 시작합니다. 스마트폰에서 블루투스 검색시 보여지는 이름입니다.
11~13 : 시리얼통신으로 받은 데이터가 있다면 블루투스 통신으로 전송합니다.
14~16 : 블루투스통신으로 받은 데이터가 있다면 시리얼통신으로 전송합니다.

블루투스 통신으로 주고받은 데이터를 시리얼통신으로 전달하는 중계프로그램 입니다.

[🔼업로드] 버튼을 클릭하여 프로그램을 업로드 후 [🔎 시리얼 모니터]를 열어 값을 확인합니다.

【 동작 결과 】

안드로이드 스마트폰의 앱 스토어에서 "블루투스 시리얼"을 검색 후 아래의 어플을 설치합니다.

블루투스 설정을 꾹 눌러 블루투스 설정으로 들어갑니다.

ESP32test를 등록합니다.

ESP32test 기기가 등록되었습니다.

Serial Bluetooth Terminal 앱을 실행합니다.

왼쪽 윗부분의 더보기를 클릭합니다.

[Devices]를 클릭합니다.

Bluetooth Classic 탭의 ESP32test를 선택하여 연결합니다. Bluetooth Classic의 경우 블루투스2.0 Bluetooth LE의 경우 블루투스 4.0으로 ESP32에서는 블루투스 2.0, 4.0 모두 지원 합니다.

Connected 문구가 나오면 정상적으로 연결된 것입니다. 연결 아이콘으로 연결 또는 연결해지를 할 수 있습니다.

hello를 전송합니다.

스마트폰에서 -> ESP32로 전송하였습니다.

ESP32에서 잘 수신하였습니다.

아두이노에서도 "i am arduino"를 전송해 봅니다.

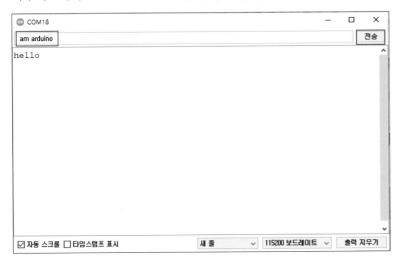

스마트폰에서도 i am arduino를 잘 수신받았습니다.

초음파로 침입자를 감지하여 블루투스 통신으로 데이터 전송하기

초음파센서로 거리를 측정하여 일정 거리 안으로 들어오면 블루투스 통신으로 침임자가 발생했다는 데이터를 전송하도록 합니다.

다음의 코드를 작성합니다.

```
35-3.ino
01   #include "BluetoothSerial.h"
02
03   #define TRIG_PIN 12
04   #define ECHO_PIN 13
05
06   BluetoothSerial SerialBT;
07
08   void setup() {
09    Serial.begin(115200);
10    pinMode(TRIG_PIN, OUTPUT);
11    pinMode(ECHO_PIN, INPUT);
12    SerialBT.begin("ESP32test");
13   }
14
15   void loop() {
16    float distanceCm = getDistanceCM();
17    if(distanceCm >1 && distanceCm <30)
18    {
19        SerialBT.println("sensor detect!!!");
20        delay(1000);
21    }
22   }
23
24   float getDistanceCM()
25   {
26    digitalWrite(TRIG_PIN, HIGH);
27    delayMicroseconds(10);
28    digitalWrite(TRIG_PIN, LOW);
29
30    unsigned long duration = pulseIn(ECHO_PIN, HIGH);
31
32    float distanceCM = ((34000.0*(float)duration)/1000000.0)/2.0;
33    return distanceCM;
34   }
```

16   : 초음파센서로 거리를 측정합니다.

17~21 : 측정한 거리값이 2~29cm 라면 블루투스 통신으로 "sensor detect!!!"를 전송합니다.

[업로드] 버튼을 클릭하여 프로그램 확인합니다.

【 동작 결과 】

업로드 시 연결이 끊기므로 다시 연결 버튼을 눌러 연결 후 진행합니다.

초음파센서를 손으로 가리면 "sensor detect!!!" 문구를 출력하였습니다.

작품 36 _ 블루투스 4.0(블루투스 LE) 스마트 조명제어

학습 목표

ESP32의 내부에 블루투스 4.0(블루투스 LE) 기능을 사용하여 네오픽셀 LED의 색상을 제어해 봅니다.

【 준비물 】

다음의 부품을 준비합니다.

부품명	수량
ESP32 CAM 보드 + 확장보드	1개
브레드보드	1개
네오픽셀 LED 8구	1개
암/수 점퍼케이블	4개

【 회로 연결 】

브레드보드에 아래의 회로를 꾸며봅니다.

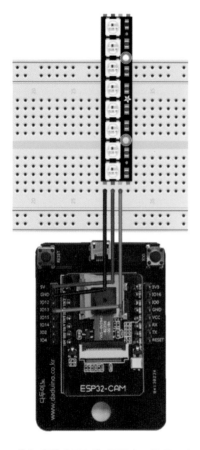

네오픽셀 LED의 GND는 GND, 4~7VDC는 5V, DI는 IO13번 핀에 연결합니다.

아두이노 라이브러리 설치

작품에 필요한 라이브러리를 설치합니다.

[스케치] → [라이브러리 포함하기] → [라이브러리 관리..]를 클릭하여 [라이브러리 매니저] 창을 연후 라이브러리를 설치합니다.

네오픽셀을 사용하기 위한 라이브러리를 설치합니다.

"neopixel"를 검색 후 Adatfruit NeoPixel 라이브러리를 설치합니다.

※ 버전은 설치 시점의 최신 버전을 사용하는 것을 원칙으로 합니다. 단, 업데이트되어 동작하지 않는다면 1.10.4 버전을 설치합니다.

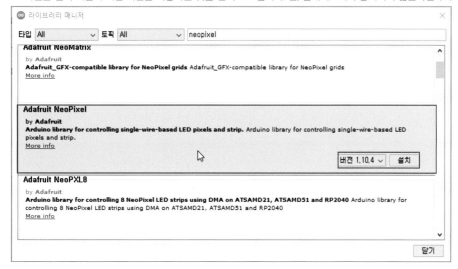

네오픽셀 LED 제어하기

네오픽셀 LED를 하나씩 켜는 코드를 만들어 봅니다.

다음의 코드를 작성합니다.

```
36-1.ino
01  #include <Adafruit_NeoPixel.h>
02
03  #define PIN 13
04  #define NUMPIXELS 8
05
06  Adafruit_NeoPixel pixels(NUMPIXELS, PIN, NEO_GRB + NEO_KHZ800);
07
08  #define DELAYVAL 500
09
10  void setup() {
11    pixels.begin();
12  }
13
```

```
14  void loop() {
15    pixels.clear();
16
17    for(int i=0; i<NUMPIXELS; i++)
18    {
19        pixels.setPixelColor(i, pixels.Color(0, 150, 0));
20        pixels.show();
21        delay(DELAYVAL);
22    }
23  }
```

[⊙ 업로드] 버튼을 클릭하여 프로그램을 업로드 후 [⊘ 시리얼 모니터]를 열어 값을 확인합니다.

【 동작 결과 】

네오픽셀 LED가 초록색으로 하나씩 증가하며 켜지는 것을 확인할 수 있습니다.

블루투스 4.0(블루투스 LE)를 이용하여 스마트폰과 데이터 주고 받기

다음의 코드를 작성합니다.

36-2.ino

```
001 #include <BLEDevice.h>
002 #include <BLEServer.h>
003 #include <BLEUtils.h>
004 #include <BLE2902.h>
005
006 BLEServer* pServer =NULL;
007 BLECharacteristic* pCharacteristic =NULL;
008 bool deviceConnected =false;
009 bool oldDeviceConnected =false;
010
011 #define SERVICE_UUID "0000FFE0-0000-1000-8000-00805F9B34FB"
012 #define CHARACTERISTIC_UUID "0000FFE1-0000-1000-8000-00805F9B34FB"
013
014 String strBleInData ="";
015
016 unsigned long currTime =0;
017 unsigned long prevTime =0;
018
019 class MyServerCallbacks: public BLEServerCallbacks {
020     void onConnect(BLEServer* pServer) {
021       deviceConnected =true;
022     };
```

```
023
024      void onDisconnect(BLEServer* pServer) {
025        deviceConnected =false;
026      }
027 };
028
029 class MyCallbacks: public BLECharacteristicCallbacks {
030     void onWrite(BLECharacteristic *pCharacteristic) {
031       std::string value = pCharacteristic->getValue();
032
033       if (value.length() >0) {
034          strBleInData ="";
035          for (int i =0; i < value.length(); i++)
036          {
037            strBleInData += value[i];
038          }
039          Serial.print("DATA: ");
040          Serial.println(strBleInData);
041       }
042     }
043 };
044
045 void setup() {
046   Serial.begin(115200);
047   initEsp32Ble("ESP32_BLE");
048 }
049
050 void loop() {
051   currTime =millis();
052   if(currTime - prevTime >=1000)
053   {
054     prevTime = currTime;
055     String strCurrTime ="ble test\n";
056     esp32SendData(strCurrTime.c_str());
057   }
058
059   if (!deviceConnected && oldDeviceConnected) {
060     delay(500);
061     pServer->startAdvertising();
062     Serial.println("start advertising");
063     oldDeviceConnected = deviceConnected;
064   }
065
066   if (deviceConnected &&!oldDeviceConnected) {
067     oldDeviceConnected = deviceConnected;
068   }
```

```
069  }
070
071  void initEsp32Ble(String deviceName)
072  {
073    BLEDevice::init(deviceName.c_str());
074    pServer = BLEDevice::createServer();
075    pServer->setCallbacks(new MyServerCallbacks());
076
077    BLEService *pService = pServer->createService(SERVICE_UUID);
078
079    pCharacteristic = pService->createCharacteristic(
080                             CHARACTERISTIC_UUID,
081                             BLECharacteristic::PROPERTY_READ |
082                             BLECharacteristic::PROPERTY_WRITE |
083                             BLECharacteristic::PROPERTY_NOTIFY
084                           );
085
086    pCharacteristic->addDescriptor(new BLE2902());
087    pCharacteristic->setCallbacks(new MyCallbacks());
088
089    pService->start();
090
091    BLEAdvertising *pAdvertising = BLEDevice::getAdvertising();
092    pAdvertising->addServiceUUID(SERVICE_UUID);
093    pAdvertising->setScanResponse(false);
094    pAdvertising->setMinPreferred(0x0);
095    BLEDevice::startAdvertising();
096  }
097
098  void esp32SendData(String sendData)
099  {
100    if (deviceConnected) {
101        pCharacteristic->setValue(sendData.c_str()); // Pone el numero aleatorio
102        pCharacteristic->notify();
103    }
104  }
```

29~43 : 블루투스4.0으로 데이터를 수신받을 때 동작하는 callback 함수입니다.
98~104 : 데이터를 전송하는 함수입니다.
56   : 1초마다 "ble test\n"를 블루투스4.0 통신으로 전송합니다.

[🔘업로드] 버튼을 클릭하여 프로그램을 업로드합니다.

스마트폰의 Serial Buletooth Terminal에서 [Devices]를 선택하여 블루투스에 접속합니다. 블루투스4.0(블루투스 LE)의 경우 OS상에서 블루투스를 연결하지 않아도 됩니다. 앱에서 검색 후 연결이 가능합니다.

Bluetooth LE 탭에서 [SCAN] 버튼을 클릭합니다.

위치 권한을 물어보는 창이 나오면 동의를 설정합니다.

ESP32_BLE를 클릭하여 연결합니다.

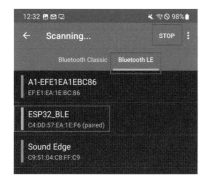

연결되면 ESP32에서 블루투스4.0(BLE) 통신으로 ble test를 전
송합니다. 스마트폰에서 잘 수신받았습니다.

스마트폰에서 hello esp32를 전송합니다.

ESP32에서 잘 수신 받았습니다.

DATA: hello esp32

스마트폰에서 블루투스4.0(블루투스LE)로 명령받아서 네오픽셀 led 제어하기

스마트폰에서 red, green, blue 명령어를 전송하여 네오픽셀 led를 제어해 봅니다.

다음의 코드를 작성합니다.

```
36-3.ino
001 #include <BLEDevice.h>
002 #include <BLEServer.h>
003 #include <BLEUtils.h>
004 #include <BLE2902.h>
005 #include <Adafruit_NeoPixel.h>
006
007 #define PIN 13
008 #define NUMPIXELS 8
```

```
009
010 Adafruit_NeoPixel pixels(NUMPIXELS, PIN, NEO_GRB + NEO_KHZ800);
011
012 BLEServer* pServer =NULL;
013 BLECharacteristic* pCharacteristic =NULL;
014 bool deviceConnected =false;
015 bool oldDeviceConnected =false;
016
017 #define SERVICE_UUID "0000FFE0-0000-1000-8000-00805F9B34FB"
018 #define CHARACTERISTIC_UUID "0000FFE1-0000-1000-8000-00805F9B34FB"
019
020 String strBleInData ="";
021
022 unsigned long currTime =0;
023 unsigned long prevTime =0;
024
025 class MyServerCallbacks: public BLEServerCallbacks {
026     void onConnect(BLEServer* pServer) {
027      deviceConnected =true;
028     };
029
030     void onDisconnect(BLEServer* pServer) {
031      deviceConnected =false;
032     }
033 };
034
035 class MyCallbacks: public BLECharacteristicCallbacks {
036     void onWrite(BLECharacteristic *pCharacteristic) {
037      std::string value = pCharacteristic->getValue();
038
039     if (value.length() >0) {
040         strBleInData ="";
041         for (int i =0; i < value.length(); i++)
042         {
043          strBleInData += value[i];
044         }
045         Serial.print("DATA: ");
046         Serial.println(strBleInData);
047
048         if (strBleInData.indexOf("red") >=0)
049         {
050          for (int i =0; i < NUMPIXELS; i++)
051          {
052             pixels.setPixelColor(i, pixels.Color(200, 0, 0));
053             pixels.show();
054          }
055         }
056         else if (strBleInData.indexOf("green") >=0)
057         {
058          for (int i =0; i < NUMPIXELS; i++)
```

```
060            pixels.setPixelColor(i, pixels.Color(0, 200, 0));
061            pixels.show();
062       }
063     }
064     else if (strBleInData.indexOf("blue") >=0)
065     {
066       for (int i =0; i < NUMPIXELS; i++)
067       {
068            pixels.setPixelColor(i, pixels.Color(0, 0, 200));
069            pixels.show();
070       }
071     }
072   }
073   }
074 };
075
076 void setup() {
077   Serial.begin(115200);
078   initEsp32Ble("ESP32_BLE");
079   pixels.begin();
080 }
081
082 void loop() {
083   if (!deviceConnected && oldDeviceConnected) {
084       delay(500);
085       pServer->startAdvertising();
086       Serial.println("start advertising");
087       oldDeviceConnected = deviceConnected;
088   }
089
090   if (deviceConnected &&!oldDeviceConnected) {
091       oldDeviceConnected = deviceConnected;
092   }
093 }
094
095 void initEsp32Ble(String deviceName)
096 {
097   BLEDevice::init(deviceName.c_str());
098   pServer = BLEDevice::createServer();
099   pServer->setCallbacks(new MyServerCallbacks());
100
101   BLEService *pService = pServer->createService(SERVICE_UUID);
102
103   pCharacteristic = pService->createCharacteristic(
104                               CHARACTERISTIC_UUID,
105                               BLECharacteristic::PROPERTY_READ |
106                               BLECharacteristic::PROPERTY_WRITE |
107                               BLECharacteristic::PROPERTY_NOTIFY
108                             );
109
```

```
110    pCharacteristic->addDescriptor(new BLE2902());
111    pCharacteristic->setCallbacks(new MyCallbacks());
112
113    pService->start();
114
115    BLEAdvertising *pAdvertising = BLEDevice::getAdvertising();
116    pAdvertising->addServiceUUID(SERVICE_UUID);
117    pAdvertising->setScanResponse(false);
118    pAdvertising->setMinPreferred(0x0);
119    BLEDevice::startAdvertising();
120 }
121
122 void esp32SendData(String sendData)
123 {
124    if (deviceConnected) {
125        pCharacteristic->setValue(sendData.c_str()); // Pone el numero aleatorio
126        pCharacteristic->notify();
127    }
128 }
```

48~71 : red, green, blue 명령에 따라서 네오픽셀 LED의 색상을 조절합니다.

[업로드] 버튼을 클릭하여 프로그램을 업로드합니다.

【 동작 결과 】

업로드 시 연결이 끊기므로 다시 연결 버튼을 눌러 연결 후 진행합니다.

red, green, blue 명령어를 전송하여 네오픽셀 led를 제어해 봅니다.

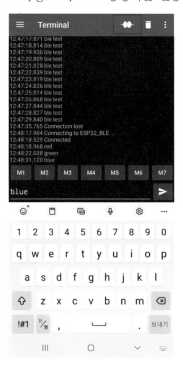

작품 37 _ CCTV 만들기

학습 목표

ESP32 CAM에 있는 카메라를 이용하여 동영상을 찍어 웹에서 스트리밍 서비스를 하는 CCTV를 만들어봅니다.

【 준비물 】

다음의 부품을 준비합니다.

부품명	수량
ESP32 CAM 보드 + 확장보드	1개
ESP32 CAM 지지대	1개

CCTV 코드 작성하기

영상을 찍어 웹을 통해 출력하는 프로그램을 만들어봅니다.

다음의 코드를 작성합니다.

37-1.ino

```
001 #include "esp_camera.h"
002 #include <WiFi.h>
003 #include "esp_timer.h"
004 #include "img_converters.h"
005 #include "Arduino.h"
006 #include "fb_gfx.h"
007 #include "soc/soc.h"
008 #include "soc/rtc_cntl_reg.h"
009 #include "esp_http_server.h"
010
011 const char* ssid ="jmc";
012 const char* password ="123456789";
013
014 #define PART_BOUNDARY "123456789000000000000987654321"
015
016 #define PWDN_GPIO_NUM 32
017 #define RESET_GPIO_NUM -1
018 #define XCLK_GPIO_NUM 0
019 #define SIOD_GPIO_NUM 26
020 #define SIOC_GPIO_NUM 27
021
022 #define Y9_GPIO_NUM 35
023 #define Y8_GPIO_NUM 34
024 #define Y7_GPIO_NUM 39
```

```
025 #define Y6_GPIO_NUM 36
026 #define Y5_GPIO_NUM 21
027 #define Y4_GPIO_NUM 19
028 #define Y3_GPIO_NUM 18
029 #define Y2_GPIO_NUM 5
030 #define VSYNC_GPIO_NUM 25
031 #define HREF_GPIO_NUM 23
032 #define PCLK_GPIO_NUM 22
033
034 static const char* _STREAM_CONTENT_TYPE ="multipart/x-mixed-replace;boundary=" PART_BOUNDARY;
035 static const char* _STREAM_BOUNDARY ="\r\n--" PART_BOUNDARY "\r\n";
036 static const char* _STREAM_PART ="Content-Type: image/jpeg\r\nContent-Length: %u\r\n\r\n";
037
038 httpd_handle_t stream_httpd =NULL;
039
040 static esp_err_t stream_handler(httpd_req_t *req){
041   camera_fb_t * fb =NULL;
042   esp_err_t res = ESP_OK;
043   size_t _jpg_buf_len =0;
044   uint8_t * _jpg_buf =NULL;
045   char * part_buf[64];
046
047   res = httpd_resp_set_type(req, _STREAM_CONTENT_TYPE);
048   if(res != ESP_OK){
049       return res;
050   }
051
052   while(true){
053       fb = esp_camera_fb_get();
054       if (!fb) {
055        Serial.println("Camera capture failed");
056        res = ESP_FAIL;
057       } else {
058        if(fb->width >400){
059            if(fb->format != PIXFORMAT_JPEG){
060              bool jpeg_converted = frame2jpg(fb, 80, &_jpg_buf, &_jpg_buf_len);
061              esp_camera_fb_return(fb);
062              fb =NULL;
063              if(!jpeg_converted){
064                  Serial.println("JPEG compression failed");
065                  res = ESP_FAIL;
066              }
067            } else {
068              _jpg_buf_len = fb->len;
069              _jpg_buf = fb->buf;
070            }
```

```
071          }
072        }
073        if(res == ESP_OK){
074          size_t hlen = snprintf((char *)part_buf, 64, _STREAM_PART, _jpg_buf_len);
075          res = httpd_resp_send_chunk(req, (const char *)part_buf, hlen);
076        }
077        if(res == ESP_OK){
078          res = httpd_resp_send_chunk(req, (const char *)_jpg_buf, _jpg_buf_len);
079        }
080        if(res == ESP_OK){
081          res = httpd_resp_send_chunk(req, _STREAM_BOUNDARY, strlen(_STREAM_BOUNDARY));
082        }
083        if(fb){
084          esp_camera_fb_return(fb);
085          fb =NULL;
086          _jpg_buf =NULL;
087        } else if(_jpg_buf){
088          free(_jpg_buf);
089          _jpg_buf =NULL;
090        }
091        if(res != ESP_OK){
092          break;
093        }
094    }
095    return res;
096 }
097
098 void startCameraServer(){
099   httpd_config_t config = HTTPD_DEFAULT_CONFIG();
100   config.server_port =80;
101
102   httpd_uri_t index_uri = {
103      .uri ="/",
104      .method = HTTP_GET,
105      .handler = stream_handler,
106      .user_ctx =NULL
107   };
108
109   if (httpd_start(&stream_httpd, &config) == ESP_OK) {
110      httpd_register_uri_handler(stream_httpd, &index_uri);
111   }
112 }
113
114 void setup() {
115   WRITE_PERI_REG(RTC_CNTL_BROWN_OUT_REG, 0); //disable brownout detector
116
```

```
117    Serial.begin(115200);
118    Serial.setDebugOutput(false);
119
120    camera_config_t config;
121    config.ledc_channel = LEDC_CHANNEL_0;
122    config.ledc_timer = LEDC_TIMER_0;
123    config.pin_d0 = Y2_GPIO_NUM;
124    config.pin_d1 = Y3_GPIO_NUM;
125    config.pin_d2 = Y4_GPIO_NUM;
126    config.pin_d3 = Y5_GPIO_NUM;
127    config.pin_d4 = Y6_GPIO_NUM;
128    config.pin_d5 = Y7_GPIO_NUM;
129    config.pin_d6 = Y8_GPIO_NUM;
130    config.pin_d7 = Y9_GPIO_NUM;
131    config.pin_xclk = XCLK_GPIO_NUM;
132    config.pin_pclk = PCLK_GPIO_NUM;
133    config.pin_vsync = VSYNC_GPIO_NUM;
134    config.pin_href = HREF_GPIO_NUM;
135    config.pin_sscb_sda = SIOD_GPIO_NUM;
136    config.pin_sscb_scl = SIOC_GPIO_NUM;
137    config.pin_pwdn = PWDN_GPIO_NUM;
138    config.pin_reset = RESET_GPIO_NUM;
139    config.xclk_freq_hz =20000000;
140    config.pixel_format = PIXFORMAT_JPEG;
141
142    if(psramFound()){
143        config.frame_size = FRAMESIZE_UXGA;
144        config.jpeg_quality =10;
145        config.fb_count =2;
146    } else {
147        config.frame_size = FRAMESIZE_SVGA;
148        config.jpeg_quality =12;
149        config.fb_count =1;
150    }
151
152    // Camera init
153    esp_err_t err = esp_camera_init(&config);
154    if (err != ESP_OK) {
155        Serial.printf("Camera init failed with error 0x%x", err);
156        return;
157    }
158
159    // Wi-Fi connection
160    WiFi.begin(ssid, password);
161    while (WiFi.status() != WL_CONNECTED) {
162        delay(500);
```

```
163      Serial.print(".");
164   }
165   Serial.println("");
166   Serial.println("WiFi connected");
167
168   Serial.print("Camera Stream Ready! Go to: http://");
169   Serial.print(WiFi.localIP());
170
171   // Start streaming web server
172   startCameraServer();
173 }
174
175 void loop() {
176   delay(1);
177 }
```

11~12 : wifi SSID와 비밀번호를 입력합니다.
16~32 : ESP32 CAM의 카메라 핀을 정의합니다.
172 : 카메라 서버를 실행합니다.

[🔼업로드] 버튼을 클릭하여 프로그램을 업로드 후 [🔍시리얼 모니터]를 열어 값을 확인합니다.

【 동작 결과 】

연결된 IP주소를 확인합니다.

```
◉ COM18

.
WiFi connected
Camera Stream Ready! Go to: http://192.168.137.214
```

웹브라우저를 통해 주소에 접속하면 영상의 출력이 됩니다.

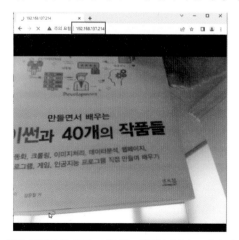

작품 38 _ 사진을 찍어 SD메모리에 저장하기

학습 목표

ESP32 CAM으로 사진을 찍어 SD메모리에 저장하는 작품을 만들어봅니다.

【 준비물 】

다음의 부품을 준비합니다.

부품명	수량
ESP32 CAM 보드 + 확장보드	1개
ESP32 CAM 지지대	1개
마이크로 SD 메모리	1개
PC연결용 SD 메모리 USB커넥터	1개

다음과 같이 ESP32 CAM 모듈을 지지대와 연결합니다.

SD카드 포멧 및 ESP32 CAM에 연결하기

1 SD카드를 컴퓨터에 연결합니다.

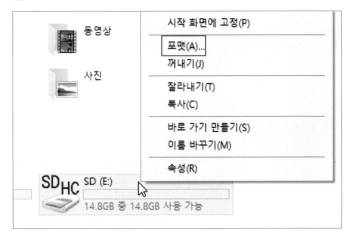

② 파일시스템을 FAT32, 기본 할당 크기로 한 후 [시작]을 눌러 포맷합니다.

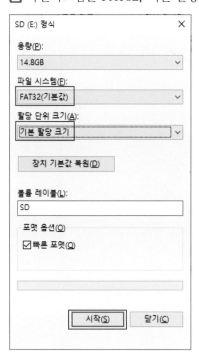

③ SD카드를 ESP32-CAM 모듈에 아래와 같이 연결합니다.

사진 찍어 SD카드에 저장하는 코드 만들기

10초마다 사진을 찍어 SD카드에 저장하는 프로그램을 만들어봅니다.

다음의 코드를 작성합니다.

```
001 #include "esp_camera.h"
002 #include "Arduino.h"
003 #include "FS.h"
004 #include "SD_MMC.h"
005 #include "soc/soc.h"
006 #include "soc/rtc_cntl_reg.h"
007 #include "driver/rtc_io.h"
008
009 #define PWDN_GPIO_NUM 32
010 #define RESET_GPIO_NUM -1
011 #define XCLK_GPIO_NUM 0
012 #define SIOD_GPIO_NUM 26
013 #define SIOC_GPIO_NUM 27
014
015 #define Y9_GPIO_NUM 35
016 #define Y8_GPIO_NUM 34
017 #define Y7_GPIO_NUM 39
018 #define Y6_GPIO_NUM 36
019 #define Y5_GPIO_NUM 21
020 #define Y4_GPIO_NUM 19
021 #define Y3_GPIO_NUM 18
022 #define Y2_GPIO_NUM 5
023 #define VSYNC_GPIO_NUM 25
024 #define HREF_GPIO_NUM 23
025 #define PCLK_GPIO_NUM 22
026
027 int pictureNumber =0;
028
029 void setup() {
030   WRITE_PERI_REG(RTC_CNTL_BROWN_OUT_REG, 0);
031
032   Serial.begin(115200);
033
034   camera_config_t config;
035   config.ledc_channel = LEDC_CHANNEL_0;
036   config.ledc_timer = LEDC_TIMER_0;
037   config.pin_d0 = Y2_GPIO_NUM;
038   config.pin_d1 = Y3_GPIO_NUM;
039   config.pin_d2 = Y4_GPIO_NUM;
040   config.pin_d3 = Y5_GPIO_NUM;
041   config.pin_d4 = Y6_GPIO_NUM;
042   config.pin_d5 = Y7_GPIO_NUM;
043   config.pin_d6 = Y8_GPIO_NUM;
044   config.pin_d7 = Y9_GPIO_NUM;
045   config.pin_xclk = XCLK_GPIO_NUM;
```

```
046    config.pin_pclk = PCLK_GPIO_NUM;
047    config.pin_vsync = VSYNC_GPIO_NUM;
048    config.pin_href = HREF_GPIO_NUM;
049    config.pin_sscb_sda = SIOD_GPIO_NUM;
050    config.pin_sscb_scl = SIOC_GPIO_NUM;
051    config.pin_pwdn = PWDN_GPIO_NUM;
052    config.pin_reset = RESET_GPIO_NUM;
053    config.xclk_freq_hz =20000000;
054    config.pixel_format = PIXFORMAT_JPEG;
055
056    if (psramFound()) {
057       config.frame_size = FRAMESIZE_UXGA;
058       config.jpeg_quality =10;
059       config.fb_count =2;
060    } else {
061       config.frame_size = FRAMESIZE_SVGA;
062       config.jpeg_quality =12;
063       config.fb_count =1;
064    }
065
066    // Init Camera
067    esp_err_t err = esp_camera_init(&config);
068    if (err != ESP_OK) {
069       Serial.printf("Camera init failed with error 0x%x", err);
070       return;
071    }
072
073    if (!SD_MMC.begin()) {
074       Serial.println("SD Card Mount Failed");
075       return;
076    }
077
078    uint8_t cardType = SD_MMC.cardType();
079    if (cardType == CARD_NONE) {
080       Serial.println("No SD Card attached");
081       return;
082    }
083    for(int i=0;i<3;i++)
084    {
085       testPicture();
086       Serial.println("test picture");
087       delay(10000);
088    }
089  }
090
091  void loop() {
```

```
092  savePicture(String(pictureNumber));
093  pictureNumber++;
094  delay(10000);
095  }
096
097  void savePicture(String picName)
098  {
099   camera_fb_t * fb =NULL;
100
101   // Take Picture with Camera
102   fb = esp_camera_fb_get();
103   if (!fb) {
104      Serial.println("Camera capture failed");
105      return;
106   }
107
108   // Path where new picture will be saved in SD Card
109   String path ="/picture"+String(picName) +".jpg";
110
111   fs::FS &fs = SD_MMC;
112   Serial.printf("Picture file name: %s\n", path.c_str());
113
114   File file = fs.open(path.c_str(), FILE_WRITE);
115   if (!file) {
116      Serial.println("Failed to open file in writing mode");
117   }
118   else {
119      file.write(fb->buf, fb->len);
120      Serial.printf("Saved file to path: %s\n", path.c_str());
121   }
122   file.close();
123   esp_camera_fb_return(fb);
124  }
125
126  void testPicture()
127  {
128   camera_fb_t * fb =NULL;
129
130   // Take Picture with Camera
131   fb = esp_camera_fb_get();
132   if (!fb) {
133      Serial.println("Camera capture failed");
134      return;
135   }
136   esp_camera_fb_return(fb);
137  }
```

01~07   : 카메라를 사용하기 위한 라이브러리를 불러옵니다. 마이크로 SD카드를 사용하기 위한 라이브러리도 불러옵니다.

67~71   : 카메라를 시작합니다.

73~82   : SD카드를 시작합니다.

83~88   : 초기의 3장을 찍어 사진을 버립니다. 초기에 찍히는 사진의 경우 색감이 외곡되는 현상이 있어 초기의 사진은 버리고 사용합니다.

102~106 : 카메라로부터 사진을 찍어 데이터를 반환합니다.

109~122 : 사진을 저장합니다.

123   : 사진을 저장할 때 사용한 메모리를 반환합니다.

[업로드] 버튼을 클릭하여 프로그램을 업로드 후 [🔎 시리얼 모니터]를 열어 값을 확인합니다.

【 동작 결과 】

ESP32 CAM의 경우 처음 몇 장의 사진은 색상이 이상하게 저장됩니다. 의도적으로 몇장을 찍은 다음 그 후부터 사진을 저장합니다.

SD카드를 컴퓨터에 연결 후 확인합니다.

10초마다 저장된 사진을 확인할 수 있습니다.

picture0부터 숫자가 증가하여 저장됩니다.

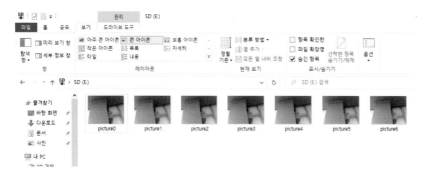

작품 39 _ 초인종(버튼)을 누르면 사진을 찍어 텔레그램으로 전송하기

학습 목표

버튼을 누르면 사진을 찍어 텔레그램으로 보내는 작품을 만들어봅니다.

【 준비물 】

다음의 부품을 준비합니다.

부품명	수량
ESP32 CAM 보드 + 확장보드	1개
ESP32 CAM 지지대	1개
브레드보드	1개
버튼	1개
암/수 점퍼케이블	2개

【 회로 연결 】

브레드보드에 아래의 회로를 꾸며봅니다.

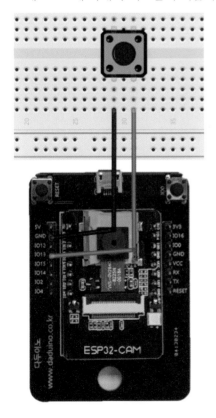

버튼을 IO13번 핀에 연결합니다. 나머지 한쪽은 GND와 연결합니다.

라이브러리 설치하기

작품에 필요한 라이브러리를 설치합니다.

[스케치] –〉 [라이브러리 포함하기] –〉 [라이브러리 관리..]를 클릭하여 [라이브러리 매니저] 창을 연후 라이브러리를 설치합니다.

텔레그램을 사용하기 위한 라이브러리를 설치합니다.

"telegram" 검색 후 UniversalTelegramBot 라이브러리를 설치합니다.

※ 버전은 설치 시점의 최신 버전을 사용하는 것을 원칙으로 합니다. 단, 업데이트되어 동작하지 않는다면 1.3.0 버전을 설치합니다.

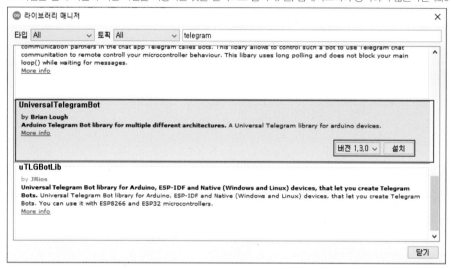

텔레그램 설정하기

텔레그램의 채널생성 및 API 키 ID를 얻는 방법은 [작품 15. 빗물 감지하여 텔레그램으로 메시지 전송하기] 장을 참고하여 진행합니다.

버튼을 누르면 클릭 확인하는 코드 작성하기

다음의 코드를 작성합니다.

```
39-1.ino
01  #define BUTTON_PIN 13
02
03  void setup() {
04    Serial.begin(115200);
05    pinMode(BUTTON_PIN,INPUT_PULLUP);
06  }
07
08  void loop() {
```

```
09    if(buttonClick() ==1)
10    {
11        Serial.println("click");
12    }
13  }
14
15  int buttonClick()
16  {
17    static int prevBtn =0;
18    static int currBtn =0;
19    currBtn =!digitalRead(BUTTON_PIN);
20
21    if(currBtn != prevBtn)
22    {
23        prevBtn = currBtn;
24        if(currBtn ==1)
25        {
26         return 1;
27        }
28        delay(50);
29    }
30    return 0;
31  }
```

[⬆업로드] 버튼을 클릭하여 프로그램을 업로드 후 [🔍시리얼 모니터]를 열어 값을 확인합니다.

【 동작 결과 】

버튼을 누르면 click이 한 번 출력됩니다.

버튼을 누르면 텔레그램으로 사진 전송하기

다음의 코드를 작성합니다.

39-2.ino

```
001 #include <Arduino.h>
002 #include <WiFi.h>
003 #include <WiFiClientSecure.h>
004 #include "soc/soc.h"
```

```
005 #include "soc/rtc_cntl_reg.h"
006 #include "esp_camera.h"
007 #include <UniversalTelegramBot.h>
008 #include <ArduinoJson.h>
009
010 #define BUTTON_PIN 13
011
012 const char* ssid ="jmc";
013 const char* password ="123456789";
014
015 String BOTtoken ="5173098258:AAGRWIXxCrhgWNXFlxyAcAnE0XrRM2bxRnM";
016 String CHAT_ID ="730238165";
017
018 WiFiClientSecure clientTCP;
019 UniversalTelegramBot bot(BOTtoken, clientTCP);
020
021 #define PWDN_GPIO_NUM 32
022 #define RESET_GPIO_NUM -1
023 #define XCLK_GPIO_NUM 0
024 #define SIOD_GPIO_NUM 26
025 #define SIOC_GPIO_NUM 27
026
027 #define Y9_GPIO_NUM 35
028 #define Y8_GPIO_NUM 34
029 #define Y7_GPIO_NUM 39
030 #define Y6_GPIO_NUM 36
031 #define Y5_GPIO_NUM 21
032 #define Y4_GPIO_NUM 19
033 #define Y3_GPIO_NUM 18
034 #define Y2_GPIO_NUM 5
035 #define VSYNC_GPIO_NUM 25
036 #define HREF_GPIO_NUM 23
037 #define PCLK_GPIO_NUM 22
038
039 void configInitCamera(){
040   camera_config_t config;
041   config.ledc_channel = LEDC_CHANNEL_0;
042   config.ledc_timer = LEDC_TIMER_0;
043   config.pin_d0 = Y2_GPIO_NUM;
044   config.pin_d1 = Y3_GPIO_NUM;
045   config.pin_d2 = Y4_GPIO_NUM;
046   config.pin_d3 = Y5_GPIO_NUM;
047   config.pin_d4 = Y6_GPIO_NUM;
048   config.pin_d5 = Y7_GPIO_NUM;
049   config.pin_d6 = Y8_GPIO_NUM;
050   config.pin_d7 = Y9_GPIO_NUM;
051   config.pin_xclk = XCLK_GPIO_NUM;
052   config.pin_pclk = PCLK_GPIO_NUM;
```

```
053   config.pin_vsync = VSYNC_GPIO_NUM;
054   config.pin_href = HREF_GPIO_NUM;
055   config.pin_sscb_sda = SIOD_GPIO_NUM;
056   config.pin_sscb_scl = SIOC_GPIO_NUM;
057   config.pin_pwdn = PWDN_GPIO_NUM;
058   config.pin_reset = RESET_GPIO_NUM;
059   config.xclk_freq_hz =20000000;
060   config.pixel_format = PIXFORMAT_JPEG;
061
062   if(psramFound()){
063     config.frame_size = FRAMESIZE_UXGA;
064     config.jpeg_quality =10; //0-63 lower number means higher quality
065     config.fb_count =2;
066   } else {
067     config.frame_size = FRAMESIZE_SVGA;
068     config.jpeg_quality =12; //0-63 lower number means higher quality
069     config.fb_count =1;
070   }
071
072   esp_err_t err = esp_camera_init(&config);
073   if (err != ESP_OK) {
074     Serial.printf("Camera init failed with error 0x%x", err);
075     delay(1000);
076     ESP.restart();
077   }
078
079   sensor_t * s = esp_camera_sensor_get();
080   s->set_framesize(s, FRAMESIZE_CIF);
081 }
082
083 String sendPhotoTelegram() {
084   const char* myDomain ="api.telegram.org";
085   String getAll ="";
086   String getBody ="";
087
088   camera_fb_t * fb =NULL;
089   fb = esp_camera_fb_get();
090   if(!fb) {
091     Serial.println("Camera capture failed");
092     delay(1000);
093     ESP.restart();
094     return "Camera capture failed";
095   }
096
097   Serial.println("Connect to "+String(myDomain));
098
099
100   if (clientTCP.connect(myDomain, 443)) {
```

```
101     Serial.println("Connection successful");
102
103     String head ="--RandomNerdTutorials\r\nContent-Disposition: form-data; name=\"chat_
id\"; \r\n\r\n"+ CHAT_ID +"\r\n--RandomNerdTutorials\r\nContent-Disposition: form-data;
name=\"photo\"; filename=\"esp32-cam.jpg\"\r\nContent-Type: image/jpeg\r\n\r\n";
104     String tail ="\r\n--RandomNerdTutorials--\r\n";
105
106     uint16_t imageLen = fb->len;
107     uint16_t extraLen = head.length() + tail.length();
108     uint16_t totalLen = imageLen + extraLen;
109
110     clientTCP.println("POST /bot"+BOTtoken+"/sendPhoto HTTP/1.1");
111     clientTCP.println("Host: "+String(myDomain));
112     clientTCP.println("Content-Length: "+String(totalLen));
113     clientTCP.println("Content-Type: multipart/form-data; boundary=RandomNerdTutorials");
114     clientTCP.println();
115     clientTCP.print(head);
116
117     uint8_t *fbBuf = fb->buf;
118     size_t fbLen = fb->len;
119     for (size_t n=0;n<fbLen;n=n+1024) {
120       if (n+1024<fbLen) {
121         clientTCP.write(fbBuf, 1024);
122         fbBuf +=1024;
123       }
124       else if (fbLen%1024>0) {
125         size_t remainder = fbLen%1024;
126         clientTCP.write(fbBuf, remainder);
127       }
128     }
129
130     clientTCP.print(tail);
131
132     esp_camera_fb_return(fb);
133
134     int waitTime =10000; // timeout 10 seconds
135     long startTimer =millis();
136     boolean state =false;
137
138     while ((startTimer + waitTime) >millis()){
139       Serial.print(".");
140       delay(100);
141       while (clientTCP.available()) {
142         char c = clientTCP.read();
143         if (state==true) getBody +=String(c);
144         if (c =='\n') {
145           if (getAll.length()==0) state=true;
146           getAll ="";
```

```
147             }
148         else if (c !='\r')
149          getAll +=String(c);
150         startTimer =millis();
151       }
152      if (getBody.length()>0) break;
153     }
154     clientTCP.stop();
155     Serial.println(getBody);
156   }
157   else {
158     getBody="Connected to api.telegram.org failed.";
159     Serial.println("Connected to api.telegram.org failed.");
160   }
161   return getBody;
162 }
163
164 void testPicture()
165 {
166   camera_fb_t * fb =NULL;
167
168   // Take Picture with Camera
169   fb = esp_camera_fb_get();
170   if (!fb) {
171     Serial.println("Camera capture failed");
172     return;
173   }
174   esp_camera_fb_return(fb);
175 }
176
177 void setup(){
178   WRITE_PERI_REG(RTC_CNTL_BROWN_OUT_REG, 0);
179   Serial.begin(115200);
180
181   configInitCamera();
182   for(int i=0;i<3;i++)
183   {
184     testPicture();
185     Serial.println("test picture");
186     delay(1000);
187   }
188
189   WiFi.mode(WIFI_STA);
190   Serial.println();
191   Serial.print("Connecting to ");
192   Serial.println(ssid);
193   WiFi.begin(ssid, password);
194   clientTCP.setCACert(TELEGRAM_CERTIFICATE_ROOT);
```

```
195    while (WiFi.status() != WL_CONNECTED) {
196        Serial.print(".");
197        delay(500);
198    }
199    Serial.println();
200    Serial.print("ESP32-CAM IP Address: ");
201    Serial.println(WiFi.localIP());
202
203    pinMode(BUTTON_PIN,INPUT_PULLUP);
204  }
205
206  void loop() {
207    if(buttonClick() ==1)
208    {
209        Serial.println("Preparing photo");
210        sendPhotoTelegram();
211        delay(10000);
212    }
213  }
214
215  int buttonClick()
216  {
217    static int prevBtn =0;
218    static int currBtn =0;
219    currBtn =!digitalRead(BUTTON_PIN);
220
221    if(currBtn != prevBtn)
222    {
223        prevBtn = currBtn;
224        if(currBtn ==1)
225        {
226          return 1;
227        }
228        delay(50);
229    }
230    return 0;
231  }
```

12~13 : wifi의 접속정보를 입력합니다.
15~16 : 텔레그램의 API와 ID를 입력합니다.
207~212 : 버튼을 누르면 텔레그램으로 사진을 찍어 전송합니다.

[⬆업로드] 버튼을 클릭하여 프로그램을 업로드 후 [🔍시리얼 모니터]를 열어 값을 확인합니다.

【 동작 결과 】

wifi에 연결되었음을 확인합니다.

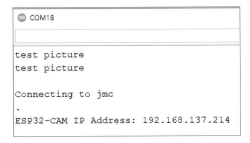

버튼을 한 번 누르면 텔레그램으로 사진을 전송합니다.

정상적으로 보내졌으면 다음과 같은 문구가 출력됩니다.

ESP32-CAM에서 찍은 사진이 텔레그램으로 전송되었습니다.

작품 40 _ 버튼을 누르면 사진을 찍어 이메일로 전송하기

학습 목표

버튼을 누르면 구글 이메일로 사진을 첨부하여 전송하는 작품을 만들어봅니다.

【 준비물 】

다음의 부품을 준비합니다.

부품명	수량
ESP32 CAM 보드 + 확장보드	1개
ESP32 CAM 지지대	1개
브레드보드	1개
버튼	1개
암/수 점퍼케이블	2개

【 회로 연결 】

브레드보드에 아래의 회로를 꾸며 연결합니다.

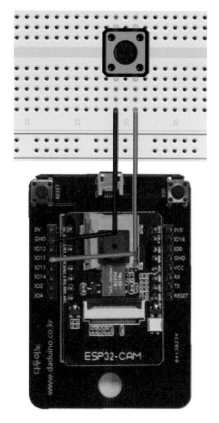

버튼을 IO13번 핀에 연결합니다. 나머지 한쪽은 GND와 연결합니다.

라이브러리 설치하기

작품에 필요한 라이브러리를 설치합니다.

[스케치] –〉 [라이브러리 포함하기] –〉 [라이브러리 관리..]를 클릭하여 [라이브러리 매니저] 창을 연후 라이브러리를 설치합니다.

메일 사용하기 위한 라이브러리를 설치합니다.

"esp32 mail client" 검색 후 ESP32 Mail Client 라이브러리를 설치합니다.

※ 버전은 설치 시점의 최신 버전을 사용하는 것을 원칙으로 합니다. 단, 업데이트되어 동작하지 않는다면 2.1.6 버전을 설치합니다.
다른 라이브러리인 ESP Mail Client의 경우 ESP8266의 예제에서 사용하였습니다.

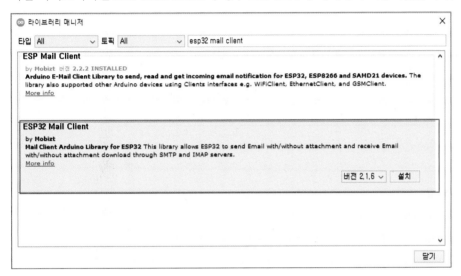

구글 이메일 설정하기

[9. 초음파센서를 이용하여 택배가 감지되면 구글 메일보내기] 장을 참고하여 구글 이메일을 설정합니다. 앱 비밀번호와 메일을 사용할 수 있도록 설정해야 합니다.

버튼을 누르면 이메일로 사진 전송하기

버튼을 누르면 구글 이메일로 사진을 첨부하여 전송하는 프로그램을 만들어봅니다.
다음의 코드를 작성합니다.

40-1.ino

```
001 #include "esp_camera.h"
002 #include "SPI.h"
003 #include "driver/rtc_io.h"
004 #include "ESP32_MailClient.h"
005 #include <FS.h>
```

```
006  #include <SPIFFS.h>
007  #include <WiFi.h>
008  #define BUTTON_PIN 13
009
010  const char* ssid ="jmc";
011  const char* password ="123456789";
012
013  #define emailSenderAccount "보내는구글메일 주소@gmail.com"
014  #define emailSenderPassword "앱비밀번호"
015  #define smtpServer "smtp.gmail.com"
016  #define smtpServerPort 587
017  #define emailSubject "ESP32-CAM Photo Captured"
018  #define emailRecipient "받는메일 주소"
019
020  #define PWDN_GPIO_NUM 32
021  #define RESET_GPIO_NUM -1
022  #define XCLK_GPIO_NUM 0
023  #define SIOD_GPIO_NUM 26
024  #define SIOC_GPIO_NUM 27
025
026  #define Y9_GPIO_NUM 35
027  #define Y8_GPIO_NUM 34
028  #define Y7_GPIO_NUM 39
029  #define Y6_GPIO_NUM 36
030  #define Y5_GPIO_NUM 21
031  #define Y4_GPIO_NUM 19
032  #define Y3_GPIO_NUM 18
033  #define Y2_GPIO_NUM 5
034  #define VSYNC_GPIO_NUM 25
035  #define HREF_GPIO_NUM 23
036  #define PCLK_GPIO_NUM 22
037
038  SMTPData smtpData;
039
040  #define FILE_PHOTO "/photo.jpg"
041
042  void setup() {
043    WRITE_PERI_REG(RTC_CNTL_BROWN_OUT_REG, 0);
044
045    Serial.begin(115200);
046    Serial.println();
047
048    WiFi.begin(ssid, password);
049    Serial.print("Connecting to WiFi...");
050    while (WiFi.status() != WL_CONNECTED) {
051      delay(500);
```

```
052    Serial.print(".");
053  }
054  Serial.println();
055
056  if (!SPIFFS.begin(true)) {
057    Serial.println("An Error has occurred while mounting SPIFFS");
058    ESP.restart();
059  }
060  else {
061    delay(500);
062    Serial.println("SPIFFS mounted successfully");
063  }
064
065  Serial.print("IP Address: http://");
066  Serial.println(WiFi.localIP());
067
068  camera_config_t config;
069  config.ledc_channel = LEDC_CHANNEL_0;
070  config.ledc_timer = LEDC_TIMER_0;
071  config.pin_d0 = Y2_GPIO_NUM;
072  config.pin_d1 = Y3_GPIO_NUM;
073  config.pin_d2 = Y4_GPIO_NUM;
074  config.pin_d3 = Y5_GPIO_NUM;
075  config.pin_d4 = Y6_GPIO_NUM;
076  config.pin_d5 = Y7_GPIO_NUM;
077  config.pin_d6 = Y8_GPIO_NUM;
078  config.pin_d7 = Y9_GPIO_NUM;
079  config.pin_xclk = XCLK_GPIO_NUM;
080  config.pin_pclk = PCLK_GPIO_NUM;
081  config.pin_vsync = VSYNC_GPIO_NUM;
082  config.pin_href = HREF_GPIO_NUM;
083  config.pin_sscb_sda = SIOD_GPIO_NUM;
084  config.pin_sscb_scl = SIOC_GPIO_NUM;
085  config.pin_pwdn = PWDN_GPIO_NUM;
086  config.pin_reset = RESET_GPIO_NUM;
087  config.xclk_freq_hz =20000000;
088  config.pixel_format = PIXFORMAT_JPEG;
089
090  if (psramFound()) {
091    config.frame_size = FRAMESIZE_UXGA;
092    config.jpeg_quality =10;
093    config.fb_count =2;
094  } else {
095    config.frame_size = FRAMESIZE_SVGA;
096    config.jpeg_quality =12;
097    config.fb_count =1;
```

```
098    }
099
100    esp_err_t err = esp_camera_init(&config);
101    if (err != ESP_OK) {
102        Serial.printf("Camera init failed with error 0x%x", err);
103        return;
104    }
105
106    for(int i=0;i<3;i++)
107    {
108        testPicture();
109        Serial.println("test picture");
110        delay(1000);
111    }
112
113    pinMode(BUTTON_PIN,INPUT_PULLUP);
114  }
115
116  void loop() {
117    if(buttonClick() ==1)
118    {
119        Serial.println("Preparing photo");
120        sendPhoto();
121        delay(10000);
122    }
123  }
124
125  bool checkPhoto( fs::FS &fs ) {
126    File f_pic = fs.open( FILE_PHOTO );
127    unsigned int pic_sz = f_pic.size();
128    return ( pic_sz >100 );
129  }
130
131  void capturePhotoSaveSpiffs( void ) {
132    camera_fb_t * fb =NULL; // pointer
133    bool ok =0;
134
135    do {
136        Serial.println("Taking a photo...");
137
138        fb = esp_camera_fb_get();
139        if (!fb) {
140          Serial.println("Camera capture failed");
141          return;
142        }
143
```

```
144      Serial.printf("Picture file name: %s\n", FILE_PHOTO);
145      File file = SPIFFS.open(FILE_PHOTO, FILE_WRITE);
146
147      if (!file) {
148       Serial.println("Failed to open file in writing mode");
149      }
150      else {
151       file.write(fb->buf, fb->len); // payload (image), payload length
152       Serial.print("The picture has been saved in ");
153       Serial.print(FILE_PHOTO);
154       Serial.print(" - Size: ");
155       Serial.print(file.size());
156       Serial.println(" bytes");
157      }
158
159      file.close();
160      esp_camera_fb_return(fb);
161
162      ok = checkPhoto(SPIFFS);
163   } while ( !ok );
164 }
165
166 void sendPhoto( void ) {
167   Serial.println("Sending email...");
168   smtpData.setLogin(smtpServer, smtpServerPort, emailSenderAccount, emailSenderPassword);
169   smtpData.setSender("ESP32-CAM", emailSenderAccount);
170   smtpData.setPriority("High");
171   smtpData.setSubject(emailSubject);
172   smtpData.setMessage("<h2>Photo captured with ESP32-CAM and attached in this email.</
h2>", true);
173   smtpData.addRecipient(emailRecipient);
174   smtpData.addAttachFile(FILE_PHOTO, "image/jpg");
175   smtpData.setFileStorageType(MailClientStorageType::SPIFFS);
176   smtpData.setSendCallback(sendCallback);
177
178   if (!MailClient.sendMail(smtpData))
179      Serial.println("Error sending Email, "+ MailClient.smtpErrorReason());
180
181   smtpData.empty();
182 }
183
184 void sendCallback(SendStatus msg) {
185   Serial.println(msg.info());
186 }
187
188 int buttonClick()
```

```
189 {
190   static int prevBtn =0;
191   static int currBtn =0;
192   currBtn =!digitalRead(BUTTON_PIN);
193
194   if(currBtn != prevBtn)
195   {
196       prevBtn = currBtn;
197       if(currBtn ==1)
198       {
199        return 1;
200       }
201       delay(50);
202   }
203   return 0;
204 }
205
206 void testPicture()
207 {
208   camera_fb_t * fb =NULL;
209
210   fb = esp_camera_fb_get();
211   if (!fb) {
212       Serial.println("Camera capture failed");
213       return;
214   }
215   esp_camera_fb_return(fb);
216 }
```

10~12   : wifi의 접속정보를 입력합니다.
13~14   : 구글메일 주소와 앱 비밀번호를 입력합니다.
18   : 받을 메일 주소를 입력합니다.
40   : 첨부되는 사진 파일의 이름입니다.
117~122 : 버튼을 누르면 사진을 첨부하여 메일을 전송합니다.

[● 업로드] 버튼을 클릭하여 프로그램을 업로드 후 [◎ 시리얼 모니터]를 열어 값을 확인합니다.

【 동작 결과 】

버튼을 눌러 이메일을 보냅니다.

서버접속에 실패하는 경우가 있어 실패 시 다시 버튼을 눌러 메일을 보냅니다.

이메일을 보내는 데 성공 시 다음과 같은 문구가 출력됩니다.

메일함에서 정상적으로 사진파일을 첨부하여 메일이 보내졌습니다.